李仰松考古文集

李仰松 著

文物出版社

图书在版编目（CIP）数据

李仰松考古文集 / 李仰松著. -- 北京：文物出版社, 2019.10

ISBN 978-7-5010-6214-0

Ⅰ.①李… Ⅱ.①李… Ⅲ.①考古学—中国—文集 Ⅳ.①K870.4-53

中国版本图书馆CIP数据核字(2019)第149813号

李 仰 松 考 古 文 集

著　　者：李仰松

责任编辑：张晓曦

责任印制：张道奇

出版发行：文物出版社

地　　址：北京市东直门内北小街 2 号楼

邮　　编：100007

网　　址：http://www.wenwu.com

邮　　箱：web@wenwu.com

经　　销：新华书店

印　　刷：北京君升印刷有限公司

开　　本：787mm × 1092mm　　1/16

印　　张：13

版　　次：2019 年 10 月第 1 版

印　　次：2019 年 10 月第 1 次印刷

书　　号：ISBN 978-7-5010-6214-0

定　　价：108.00 元

前　言

　　今年是北京大学考古专业成立六十周年纪念（1952～2012年）。1950年我从陕西华县咸林中学高中毕业，考入北京大学文学院博物馆专科。1951年国家教育部建议将专科置于北京大学历史系内。年底北大文科研究所取消，并入历史系成立考古专业。

　　1954年，我于北大历史学系考古专业本科毕业，留校任助教，讲授《新石器时代考古》和《人类学通论》（同年此课改为《原始社会史与民族志》）。20世纪90年代，我将此课汇合为《考古与民族学研究》（即《民族考古学》）。

　　回顾六十年来我的学术历程（教学与科研），年谱纪要中将它分为：专科与大学时期、留校任教时期和退休以后至今三个阶段。

　　留校任教期间，除了在校完成教学任务外，大部分时间是带领学生赴外地进行田野考古发掘与调查。20世纪80年代末～90年代初，又结合研究课题，带领研究生赴云南省、海南省少数民族地区进行实地考察。这些工作对于提高教学质量和科研水平起到了至关重要的作用。

　　本文集共选出21篇文章。第一部分是考古发掘与调查，共9篇文章。其中4篇是田野考古调查、发掘、室内整理和田野考古教学札记。4篇是带领学生赴陕西华县柳子镇（泉护村元君庙）、河南洛阳王湾、河南偃师伊河南岸和江西清江筑卫城遗址进行田野考古实习的发掘简报。一篇是笔者回家乡探亲，利用假期在陕西临潼义和村进行的一次考古调查。

　　文章刊出后，广为学界关注，为推进该地区新石器时代诸文化的学术研究，都起过积极的作用。

　　本文集第二部分，是笔者参加国内、国际不同学术会议撰写的有关论文及会议发言。共选有12篇文章。其中国内较重要的几次会议，如在陕西西安市召开的"中国考古学会第一次年会"；在河南洛阳市召开的"洛阳考古四十年学术讨论会"；在辽宁沈阳市召开的"新乐遗址学术讨论会"和为"西安半坡遗址发掘五十周年"提交的论文。

　　有关三次考古会议发言：在河南渑池纪念仰韶村遗址发现65周年学术讨论会上的演讲；在山东省胶东考古座谈会上的发言和在辽宁省朝阳市东山咀遗址座谈会上的发言。

另有两篇文章：一篇是为《中国大百科全书考古卷》撰写的专题《华南和西南地区新石器文化》，另一篇是《青海中南贵南县齐家文化墓地无头墓穴的解读》。这是笔者同学校师生赴青海省原马台与青海省文化局考古队合作的一次田野考古实习，发掘简报见《青海日报》1978年2月18日。此为结合佤族调查材料撰写的一篇论文。

本文集有三篇出席国际学术会议提交的论文。有两次是在中国宁夏银川市召开的国际岩画研讨会议。一次是"'91国际岩画委员会年会暨宁夏国际岩画研讨会"，第二次是"第二届宁夏国际岩画研讨会——暨2000年国际岩画委员会年会"。第三次是笔者出席由日本东京出光美术馆和北京大学考古学系联合举办的"中国考古发掘成果展"开幕式，笔者作了佤族、黎族、纳西族制陶技术的演讲。并与张江凯先生合作发表了《中国新石器时代有关课题的研究》（参见本文的日文版）。

本文集的附录一、二，是我生活在北京大学半个多世纪以来的学术历程和科研成果。

李仰松

于北京大学畅春园

2011年10月

Preface

This year is the 60th anniversary (1952-2012) of the foundation of archaeology in Peking University (PKU). After graduating from Xianlin High School in Hua County, Shaanxi Province in 1950, I was admitted into the Faculty of Arts, PKU, specializing in museum. In 1951, the Ministry of Education suggested integrating that specialty into the Department of History, PKU. By the end of that year, the Faculty of Arts was cancelled, and merged into the Department of History; thus the major of archaeology established.

After I finished my undergraduate course in 1954, I stayed in PKU as an assistant of two courses, *Neolithic Archaeology and General Anthropology (renamed Primitive Society and Ethnography* in the same year). In 1990s, I integrated the two courses into *Archaeological and Ethnological Research* (also called *Ethnical Archaeology*).

For the past 60 years, my academic experience (teaching as well as scientific research) can be chronologically divided into three stages: undergraduate period in PKU, teaching period, and the period after my retirement.

During my teaching years, apart from tuition, I spent most of the time in leading students traveling around for archaeological excavations and investigations in the field. From the late 1980s to early 1990s, based on the research project, I shepherded my graduate students to minority areas, such as Yunnan and Hainan Province for field trip. These experiences played a crucial role in improving my teaching quality and research capability.

This book has 21 articles in total. The first part is about archaeological excavations and investigations, 9 articles in all, among which 4 are notes about the outdoor investigations and excavations, and the indoor arrangement and archaeological teaching. Another 4 papers are exploratory briefs that recorded the visits and investigations we had done in Liuzi Town, Hua County, Shaanxi Province (the Temple of Empire, Quanhu Town), Bay of Luoyangwang Lake and South Bank of Yanshiyi River in Henan Province, and Qingjiang Zuweicheng Site of Jiangxi Province. The other one is an archaeological investigation done in Lintong Yihe Town, Shaanxi Province during my vacation back home.

Since publication, the book has received great attention from scholars and researchers, and played a positive role in promoting the academic research on the Neolithic culture.

The second part of this book includes 12 articles selected from the literatures I wrote for both domestic and international conferences, as well as speeches I made on those occasions. The literatures selected are from 4 important domestic conferences, namely " the 1st Chinese Archaeological Convention " in Sian, Shaanxi Province, " Luoyang Archaeological Forty Years Seminar " in Luoyang, Henan Province, "Xinle Site Seminar" in Shenyang, Liaoning Province, and " the 50th Anniversary of the Discovery of Sian Banpo Site ".

The three speeches were addressed in the following archaeological conferences: the 65th anniversary of the Discovery of Yangshao village site in Henan, the archaeological symposium held in Jiaodong of Shandong Province, and that held in Dongshanju Site, Chaoyang, Liaoning Province.

Two other papers: one is titled *the Neolithic Culture in South China for the book the Archaeological Volume of Chinese Encyclopedia*, and the other is *Interpretation of Headless Grave in Qi Culture in Zhongnan Guinan County, Qinghai*. They are archaeological briefs written after the outdoors practice in Yuanmatai, Qinghua Province with my students and the archaeological team of Bureau of Culture in Qinghai, which can be found on Qinghai Dairy Newspaper on February 18th, 1978.

Besides, there are three literatures submitted to the international conferences. Two of them are symposiums about international rock paintings held in Yinchuan, Ningxia, China. The first is called " 91 international rock paintings committee conference & Ningxia international rock paintings symposium ", the second " the 2nd Ningxia international rock paintings symposium & 2000 international rock paintings committee conference ". The other is the Chinese archaeological discoveries exhibition, co-organized by Idemitsu Museum of Arts, Japan, and Department of Archaeology, PKU. I participated in its opening ceremony in Idemitsu Museum of Arts, lectured on the pottery making techniques of Va, Li and Naxi ethnic groups, and co-published " Chinese Neolithic Related Researches " with Mr. Zhang Jiangkai, referring to the Japanese version of the article.

Appendix 1 is my academic experience, while Appendix 2 research achievements I have made during my life in PKU.

Yangsong LI
October, 2011

目　录

Catalogue

Appendix

Postscript

陕西华县柳子镇（泉护村、元君庙）[1] 第二次发掘的主要收获

柳子镇的第一次发掘结果已在《考古》1959年第2期报导过。这次发掘是在第一次发掘的基础上进行的。发掘队的成员除北京大学历史系考古专业三年级、一年级学生和部分教师外，还有越南留学生2人，兰州大学历史系进修教师1人也参加工作。

第二次发掘自1959年3月16日开工，至5月31日结束，计70余天，主要在南台地、元君庙两个工地，发掘总面积为2300平方米。这次发掘，主要发现有属于"仰韶文化"的"灰坑"117个、陶窑12座、墓葬38座。龙山文化"灰坑"11个、房子1座、墓葬1座，在南台地还发现有汉、唐等时期的墓葬。

一　南台地工区文化堆积与分期

这里堆积情况是：耕土下边的一层，土质红褐色，含有仰韶文化和龙山文化遗物，并出现龙山文化灰坑打破仰韶文化居址现象；第②层之下有仰韶文化遗迹，如"居穴"、窖穴、陶窑、灶面等。遗迹的边缘及上部多数已被破坏，只有个别的还留有柱穴痕。

这次又发现很多灰坑互相打破的现象，结合第一次发掘材料研究对此地仰韶文化的分期与发展问题提供不少资料。根据这些资料的排比，我们暂时把这里的仰韶文化分为早、中、晚三期。例如小口瓶就是其中可作为分期的器物之一（图一，1、2、3）。

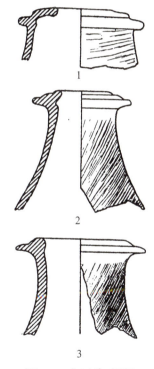

图一　小口尖底瓶
1. 早期　2. 中期　3. 晚期

[1]　按考古学文化定名，此处修订为柳子镇泉护村、元君庙为宜。

二　南台地工区仰韶文化遗存

这次发现的100多个仰韶文化灰坑（"土穴"）中，可确定为当时人类居穴的有10多个，最常见的为椭圆形，斜坡底，出入口处是陡斜坡或台阶。以H1075为例：口径南北长6.50、东西宽4、深2.50米。出入口向南，穴底呈南高北低斜的坡面，底部还保存有草泥土面，厚约8厘米，即当时人们居住的地面。穴室的东壁下有一烧灶，直径0.8米，附近灰土内含有人们食后抛弃的螺蛳壳、猪骨等。又如H1096号居穴：平而呈椭圆形，东西长6、南北宽3.50、深2.90米。东端有斜坡出入口，有5级台阶，沿居穴之北壁盘旋而下，台阶上有路土；穴壁上有土龛和当时人们挖掘此穴时所留下的工具痕迹。这些工具印迹宽约5、长12～30厘米不等，穴底中央有一略似瓠形的烧灶，在穴壁口部还遗留有柱洞痕迹。

这些居穴里的堆积一般都很厚，往往是一层灰土之上，一层黄土，黄土之上又是灰土，……这样一层层的重叠起来（灰土一般都比黄土厚）。引起我们注意的是每一层黄土都比较硬而光滑，厚约4厘米，亦有在黄土上又涂一层草拌泥的。所发现的烧灶多是出现于硬土面上，因此每个居穴常发现几层灶面。

这次发现的窖穴，一种是常见于仰韶文化晚期遗存的圆形袋状灰坑，小口大底，周壁有弧度，并有些小洞，直径约60厘米，深浅不一。另一种是在大的土穴内再掏一个小袋穴，在这样的土穴内常发现多数能复原的陶器，如瓮、罐、钵、瓶等。在H1103内就发现11件能够复原的陶器和一些小件器物。这种土穴的建造较为精致，内壁涂有细泥或草拌泥，面积较小而深，不可能住人。

仰韶文化陶窑与上次所发掘的3座在结构上大致相同，均为筒状的横穴窑，与西安半坡的几座陶窑亦相似，唯火膛较半坡的为短，倾斜度大。

值得注意的是，这次发现的窑群比较集中，均位于"居穴"附近，一组两三个，火膛口均直通居穴，而且从包含遗物证明是同一个时期的。

石制工具发现163件，骨制的204件，陶制的416件，有石斧、方形穿孔刀、双侧缺口刀、纺轮、石镞、铲、锥和打制的盘状器等。

生活用具方面，除陶器外，有骨制的笄、针一些装饰品，陶器以作炊器用的夹砂罐和瓮（图二，5）最多，还有釜、灶、甑等。细泥钵、盆和小口瓶，占有相当的比例，还有一些器盖、小碟、小陶杯、陶环等也特别多。彩陶也有发现，如罐等。

此次发现器物中较为罕见的有：1.带流水器，出H1014坑内，敛口，鼓腹，小平底，沿下加一个流（图二，4），红褐色，素面，磨光。2.红色细泥陶匜，出H1030坑内，圆唇，凹底，平面俯视略呈瓠形。3.小口彩绘瓶，出H1019坑内，内壁尚保留有泥条筑成的痕迹，器壁表面涂一层深褐色陶衣，打磨光亮，上绘黑色弧线条纹。

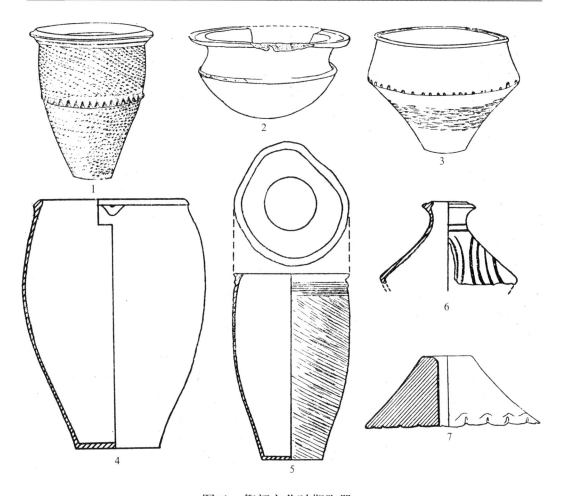

图二　仰韶文化时期陶器

1．绳纹夹砂罐　2．陶釜　3．泥质灰陶罐　4．鼓腹带流盛水器　5．陶瓮　6．彩陶壶　7．陶纺轮

　　另外还发现极为生动的鸟纹和蛙纹的彩绘陶片，形象非常逼真。并有1块鹰隼类头面形残器片，手制，周围锥刻羽毛状纹，造型精美。

三　龙山文化遗存

　　包括南台地、太平庄和元君庙三地，共发现龙山文化灰坑11个，白灰面住址2处。灰坑都呈袋形，口径一般1.5米左右，深约1米，坑内包含的遗物均甚丰富，如H1105出土近10件陶器，器形新颖。所发现的2座白灰面住址均已残破。现将F801简单说明如下：圆形，东部为断崖破坏，根据保存完整的部分测量，南北径估计约3米，白灰面厚0.1～0.2厘米，其保存完好的边缘均有向上的转角，其现存残高1.5～4厘米，可能为残存墙壁。白灰面中部有近圆形的烧土面，中心部分青绿色，周边红色。烧土面上发现灰烬及有烟熏痕迹的夹砂灰陶片，显系灶地遗存。白灰面下有一薄层草泥土，厚约1.5厘米，很均匀地涂于生黄土面上。

所出遗物很丰富，有陶刀、陶纺轮、陶拍、石斧、石刀、石镞、骨镞、骨锥、蚌刀以及属于装饰器的陶环和骨簪等。陶器皿有鬲、斝、单耳罐、双耳罐、釜、尖底瓶、器盖、盘、鼎、盆、瓮、泥质灰陶罐、夹砂灰陶罐、圈足器等。根据初步观察，南台地和南台地北面工区出土的龙山文化遗物相同，而与太平庄工区则有所不同（主要表现在陶器方面）。太平庄、东台地工区多出鬲、斝、单耳罐、双耳罐，多灰陶，红陶少见，方格纹虽不多，但仍占一定比例；而南台地和南台地北面则未见鬲、单耳罐、双耳罐及方格纹、夹砂粗红陶却占较大的比例。初步推断，南台地和它以北的工区的龙山文化遗存早于太平庄工区的龙山文化遗存。

在元君庙发现龙山文化墓葬1座（编号M451），长方形竖穴，东西向，长2、宽0.8米，现存深0.21米，墓葬东南角为晚期灰坑打破。葬式为单人仰身直肢葬，头向西稍偏南，骨架保存完整，随葬陶罐2件，置于足下。

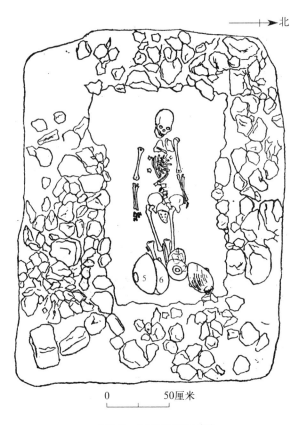

图三　M458平面图

四　元君庙墓地

本季度继续在元君庙墓地进行发掘，挖掘面积500多平方米，共清理仰韶文化墓葬38座，使我们对这一墓地有较全面的了解，同时也发现若干上次所未见到的现象。M458为单人二次葬。骨架保存较好，头朝西，面向上，仰身直肢。经鉴定为男性老人。墓呈长方形，长2.8、宽2.1米，穴内有二层台，二层台上堆砌3～4层砾石，形成石棺（图三）。石棺内缘长1.7、宽0.9、壁宽0.5～0.6米。随葬器物有尖底瓶1、钵3、罐2、盂1，皆置于石棺内东部，大多压在小腿骨上。M429为近似方形直穴，东西长2.15、南北宽2米，墓底铺砌红烧土块，骨架下面的红烧土块铺砌得较为整齐而平坦，内埋2人，均为二次葬，仰身直肢，并列放置于墓穴中，头向西。经鉴定为2个女性小孩，一号骨架约6～7岁，二号骨架约10～15岁，后者前额染有红色，不知何物。随葬器物丰富，计有尖底瓶1、钵3、罐2、骨针1，并在二号骨架之头顶和耳旁处发现骨珠785颗。这种构筑比较复杂、随葬器物比较丰富的墓，是值得注意的。

在墓区的北面开了2条探沟，文化层内的包涵相当丰富：仰韶文化层内所出遗物其多，有小口瓶、圜底钵、大口盆、夹砂粗红陶罐、陶锉，以及石器和骨器，器物的形制和墓葬所出的相同，证明遗址与墓区是同时的。根据M467的北面已出现少许灰坑情况看来，墓区和遗址的大致界限可以确定，即当时人们的住址与墓地是相近的，这也和半坡及宝鸡发现的情形相似。

此外，这里所谓的仰韶文化与龙山文化两种遗存的关系问题，根据现有资料，已可作出比较明确的论述，即后者是由前者发展过渡而来的。

原载《考古》1959年第11期

洛阳王湾遗址发掘简报

　　洛阳王湾遗址位于洛阳市西郊，东距洛阳旧城约15公里，东南距谷水镇约2.5公里。遗址在涧河右岸第一台地上，它的西北与有仰韶、周代文化遗存的史家湾村隔河相望。1958年夏秋之际，中国科学院考古所洛阳工作站调查小组在此发现一处古文化遗址，面积估计约8000平方米。此后北京大学考古专业进一步复查，知该遗址除包含仰韶文化和龙山文化外，尚包含一片墓葬与周代文化遗存。

　　王湾遗址发掘是分两次进行的。第一次是1959年秋，第二次是1960年春，先后参加实习的是本校考古专业55级、57级全班同学和部分教师共计54人。两次田野发掘时间为四个月，共开掘127个探方，揭露面积达3350平方米。文化内容包含新石器时代的房基9座，灰坑179个，墓葬119座；西周、春秋、战国时代的灰坑57个，陶窑1个，墓葬59座；晋墓1座；北朝灰坑94个，大沟2条及各文化的大量遗物。

一　分期与年代

　　洛阳王湾遗址包括北朝、周代和新石器时代各文化堆积。其中新石器时代文化特别厚，一般达3米左右。灰坑分布密集，多重叠打破，说明它延续的时间很长。整个新石器时代文化层可按其堆积层次、各层的文化遗物差异性，以及遗址相互叠压打破关系，将它划分为三个阶段，即王湾第一期文化、王湾第二期文化、王湾第三期文化。这三阶段之间的文化特征是既紧密联系，又互有区别（图一）。

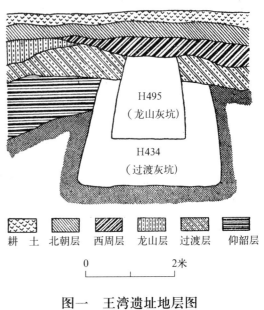

图一　王湾遗址地层图

经过初步比较研究，我们认为王湾第一期文化属于仰韶文化，王湾第三期文化属于"河南龙山文化"，而王湾第二期文化则介于二者之间，具有中间过渡特征。因此，可以认为王湾新石器时代文化是一脉承继的。

另外，在这里还发现了周代的陶窑和墓葬，以及北朝遗址和遗物。

二　王湾第一期文化

（一）居住遗迹

本期发现房子7座，可分大、中、小三种，全为地上建筑，均被后期墓葬或灰坑破坏。居住面的结构可分两类：一为草拌泥的红烧土，表面坚硬龟裂；一为石灰质物质做成，近似现代建筑上用的三合土，十分坚硬而且光滑。墙基结构多为挖槽建造，内填碎块红烧土，基内外都有柱洞，有的墙基地面上还铺有大块平整的础石。以F15为例：为近方形之地上建筑，东西宽7、南北长7.4米。方向2°。墙基为大块平整的天然砾石于地而铺成，其上直接筑墙，墙内立木柱，两边涂以草拌泥。于房子的内部、边沿及墙基内发现14个柱洞，口径11～35、底径12～20、深1.04～7厘米不等。柱洞内含木炭屑和木炭块。房内未发现凹坑大灶，可能被龙山灰坑破坏。值得注意的是房子西北内隆起一台面，高出居住面6厘米，南北长108～270、东宽100厘米左右。边沿光滑，台面结构和居住面同为经火烧而成的龟裂草泥土。台面南边还有一段较窄的小隔墙。另外在居往面上还发现几件生活用具，如夹砂小罐（内带附有粟的痕迹）、陶鼎和小口尖底瓶等。房内的西北部靠近隆起的"台面"处还发现三个小孩的骨架，被压在房顶烧土块下面，可能系房屋倒塌所致。

灰坑共发现8个，形制有锅底形、直筒形和袋形三种。一般口径2～3.5、深2～2.5米。坑内多发现生活用具及兽骨等。有的坑壁上还留有明显的工具痕迹。

（二）遗物

生产工具有石质的、陶质的和骨质的三种。石器有斧、锛、刀、铲、镰、盘状器和石磨棒等。石斧略呈梯形，剖面呈椭圆形，通体琢制，刃部磨制较好，偏刃。锛呈梯形，磨制。刀多系长椭圆形，两侧带缺口，个别为长方形单孔磨制。陶刀是利用泥质陶打制而成，长方形，两侧打成缺口。骨器有圆锥形和扁叶形镞，磨制粗糙。另外还发现有扁平纺轮。

生活用具主要是陶器，以泥质红陶占比重最大，其次为夹砂灰褐陶，纹饰有线纹、弦纹、附加堆纹及彩绘等。彩陶花纹简单，但线条流利，主要是由弧线三角与圆点联合成的母题。发现的主要器物有釜、灶、甑、鼎、盆、瓮、罐、钵和小口尖底瓶等。另外还发现骨质的锥、针、匕、笄及一些蚌、陶、石等质料制作的装饰品。

（三）墓葬

本期共发现墓葬76座，其中长方形竖穴墓25座，小口尖底瓶葬43个（图二），瓮棺葬4个和4座二层台竖穴墓。通常成人葬式为单身仰卧直肢葬，头向西北，绝大部分墓葬均无随葬品。人头骨涂朱现象比较普遍。

兹着重简介M45二层台墓。墓中葬一女性。墓口长2.36、宽0.9、墓底长2米。墓壁四周有二层台，台比墓底高0.34米，葬式为仰卧直肢二次葬。随葬品：头顶部有骨匕1件，头左侧骨匕1件和带孔的绿松石饰2块，头右侧有较大的绿松石1块（以上可能系死者装饰品），胸部放置陶碗1个。头骨涂朱色。

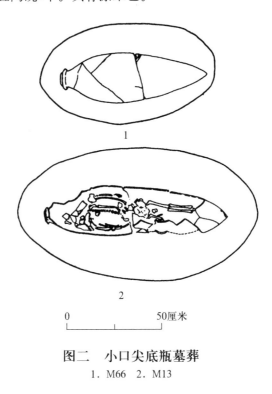

图二　小口尖底瓶墓葬
1．M66　2．M13

三　王湾第二期文化

（一）遗迹

本期未发现保存完好的房屋建筑，仅发现残破的居住面5块和17个柱洞。居住面是一种近三合土的白灰面，附近和上面多红烧土块，居住面之间有的相互重叠四层之多。

灰坑共发现85个，有袋形、直筒形、锅底形、不规则形四种，以袋形坑占绝大多数，其他三种与第一期相同。

袋形坑一般口径1～2、底径1.6～3、深1.5～3米，形制规整，坑底平坦，坑壁平滑，也有的坑壁上涂一层草泥土。坑内堆积大部分为灰土，唯近底部的40厘来左右出现一层稍硬的黄色土。靠近坑壁的一周有丰富的遗物，多为排列整齐的完整陶器，也有生产工具和兽骨等。值得注意的是，有一坑内出人骨架（有完整的，也有零乱的）。在H458的坑壁还发现石铲痕迹，铲印宽9厘米。

（二）遗物

生产工具按质料可分石、陶、骨、蚌四类。仍以石制工具最多。本期除延用第一期工具外，还出现了一些新型的工具，如为数不多的穿孔石铲、石镰、蚌刀和蚌铲。另外还有三棱形骨镞、弹丸和网坠等。

生活用具仍以陶器为大宗，石、骨器次之，蚌器最少。

陶器，按其陶质色泽统计，以夹砂灰褐陶最多，泥质黑灰陶逐渐增加，红色陶最少。泥质陶胎变深，尤以新出现的蛋壳陶胎厚仅0.1厘米。

本期彩陶花纹由简变繁，除延用第一期纹饰外，又出现新的纹饰，如X形纹、S形纹、眼睛纹、波纹和疏松的网状纹等，相当于河南秦王寨之彩陶。到了本期晚期，第一期的彩陶花纹绝迹，又出现了新的拍印纹饰，主要是横篮纹和方格纹等。主要器形有：鼎、甑、罐、双腹盆、单耳杯、小口平底罐、瓮、碗、豆和盘等。二期早的有折腹（上腹短直）的盆、罐、圜底鼎和折腹短粗把豆等。二期晚的为敞口（腹间起棱）盆、平底鼎和双腹盘式细高把镂孔豆，以及横篮纹鼓腹罐与山西盘南村出土的陶器相似。本期出土的骨镞、针、匕、笄等比王湾一期的种类增多。还有陶环及蚌、玉、牙饰品。

（三）墓葬

共发现39座，主要是长方竖穴墓，也发现6个瓮棺葬，无小口尖底瓶葬。埋葬习俗与王湾一期基本相同。随葬品一般都不丰富。唯二层台竖穴墓比一期增多，仍见头骨涂朱者，并发现二座俯身直肢葬，其中一座双手被缚，俯身直肢（M79）。

四 王湾第三期文化

（一）遗迹

灰坑共发掘78个，因在本期文化堆积之上叠压着周代及北朝文化层，遗迹破坏严重，故灰坑上部保存完整者极少。从灰坑的形制看，绝大多数属袋形坑，但像一期的直筒、锅底、不规形形坑仍被使用。其大小深浅不一，口径0.8～3.2、底径0.85～3.94、深0.2～3.05米。袋形坑一般出土物比较丰富，有完整的陶器，较多的石、骨、蚌器及装饰品等。另外，值得注意的是：在三个袋形灰坑的底部发现人骨架，其中H11、H166各出一具，H79则有五具之多（经鉴定一为成年男子，余皆为未成年之儿童）。一般灰坑中发现的人骨架，排列无一定次序，从其零乱的状态看，与正常埋葬是有区别的。

（二）遗物

生产工具仍以石器为主，但与第二期比较，不论在数量、器形和制作技术方面，都有一个飞跃的进步。骨、蚌器也占一定比重。石器有铲、刀、镰、斧、锛、凿、纺轮、镞、矛、枪头、弹丸和砍刀等。这期最突出的工具是镰、有肩石铲、穿孔刀、三棱镞等，其中有不少是骨、蚌制成的。

生活用具在本期也有一个质变，尽管它还保留有二期文化的某些因素。陶器以泥质和夹砂灰、黑陶为主，褐陶逐渐减少，不见红陶。纹饰以拍印方格枚、竖篮纹为主体。制法以轮制为主，器物内外有平行的细纹残痕。第二期的轮模合制技术仍大量存在。陶器器形更为繁多，除继第二期之外，又出现新的器形：如带领瓮、夹砂小瓮、单耳罐、鬲、斝、鬹、盂和镂孔器座等。另外，骨锥、针、匕、簪和环，以及蚌、牙饰等比前期更为增多。

（三）墓葬

本期墓葬仅发现4座，皆被周代灰坑及墓葬打破，破坏较严重。从墓葬的残存部分看，为长方形坑，葬式皆为仰身直肢葬，未发现随葬品。

五　周代文化

周代遗址层位在新石器时代文化层之上，北朝文化层之下。共发现灰坑59个，其中西周坑22个，东周坑37个。墓葬59座，其中西周19座，东周36座，另外4座仅知其为周墓。根据墓葬的打破关系并参考"洛阳中州路"把王湾周墓分为五期，如表一所示。

还发现西周陶窑1座，东周水井1眼，以及大量的石器、蚌器等生产工具和以陶器为主的生活用具等。

墓葬全为长方形竖穴墓，分为有棺有椁、有棺无椁、无棺无椁三类。就其形制

表一 王湾与中州路周墓分期对照表

分 期	时 代	中州路分期
一	西周中晚期（无早期）	西周
二	春秋早	一
三	春秋中	二
四	春秋晚	三
五	战国	四、五、六、七

看，西周墓一般小而浅，东周墓则大而深。西周墓的随葬品一般较少，而东周墓的随葬品较多。到春秋晚期，随葬品开始明器化。王湾周墓，从西周中晚期开始流行屈肢葬，到春秋、战国时期更为盛行；洛阳中州路周墓屈肢葬出现于春秋早期的小型墓，到春秋战国时普遍流行。两地材料相互补充，对探讨屈肢葬问题是很有意义的。

另外，在西周晚期的灰坑中还发现了板瓦。此外，还发现了大块锯剖工整的骨料。

六 晋 墓

晋墓仅发现1座，系中型砖券墓（M360），保存完整，随葬品也很齐全，计有40多件器物和70多枚"五铢"铜钱，今该墓已迁至洛阳王城公园，并复原于古墓陈列处。

七 北 朝

北朝文化堆积于耕土层之下，又叠压在周代和新石器时代文化层之上。文化层一般厚10～50、深10～165厘米。发现灰坑94个，水井2眼，沟4条和丰富的文化遗物，其中有铁铧、镬和镰等。生产工具有小口瓶（壶）、双耳罐、盆、碗等。生活用具包括砖、瓦和瓦当等建筑材料。遗址中还发现一陶屋，其外形似一陶仓，泥质红陶，门券上边刻划有"吕始和一主"五字。

另外，还发现一些铜、铁、骨制的日常用具、装饰品和"五铢""常平五铢"等铜钱。

八　结语

这两次发掘，最大的收获是对这一地区由仰韶文化向龙山文化过渡阶段的年代分期与发展联系诸问题，依据有明显的地层叠压关系和大量的实物资料，提供了深入分析研究的条件。

另外，仰韶文化中用石块铺砌的墙基和挖槽的现象等，都还是首次发现。

北朝遗址的发掘还是第一次。发现的生产工具、生活用具和建筑材料等对研究北朝的社会经济和生活条件都是相当重要的。

（执笔者：李仰松、严文明）

原载《考古》1961年第4期

河南偃师伊河南岸考古调查试掘报告

1960年6月北京大学考古实习队师生二十余人，结束了洛阳王湾遗址的发掘以后即转入田野考古调查阶段。配合河南省考古普查，在偃师县大口人民公社高崖等地进行了复查[1]，先在高崖村外的东、西两台地进行了试掘，以后又分别到附近的苗湾、灰咀、掘山、酒流沟等地作了调查。计新石器时代遗址五处，早商遗址二处，汉代窑址一处。现将这次实习的收获报导于下。

一　高崖遗址的试掘

高崖遗址距偃师县城20余公里，位于伊河南岸的高地上。1959年中国科学院考古研究所洛阳工作队在这个村的东、西台地上发现了新石器时代和早商的文化遗物。为了对这两处遗址作进一步了解，我们在这两个台地上共开掘了六条探沟（T1~T6）。

（一）高崖西台地

遗址位于高崖村西门外台地上，南北长250、东西宽130米。遗址地面平坦，西部略低。伊河冲断台地的北部由西向东流去，在距河床50多米处，形成高约5~6米的断崖。台地中部偏南有一条很宽的水冲沟。台地东部有一条南北向的水渠。地面和断沟里都散布着很多新石器时代遗物。

根据东、南、北三面断崖以及水渠两边暴露出的文化堆积，我们在台地的南、东、北三面各开一条5米×2米的正南北向的探沟（T1~T3）。耕土下即为龙山文化层，再下为仰韶文化层（这里的仰韶文化层堆积很厚，土色不同，根据出土物可分早、晚两期），以下为生土。现以T3东壁为例（图一）简介如下：第①层耕土，厚20~25厘米。第②层黄灰软土，厚40~90厘米。陶片以方格纹、篮纹灰陶为主。在这一层底部出有两个灰坑（H1、H2），坑内出土物与地层内相同，均属于河南龙山文化。第③层黄色松软土，内夹一些红烧土块，厚15~50厘米。出土陶片极少。底部发

---

[1]　依据中国社会科学院考古研究所洛阳发掘队提供的线索进行的。

现三个灰坑（H3～H5），H4、H5出土陶片与洛阳"王湾第一期文化"类似。H3坑口比H4高出40厘米，它打破H5，出土陶片与"王湾第二期文化"相同[1]。2米以下为生土。

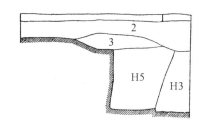

图一　高崖T3东壁剖面图
1. 耕土层　2. 龙山层　3. H3过渡层　H5仰韶灰坑

遗址东部T2的耕土下有1～2米的近代扰乱层，再下为商文化遗物，这与台地南部断崖上商代文化层当是连接在一起的。

在三个探沟中共发现九个灰坑，其中H1、H3、H5、H6、H9保存较好，现分别介绍如下。

1. H1

位于T3中部的龙山文化层中，袋形坑，口径1.9、底径2.2、深1.8米。坑内填灰色土，质较松软，出土遗物较丰富，陶器以泥质灰陶最多，夹砂灰陶次之，还有少量黑陶，不见红陶，出土遗物与"王湾第三期文化"相似。泥质灰陶的器形有：高领瓮（H1：12；图二，1）、小口罐（H1：11；图二，4）、敞口碗（H1：7；图二，6）等。还有可以复原的豆和深腹盆各一件，豆（H1：6）圆尖唇、敞口、浅腹，喇叭口状座，外表磨光，口径20、底径14、通高13厘米（图二，9）；深腹盆（H1：5），圆唇、敞口、腹微鼓，口径20、底径8、高10厘米（图二，5）。夹砂灰陶残器片最多，一般都是侈口、方唇、通体拍印竖篮纹或大方格纹的罐（H1：8；图二，8），另外还有一件残鬶足（H1：14；图二，3）。磨光黑陶中，有一圈足盆残片（H1：13；图二，2）。此外，坑内还出土5件生产工具，有长方形磨制缺口石刀2件，其中1件（H1：1），长10.5、宽4厘米，两面还遗留琢孔未通的痕迹（图二，7）。单翼骨鱼叉（H1：4）1件，剖面呈圆形，长10厘米（图二，10）。陶纺轮2件，扁平，其中一件（H1：2）直径4、孔径0.7、厚1厘米。

坑穴填土中还有两千多个螺蛳壳，与坑内其他遗物混杂在一起。

2. H3

位于T3东南角过渡层中，袋形坑，口径1.5、底径2.3、深3米，内填黄灰软土。坑内出土遗物有泥质灰陶、夹砂褐色陶和夹砂灰陶等。数量较多富有特征的器形是倒钩式唇沿灰褐色夹砂罐（H3：4、H3：3；图二，12、13）。另外有一件夹砂红陶罐（H3：5），尖唇，折沿，腹上附加一条堆纹（图二，11），从残片的断面上还能看出

[1]　北京大学考古实习队：《洛阳王湾遗址发掘简报》，《考古》1961年第4期。

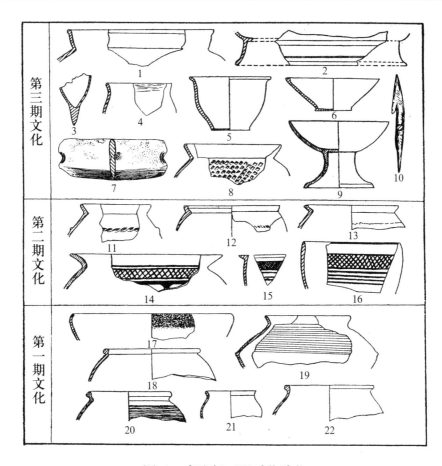

图二　高崖新石器时代遗物

第三期文化：1. 高领瓮（H1∶12）　2. 圈足盆（H1∶13）　3. 斝足（H1∶14）　4. 小口罐（H1∶11）　5. 盆（H1∶5）　6. 碗（H1∶7）　7. 石刀（H1∶1）　8. 罐（H1∶8）　9. 豆（H1∶6）　10. 骨角叉（H1∶4）

第二期文化：11~13. 夹砂罐（H3∶5、4、3）　14、15. 彩陶罐（H3∶2、7）　16. 钵（H3∶6）

第一期文化：17. 钵（H5∶2）　18. 20~22. 罐（H6∶6、H5∶3、H5∶4、H6∶5）　19. 釜（H6∶3）

（凡未注明质料者均为陶器，7、10为3/10，16为3/20，其余均3/25）

明显的接缝，因此，我们以为附加堆纹的开始出现与制陶技术有关系。

　　彩陶片均为细泥质陶，多为灰地红彩。器形有钵（H3∶6）、罐（H3∶7，H3∶2）等，多半在陶器的肩部或近口沿处绘一条网状纹图案（图二，14~16）、罐腹也有绘X纹的。另外，还采集到一件白衣网状纹彩陶罐残口沿。以上彩陶罐在器形、纹饰、图案方面都与洛阳"王湾第二期文化"有共同之处，具有河南豫西仰韶文化晚期的特征。

　　3. H5

　　位于T3的中部，南壁被H3破坏，东北角靠底部又被龙山灰坑H1所打破。口径2米。坑底被破坏残缺，但从其坑壁倾斜度可知口径略大一些。坑底填土很硬，灰褐色土，夹杂有红烧土块。出土遗物不多，红陶片为主，以短圆唇夹砂罐（H5：3）和"铁轨式"唇沿夹砂罐（H5：4）为最常见（图二，20、21）。还有一件泥质灰褐色陶钵（H5：2）残片，口内敛，近口沿处有一圈浅红色痕迹（图二，17），类似"红顶碗"之类，这是叠烧留下的本色。

4．H6

位于T1南部仰韶层中，坑底呈锅底形，口径3米，底径与口径相仿，深3.5米。内填灰土，较松软。出土陶片以泥质红陶为主，夹砂灰陶次之，还有少量的夹砂红陶和泥质灰陶。泥质红陶的器形多是大口叠唇盆。夹砂红陶中有釜（H6：3），微侈口，折肩，肩部有平行的凸纹，肩以下为素面（图二，19），还有"铁轨式"唇沿的鼓腹罐（H6：6；图二，18）和灰陶圆唇鼓腹罐（H6：5；图二，22）等。

此灰坑出土物与H5的大体相同，应属同一时期的文化，并且与"王湾第一期文化"也很接近。

此外，还采集到一片白衣弧线、圆点纹彩陶片和一件白衣黑彩的折棱残器，陶质坚硬，彩绘也特别细致。类似的一件在陕县庙底沟遗址中出现过[1]，它们当属豫西仰韶文化第一期遗物。

5．H9

是商代灰坑。位于T2东南角一扰乱层下面，圆形坑，平底，深1米，出土有早商绳纹罐片和两个鬲腿，坑内填土中还夹杂一些仰韶和龙山陶片。

根据以上探掘的情况，可知高崖西台地的文化堆积是：台地的东南部有商代文化层，一般堆积在2米以上；台地的北部有类似洛阳王湾第一、二、三期文化的先后叠压关系，出土遗物也比较丰富，很可能台地的北部是遗址的中心。

（二）高崖东台地

遗址位于高崖村东门外伊河南岸500米的第二台地上，东西长700、南北宽300米，地势平坦。台地的北沿被伊河冲成断崖，西边与村寨之间隔一条路沟，路沟与断崖上均留有灰坑、灰层的痕迹。遗址上面有一条东西向大路通过，东隔一道水渠和赵砦相望。

我们于路沟、断崖和地面上采集到不少早商和北朝时期的陶片，根据断崖上文化堆积的情况，我们在东台地的北部开掘了三条探沟（T4～T6），并进行了一些钻探。

文化层最厚2米多，但有些地方却不见灰土，主要是早商文化，也零星的见到一些周代和北朝的文化堆积。现以T5为例（图三）简介如下：第①层耕土，深25～30

[1] 中国社会科学院考古所：《庙底沟与三里桥》，科学出版社，1959年，第30页，碗A7b，图版拾捌，4。

厘米。第②层深灰色软土，厚50厘
米，出有大口尊、绳纹鬲、罐、
盆、鼎足、澄滤器等残片。第③层
褐色土中夹杂一些零星的灰土，厚
100～170厘米，出土物较丰富，有绳
纹罐、高领瓮、大口尊、鬲、盆等
残片。第④层深褐色土，厚40～75

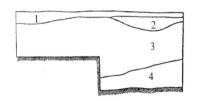

图三　高崖T5东壁剖面图
1. 耕土层　2. 深灰土层　3. 褐色土层　4. 深褐色土层

厘米，出有高领瓮、侈口小罐、扁足鼎、器盖等陶片。第二、三、四层出土器物大体相
同，应属同一时期，与"二里头类型"中期的遗物比较接近，故可暂定为早商遗址。

　　另外，在T4内有一座时代不明的墓葬，T6内有北朝文化层，它们均压在早商文化
层上面。

　　早商文化遗物：这三个探沟里出土的工具有石斧、石镰、纺轮、铜刀、骨锥等
十六件。出土陶器残片中，仅一件袋足鬲能复原，尚能认出器形的有大口尊、鬲、
盆、罐、鼎等共四十余件。陶质均为泥质灰陶和夹砂灰陶。纹饰以绳纹为主，其次是
附加堆纹，很少有篮纹。现将主要遗物简介如下。

　　1. 生产工具

　　石斧　2件。T5∶3∶7，剖面呈椭圆形，刃部磨制锋锐，长11厘米（图四，15）。

　　石镰　1件。T5∶2∶1，弯月形，一面刃，柄部有安装木柄的痕迹，通体磨光，长
21厘米（图四，16）。

　　镰形刀　2件。T5∶3∶6，弓背，凸刃，似棱形，单面刃，通体磨光，有一端似打
制装柄，长18厘米（图四，17）。

　　铜刀　1件。T6∶H13∶1，弧形刃，直背，刀尖略向上翘，柄部残缺，残长7.5、
最宽处2.2、背厚0.2厘米（图四，18）。类似的铜刀在二里头遗址中也有发现。

　　石纺轮　2件（T5∶2∶5、T5∶2∶6）。均扁平圆形，已残，其中T5∶2∶5，底径
3.7、厚1.5、孔径0.8厘米。

　　骨锥　4件。两件完整。T5∶4∶16，系用动物肢骨制成，长12.5厘米（图四，
12）；另一件（T5∶3∶10）通体磨制光滑，剖面略呈长方形，长10.8厘米（图四，
13）。

　　骨镞　1件。T5∶2∶3，通体磨制光滑，剖面为不规则之四棱形，长6.5厘米（图
四，14）。

　　陶拍子　1件。T5∶3∶1，半球形，表面有麻点，背面有一把手。

　　2. 生活用具

　　均为陶器。

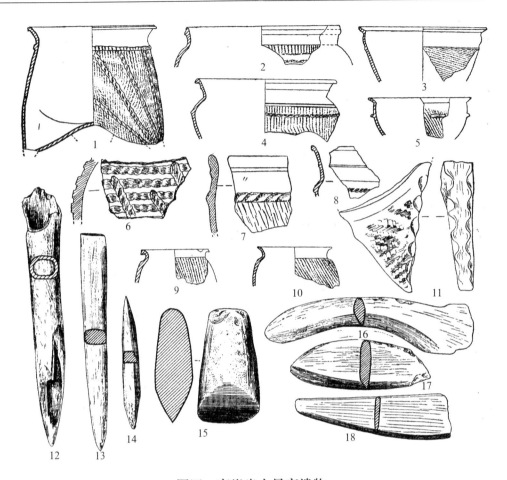

图四　高崖出土早商遗物

1. 陶鬲（T5：3：2）　2. 高领陶瓮（T5：4：5）　3、5、7. 陶盆（T5：4：4、T5：3：4、T5：4：8）
4、8. 陶大口尊（T5：3：3、T5：2：4）　6. 陶鼎腹片（T5：4：6）　9、10. 陶罐（T5：4：2、T5：4：3）
11. 陶鼎足（T5：4：7）　12、13. 骨锥（T5：4：16、T5：3：10）　14. 骨镞（T5：2：3）　15. 石斧
（T5：3：7）　16. 石镰（T5：2：1）　17. 镰形石刀（T5：3：6）　18. 铜刀（T6：H13：1）　（13～15、
18为3/5，11、12、16、17为3/10，6、7为1/5，余均为3/25）

　　鬲　12件。其中大部分为残片，仅一件（T5：3：2）可复原，夹砂灰陶，唇沿外
卷，三袋足，足尖已残，可能原附加实足尖，口径下通体施绳纹，颈部与三袋足有附
加堆纹（图四，1）。

　　鼎　3件。均为残片，圜底三扁足，如标本T5：4：6（图四，6）、T5：4：7（图
四，11）。类似的完整器在二里头和洛阳东干沟遗址[1]曾出土。

　　大口尊　8件。均残器，不能复原。一般均大敞口，折肩，肩以下通体施绳纹，圜

　　[1]　考古研究所洛阳发掘队：《1958年洛阳东干沟遗址发掘简报》，《考古》1959年第10期，图版柒，1、
3。

底略向内凸，往往在肩部施一、两道附加堆纹（图四，4、8）。

罐　10件。夹砂灰陶，均残器，不能复原。有尖圆唇、方唇两种，口沿外卷，有的口沿上附加一对泥突流（T5：4：2），颈下通体施绳纹（图四，9、10），有平底和圆底两种。

高领瓮　5件。侈口，长领，有尖唇和圆唇两种，往往在口沿处作成子母口形，标本T5：4：5颈以下通体施绳纹，肩部一般都有一道附加堆纹（图四，2）。

盆　9件。均泥质灰陶，尖唇，侈口。标本T5：3：4，腹微鼓，口沿下有一对鸡冠耳把手（图四，5）。另一种（T5：4：4）深腹向下收缩，通体施绳纹（图四，3）。

此外，还发现一件直口深腹盆的口部残片（T5：4：8），圆唇，直口，颈部有一道附加堆纹，腹部施浅篮纹（图四，7）。在二里头遗址中，类似此器的里面多划有槽沟作滤器。

在各探沟的早商地层中，还发现有圈足盘（盆）、器盖、平底盘（皿）、罐等残片，因陶片太碎，无法窥其全形。

早商文化遗迹：高崖东台地已开掘的三个探沟中，仅发现早商灰坑两个（H11、H13）。H11位于T4西部，被M1打破，出土陶片和T5早商地层内相同；H13位于T6北端，呈锅底形灰坑，出有带麻点的罐片。

T4第②层内发现墓葬一座（M1），为南北向长方形竖穴基，墓底有人骨架而缺头骨，侧身屈肢，无随葬品。墓填土中仅出现几块绳纹鬲片，可能为周代墓，但遗址中并未发现其他周代遗物。

T6南端发现北朝灰坑一个（H12），长方形，出土陶片有双耳罐、子母口小盒（盆）和大口折沿盆等残器，与洛阳王湾北朝遗址中出土的相同[1]。

二　其他遗址的调查

实习队于高崖东、西台地试掘结束后，又沿伊河南岸向东、向西复查了新石器时代遗址四处、早商遗址一处和汉代窑址一处，现分述于下。

（一）苗湾遗址

遗址位于高崖东6公里伊河南岸台地上，过去河南省文物工作队和中国科学院考古研究所洛阳工作队曾多次来这里调查过。遗址面积约20000平方米，现被一条大路和一条壕沟分为南、中、北三部分，北名杨寨、中名肖家寨、南名胡家寨。我们这次在台

---

[1]　北京大学考古实习队：《洛阳王湾遗址发掘简报》，《考古》1961年第4期，第178页，图版肆，3、5、7。

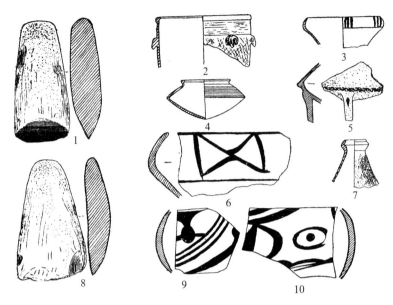

图五　苗湾新石器时代遗址出土器物

1. 石斧　2. 陶罐　3、6、9、10. 彩陶片　4. 陶釜　5. 陶釜鼎　7. 陶瓶　8. 石锄　（1、6、8~10为1/4，余均1/10）

地上采集到许多仰韶文化的石器和陶器残片，计有石斧三件（图五，1），剖面呈椭圆形，刃部磨制特别锋利，柄部有安装木柄的摩擦痕迹；石锄一件（图五，8），其平面呈梯形，一面平直，背面鼓起，刃端较宽，柄端有安装木柄摩擦的痕迹。

遗址地面上和断崖灰土的附近，均散布着大量的仰韶文化陶片，以泥质红陶、白衣彩陶、夹砂灰陶为最普遍，其次是泥质灰陶和夹砂红陶，泥质黑陶比较少见。器形有小口尖底瓶残器（图五，7），通体印有线纹。小口折肩釜片，当地老乡送给一件完整器（图五，4），夹砂褐色，唇沿为"铁轨式"，广肩，肩上划有密集平行的弦纹，底为素面；遗址中还出有釜鼎残器（图五，5），复原后与豫西宜阳水沟庙的一件类似[1]，同样的釜鼎在伊川土门、水寨仰韶遗址中也发现过[2]。罐鼎，鸭咀式足，与洛阳"王湾第二期文化"出土的很相似[3]；直筒罐残器（图五，2），与伊川土门的一件相同，在口沿附近也是附加了几个鸟头形泥突[4]，根据过去发现的资料，这类直筒罐的底部往往都有一个小孔，实为当时人们的一种葬具。另外，在遗址中采集了不少彩

---

　　[1]　中国科学院考古研究所洛阳发掘队：《1959年豫西六县调查简报》，《考古》1961年第1期，图版叁，7。

　　[2]　1959年北京大学实习队于伊川县土门水寨仰韶遗址中均曾发现过类似的器形。

　　[3]　北京大学考古实习队：《洛阳王湾遗址发掘简报》，《考古》1961年第4期，图版叁，8（王湾第二期文化晚期）。

　　[4]　中国科学院考古研究所洛阳发掘队：《1959年豫西六县调查简报》，《考古》1961年第1期，图版叁，8。

陶片，最常见的器形有罐、盆、钵三种，大多数是白衣彩陶，花纹有弧线三角夹圆点纹（图五，9）、网状纹、"川"字纹和类似六角星图案的花纹[1]（图五，3、6、10）等。以上这些彩陶花纹均接近于"王湾第二期文化"。

此外，在台地北部的杨寨附近，曾发现有周代豆片和绳纹夹砂罐等，但未发现灰层。

（二）灰咀遗址

灰咀位于浏河支流的南边，距缑氏镇约4公里，村东为新石器时代遗址；村西为早商文化遗址，整个面积约200000多平方米。壕沟和地面上均散布着大量的石器和陶器残片。1959年河南省文物工作队曾在此地作过发掘[2]，此处从略。需要作补充的是在缑氏部瑶村北面一小山坡上（当地称老龙坡）发现有第四纪动物化石，这里是否有旧石器时代遗址，尚待于深入调查。

（三）掘山遗址

遗址位于高崖西南约6公里，掘山村东南侧的台地上，东边接瑶沟村，西隔沙沟河（已干涸）与小屯村相邻。遗址面积约40000平方米，文化堆积暴露在台地中部一个深5米多的冲沟断崖上，地表土厚20～30厘米，其下即为汉代文化堆积，内包含大量汉代青灰色泥质陶片，器形有绳纹板瓦、筒瓦、罐、盆等残器，未发现瓦当。在台地的南部断崖上暴露出六个窑址，其附近堆积着很多汉代绳纹瓦片，还夹杂着烧流的罐、盆等，可能为一处烧制陶器的窑场。

台地的断崖上，偶尔发现有龙山文化和周代的灰层及遗物，而地面上都没有发现任何遗物。

（四）酒流沟遗址

遗址位于高崖西南20公里的一块高地上，面积约200000平方米左右，其东侧为一宽达200米的冲沟（即酒流沟）。高地的东北部现称北沟口，这里断崖上暴露出很多灰坑、灰层，据不完全统计，大概有六十多个灰坑，出土遗物均属新石器时代文化。

我们采集到的遗物中，属于仰韶文化的有夹砂红陶直筒罐，外壁全施线纹，釜形鼎和泥质红陶钵都很普遍。遗址中也发现网纹彩绘陶以及腹部附加一条堆纹的夹砂罐（图六，2、4），大量出现唇沿呈倒钩状的夹砂灰陶罐（图六，3、6），一般都是素

[1] 六角星图案的彩陶在河南豫西很多遗址中都出现过，而其他地区均不见，它可能代表河南豫西地区仰韶文化（晚期）的一种特征。较完整的图案可参见《考古》1964年第1期，图版伍，21。

[2] 河南省文化局文物工作队：《河南偃师灰咀遗址发掘简报》，《文物》1959年第12期，封三页。河南省文化局文物工作队：《河南偃师灰咀商代遗址的调查》，《考古》1961年第2期。

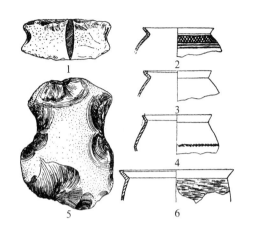

图六　酒流沟新石器时代遗址出土器物

1. 石刀　2～4、6. 陶罐　5. 石锄　（1、5为1/4，余均1/10）

面或通体施横篮纹。这与高崖西台地H3内出土物非常相似（见图二，11～16），它们属"王湾第三期文化"，即具有豫西地区仰韶向龙山文化过渡的性质。

属于龙山文化的陶器，有通体施竖篮纹或小方格纹的夹砂罐、泥质灰陶高领瓮等，另外，还采集到少量的绳纹折沿罐，泥质灰陶片（内有刻划纹）等。这些陶器与"王湾第二期文化"很接近，应属河南龙山文化晚期遗物。

采集到的生产工具，有缺口石刀（图六，1）、长方形扁平石斧和打制石锄（图六，5）等五件。

将酒流沟与洛阳王湾、偃师高崖等已发掘的遗址作比较，我们认为酒流沟遗址同样也包含了王湾第一、二、三期文化的内容。

三　结语

这次田野教学实习，复查了偃师县伊河南岸的几处新石器时代遗址和早商遗址，特别是通过高崖新石器时代遗址的试掘，在西台地发现了仰韶、过渡、龙山（即第一期文化，第二期文化，第三期文化）三者先后叠压的地层关系，它与王湾遗址的文化叠压关系是完全一致的，其文化面貌也是相同的。这又一次证明了河南豫西地区仰韶文化向龙山文化发展的连续性，它对研究我国中原地区新石器时代原始文化的类型与分期，又提供了一些线索。

高崖东台地早商遗址的试掘，发现了一件小铜刀（部分残缺），这对研究我国早商的生产力提供了资料。另外，通过这次试掘，对高崖地区早商文化的内涵和文化分布情况也有一些了解。

原载《考古》1964年第11期

清江筑卫城遗址发掘简报

　　为探寻筑卫城遗址的文化内涵及其与吴城商代遗址的关系，江西省博物馆于1974年9月下旬~10月底，与北京大学历史系考古专业部分师生和清江县博物馆，对筑卫城遗址进行了发掘。在发掘过程中，得到中共江西省委、清江县委、大桥公社以及驻地中国人民解放军党委的亲切关怀和当地贫下中农的大力支持。北京大学革命师生深入实际，实行开门办学，请工农兵讲厂史、村史、家史、阶级斗争史和两条军事路线斗争史；举办小型出土文物展览，向工农兵宣讲党的文物政策，深受广大工农兵的热烈欢迎。

　　筑卫城遗址发现于1947年[1]。位于清江县大桥公社东南约3公里的土岗上，距赣江约3公里，因遗址上筑有一座拱卫土城而得名（图一）。遗址东西宽410、南北长360米。由于雨水冲刷，遗址东北面已成低凹地。现今土城墙有六个缺口可以进出。土城墙现存：西面高17、基宽14米左右；东面高约8、基宽16米左右。遗址中部偏西南有一条南北向的大土沟，沟宽38、深约13米，把遗址分为东西两部分。

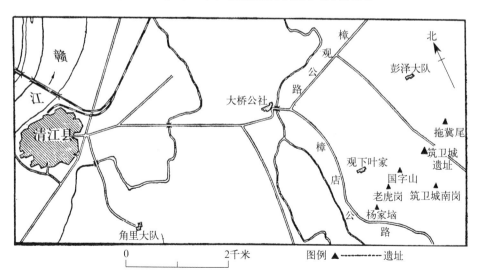

图一　清江筑卫城遗址位置图

[1] 饶惠元：《江西清江的新石器时代遗址》，《考古学报》1956年第2期。

整个发掘工程，共开探方、深沟19个，揭露面积416平方米（图二）。现简报如下。

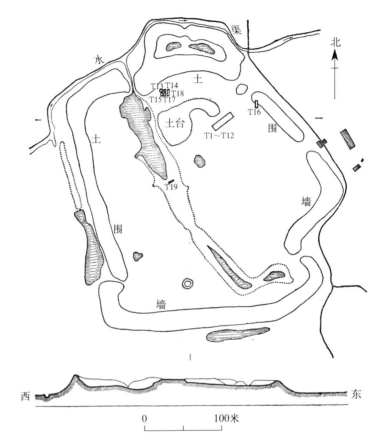

图二　清江筑卫城遗址探方位置图

一　地层堆积与分期

筑卫城遗址的地层堆积可分为六层。现以T4、T10西壁剖面为例（图三），并结合其他探方出土器物概述如下。

第①A层：黄色土，厚0.25～0.80米。内有碎砖、青花瓷片等，为耕土和现代扰乱层。

第①B层：浅灰色土，厚0.40～0.85米。出土有东周和商代的鬲足、砖、罐残片等。陶质有夹砂、泥质、硬陶，少许黄釉陶和青釉瓷片。器物纹饰繁多，以几何印纹陶为主要特征。石器有斧、锛、刀和陶纺轮等生产工具。其中还夹杂有新石器时代的遗物残片。此层内发现有红烧土堆积，底部柱洞将第②层打破。由于发掘面积的限

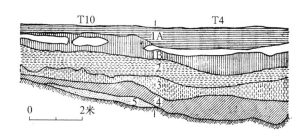

图三　T4、T10西壁剖面图

1A. 黄色土　1B. 浅灰色土　2. 红褐色土　3. 灰色土　4. 黄褐色土　5. 红沙土　（图上空白为砂土层）

制、看不出单个房子的建筑模样。

　　第②层：红褐色土，厚0.43～0.85米。包涵物与第①B层基本相同，唯遗址的东部红烧土堆积较多，有的探方内还发现有铜渣。

　　第③层：灰色土，厚0.15～0.90米。此层内已不见东周和商代的遗物，而仅发现有新石器时代晚期的罐、鬲、鼎、豆和器盖等生活用具。陶质有夹砂灰、红陶，泥质灰、红陶，而不见硬陶。陶器的纹饰主要有绳纹、篮纹、刻划纹、弦纹、圆圈纹、锥刺纹和黑皮磨光陶等，其中以黑皮磨光陶所占比例较大。出土的生产工具有石斧、石锛、石刀、石镞、陶纺轮和陶网坠等。

　　第④层：黄褐色土，厚0.17～0.90米。鼎足、器盖增多，不见鬲，基同于③层，但更具早期特征。

　　第⑤层：红沙土，厚0.10～0.35米。堆积层仅在探方东部的一小段，出土遗物在生土上留有80多个柱洞，一般直径约为0.40、深约0.50米。由于发掘面积所限，单个房子的范围尚未完全揭示出来。

　　根据筑卫城遗址地层堆积及所出遗物推断：第①B层与第②层为东周文化层，其中包含有商代江西"吴城文化"遗物；③～⑤层属新石器时代晚期文化层。

　　为了探索筑卫城遗址与土城的关系，在探方1～12西南向的土城墙挖掘26米探沟一个（T16），探沟北端深约5、南端深约3米，呈斜坡形。

　　T16第①～④层，土质坚硬，呈红褐色。出土陶片不多。每层厚约0.30米，未发现夯土层。第⑤～⑦层，松软灰土，出土遗物有东周时期的豆把、鬲足和陶片等，并发现有柱洞遗迹（图四）。这与T1～T12的上层堆积相同。在土城墙的堆积中，未发现有汉代或晚于汉代的遗物。

　　从土城墙地层堆积来看，城墙填土内所出之遗物与城内诸探方上层的时代相吻合。据此推断，土城是建在春秋文化层之上。它的上限不会早于春秋；其下限也不会晚于汉代。据《清江县志》卷二"大桥团图记"记载："筑卫城，在洪姑塘山左"。又据《清江县志》卷二"古迹"记载："瓦城在城东四十里，五代时乡民筑以自保"。上述记载的筑卫城与今之地址相符，但是否同指一城，尚不可确定。但从发掘材料证实，土城亦非五代时所建。发掘材料可补文献记载之不足或可纠正其谬误。

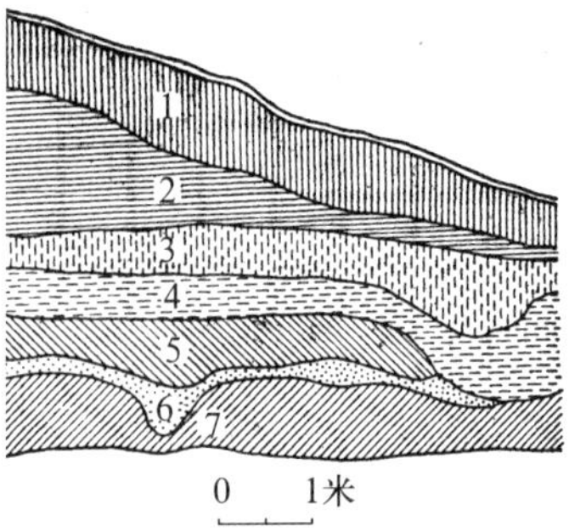

图四　T16土城墙东壁剖面图
1. 红色土　2. 黄色土　3. 棕红色土　4. 黄灰色土
5. 褐灰色土　6. 灰色土　7. 深灰色土

二　新石器晚期文化遗存

筑卫城遗址下层，即包括第③～⑤层的文化堆积，属于新石器晚期文化。出土遗物有。

1. 生产工具

石斧　13件。分两式。

Ⅰ式　5件，长方形。T11⑤：22，顶端残，刃部作半弧形，横断面略呈扁椭圆状。残长7.8、宽7.3厘米。

Ⅱ式　8件，上窄下宽，平面似梯形。

石锛　9件。分两式。

Ⅰ式　7件，长方形，曲背，有段。T12④：28，长9.3、宽3.6厘米（图五，4）；T10③：11，长13.5、宽4.2厘米（图五，8）。

Ⅱ式　2件，长方形，曲背，无段。T11⑤：23，长4.9、宽2.7厘米（图五，5）。

石凿　1件。T6③：12，长方形，已残，表面有两道槽沟。长4.7、宽1.5厘米（图五，6）。

石刀　7件。长方形，直背，双穿，分平刃和弧刃两种。T12④：20，残长6.8、宽4.7厘米（图五，7）。

石铲　1件。T1③：14，残，长方形。

磨石　2件，形制相同。T2③：10，长条形。长37、宽6厘米。

石镞　42件，部分残断。可分三式。

Ⅰ式　T11⑤：27，平面似桂叶形，体铤相连，体表无棱，呈扁平伏。长10、宽3.3厘米（图五，3）。

Ⅱ式　T7④：55，体铤相连，体表有棱。长10、宽1.7厘米（图五，2）。

Ⅲ式　T5③：7，体细长，体表有棱，体铤分离，双翼不甚明显。长7.8、宽1.4厘米（图五，1）。

陶纺轮　23件。可分四式。

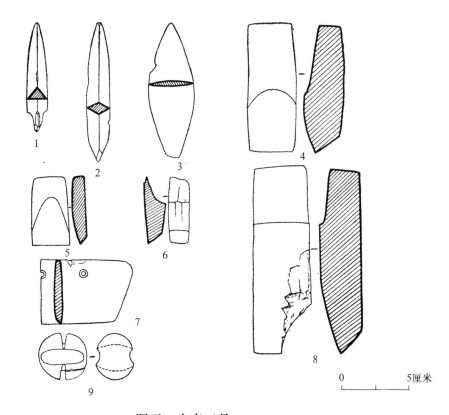

0　　　　　　　　5厘米

图五　生产工具

1～3. 石镞（T5③：7、T7④：55、T11⑤：27）　4、5、8. 石锛（T12④：28、T11⑤：23、T10③：11）　6.
石凿（T6③：12）　7. 石刀（T12④：20）　9. 陶网坠（T3③：14）

　　Ⅰ式　T3③：13，周边微鼓，较厚，黑皮磨光。直径3.5、厚2.2厘米。

　　Ⅱ式　T11③：26，扁圆形，中部有棱。直径4.7、厚2厘米。

　　Ⅲ式　T11④：17，剖面呈梯形。直径4.4、厚0.8厘米。

　　Ⅳ式　T11③：15，剖面呈长方形，周边微鼓。直径4.6、厚1.4厘米。

　　陶网坠　2件。T3③：14，椭圆形，上下四面各有一条横竖槽，呈十字形。长3.5、
宽3.3厘米（图五，9）。

　　陶垫　2件。T5④：20，剖面呈喇叭形。宽端直径6.2厘米。

　　2．生活用器

　　鼎足　可分七式。

　　Ⅰ式　"丁"字形。数量最多。T7③：17，鼎身似盘，外壁饰两道凸弦。盘径
22、残高12.5厘米。其差别是：第④、⑤层所出之鼎足，其断面的横部小于竖部，背部
多为素面；第③层所出之鼎足，其断面的横部大于竖部，鼎足的背面饰有圆圈纹、刻
划纹、压印纹和锥刺纹等（图六，2；图八，4、6、8）。

Ⅱ式　卷边形足。第④、⑤层所出之鼎足，其卷边上部多未贴紧（图六，5）。第③层所出之鼎足，其卷边则紧贴足背上。

Ⅲ式　鸭嘴形足。第④、⑤层所出之鼎足，其上部呈侧扁状（图六，3）。第③层所出之鼎足，其上部呈圆柱形。

Ⅳ式　羊角形足。第④、⑤层所出之鼎足，其断面为圆柱形。第③层所出之

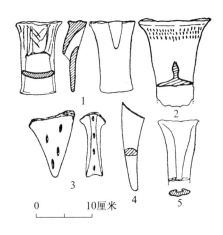

图六　陶鼎足
1. 管状足（T6④：2）　2. "丁"字形足（T2③：15）　3. 鸭嘴形足（T3④：2）　4. 羊角形足（T9③：3）　5. 卷边形足（T11⑤：1）

鼎足，其断面则呈椭圆形（图六，4）。T13②：1，鼎身似罐，敞口，唇外侈，束颈，鼓腹，羊角形足。口径18、通高7.8厘米。

Ⅴ式　管状形足。其表面有各种刻划纹饰（图六，1；图八，1、2）。

Ⅵ式　侧扁形足（图八，7）。

Ⅶ式　扁平形足（图八，3、5）。

上述Ⅰ～Ⅳ式，从其形制差异，能辨明它们的早晚关系。Ⅴ～Ⅶ式，形制差异不大，其早晚关系不易辨明。

鬶　均出于第③层。可分两式。

Ⅰ式　T5③：1，器流部捏紧，三袋足较短，体呈伏卧伏，足残（图七，11）。

Ⅱ式　T7②：2，三袋足细长，圆环状把手，体呈直立伏（图七，10）。

第④、⑤层内均无鬶形器出土。

器盖　第④、⑤层所出器盖呈斗笠伏。第③层所出器盖较扁平，其上有一鸡冠状把手（图七，7）。有的器盖似盘、碗伏，带子母口（图七，8）。

罐　多系口沿和残片。陶质有夹砂灰、红陶和泥质灰、红陶。纹饰可分绳纹、刻划纹、附加堆纹和黑皮磨光等。按其口沿差别，可分为六式。

Ⅰ式　口沿有子母口，可扣盖，一般口径为10.3厘米左右（图七，4）。

Ⅱ式　小口，高领。一般领高为10.3厘米左右（图七，3）。

Ⅲ式　大口，圆唇，一般口径为24～30厘米。

Ⅳ式　方唇、翻唇或唇部有棱，一般口径为25～32厘米。数量较多。

Ⅴ式　短颈，一般口径为15～30厘米。

Ⅵ式　平沿，唇外折呈水平状，一般口径为17～18厘米。数量较少。

豆　仅见残片。泥质陶。豆盘较浅，一般直径为17～20厘米。按豆把形制，可分为三式。

Ⅰ式　在豆把上镂雕圆孔，一般孔径0.3～1.2厘米。T7②：4，形似器盖，盘底座镂孔。

Ⅱ式　T3③：6，为黑皮陶，豆把上镂孔，表面施数道弦纹（图七，9）。

Ⅲ式　底座呈喇叭形，一般高10.6～14厘米。另有豆盘，T4②：2，盘腹较浅（图七，6）；T2③：2，盘腹较深。

簋　2件。圈足上饰有镂孔，一般直径8～20厘米。

碗　2件。均为泥质、黑皮磨光。T10③：2，带子母口，腹部饰一道凸弦纹。口径17.5、高8.5厘米（图七，2）。T10④：1，腹外壁饰两道凸弦纹。敞口，深腹，腹下端内收，形似一圈足盆。口径17、高8.5厘米。

壶　未见完整器，多为泥质灰陶或黑皮陶。T5④：1，敞口，束腰，圈足，腹下部外鼓。高8.7厘米（图七，5）。

杯　2件。均为泥质黑皮磨光。T5③：1，矮圈足，带把手，口沿上端稍残。口径9.7厘米。

小罐　1件。泥质，黑皮磨光，直唇，短颈，折肩，腹微鼓向下渐内收，圈足。口

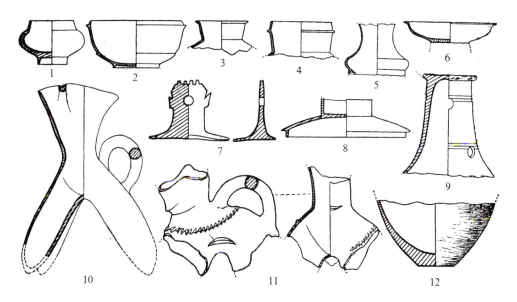

图七　生活用具

1. 小陶罐（T11③：1）　2. 陶碗（T10③：2）　3、4. 陶罐（T9③：3、T11⑤：7）　5. 陶壶（T5④：1）　6. 豆盘（T4②：2）　7、8. 器盖（T13②：1、T3⑧：5）　9. 陶豆（T3③：6）　10、11. 陶鬶（T7②：2、T5③：1）　12. 陶缸（T8③：1）　（1、9为1/4，12为1/10，余为1/6）

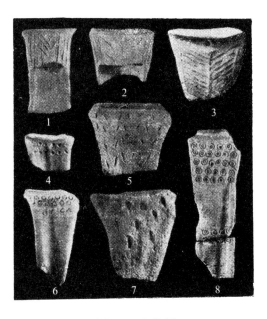

图八　陶鼎足

1、2. 管状形足（T6④：2，T12④：5）　　3、5. 扁平形足（T11④：5，T4④：3）　　4、6、8. "丁"字形足
（T5③：10，T11②：23，T10①B：26）　　7. 侧扁状形足（T4④：13）

径5.5、高4.5厘米（图七，1）。

缸　1件。褐色粗砂陶。器壁厚重，小平底，外壁饰横篮纹，器上端稍残断（图七，12）。

石璜　1件。青色石料。两端均未钻孔。T9③：2，长6.6、宽1.3厘米。

三　东周文化遗存

筑卫城遗址的上层，为东周时期的文化遗存。其中也包含有一部分新石器晚期和一部分类似吴城商代遗址晚期的遗物，这两部分遗物，系扰乱所致。兹将商、东周遗物简介如下。

（一）商代晚期遗物

石镞　分两式。

Ⅰ式　三角形，双翼。T7②：27，尖端稍残，宽4.4厘米（图九，3）。

Ⅱ式　四棱形。T7②：26，尖端稍残，宽2.2厘米（图九，4）。

石锛　3件。分两式。

Ⅰ式　有段。T15②：3，长7.9、宽2.4厘米（图九，2）。

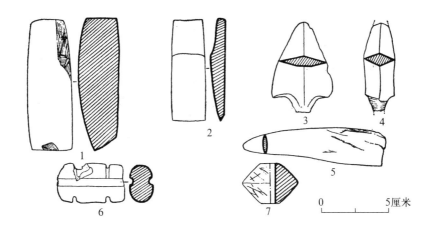

图九　生产工具

1、2. 石锛（T7②：66、T15②：3）　 3、4. 石镞（T7②：27、T7②：26）　5. 石镰（T7②：15）　6. 陶网坠（T11①8：7）　7. 陶纺轮（T13①B：13）

Ⅱ式　无段。T7②：66，长9.5、宽3.1厘米（图九，1）。

石镰　1件。T7②：15，长条形，残断（图九，5）。

陶网坠　1件。T11①8：7，长方形，上下有凹槽各一道，两侧面各有凹槽两道。长5、宽2.8厘米（图九，6）。

陶拍　1件。T17②：3，夹砂灰陶。拍中部穿孔，作系绳用。上窄下宽，剖面呈梯形。表面压印有方格纹饰。底径7.1厘米。

陶垫　1件。T10②：4，夹砂灰陶。剖面呈蘑菇状，表面无纹饰。通高5.3、底径7厘米。作陶器时，陶器里面垫有陶垫，外面用陶拍子拍打成形。

陶纺轮　1件。T13①B：13，夹砂灰陶。周边凸起，剖面呈六边形。上下两面均刻划有类似文字的符号。高2.9厘米（图九，7）。

大陶缸　未见完整器形。T2②：2，夹砂红褐陶。外壁饰绳纹，颈下部有一周附加堆纹（图一〇，4）。T6①R：4，似为大口尊片。夹砂硬灰陶。高领，侈口，腹上端平直，下部外鼓，饰方格纹，颈部有一道附加堆纹。

陶豆　未见完整器形。T10②：4，泥质灰陶。喇叭形，饰有弦纹两组和圈点纹一道（图一〇，3）。器形、花纹与江西吴城商代文化的相似[1]。

陶鬲　3件，均残。T4②：13，泥质红陶。分档，高尖足。素面。与吴城商代晚期的陶鬲相似。T5①B：1，泥质灰陶。高颈，方唇外折沿，颈腹间折度明显。饰绳纹，颈部有圈点纹和凹弦纹各一周。形制、纹样与吴城商代晚期的陶鬲相似。

鼎耳　1件。夹砂灰陶略呈黄色。鼎耳上饰有圆圈纹和曲折纹（图一〇，5）。

————————
　[1]　彭适凡、李家和：《江西清江吴城商代遗址发掘简报》，《文物》1975年第7期。

罐　1件。T11①B：1，夹砂灰陶略呈黄色。提梁两端各饰一兽的头尾。通体饰"人"字纹。通高15.6厘米。T5②：1，残。泥质灰陶。通体饰方格纹，肩部有一道扉子（图一〇，2）。T18①：3，泥质灰陶。肩部饰三道重环圈点纹，间有四周凹弦纹。口径9.5、高8.2厘米（图一〇，1）。T4②：4，残。泥质灰陶略呈黄色。折肩，饰方格纹。T10②：12，残灰褐硬陶。口沿有棱，外壁饰方格纹，肩部饰弦纹。

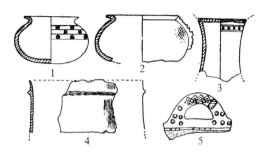

图一〇　陶器

1、2. 罐（T18①：3、T5②：1）　3. 豆（T10②：4）
4. 缸（T2②：2）　5. 鼎耳（T17②：1）（2为1/4，
4为1/10，余为1/6）

（二）东周遗迹遗物

1. 遗迹

筑卫城遗址上层共发现有六十多个柱洞。T6有两个柱洞系用卵石作柱础石；另一个柱洞内夹有小石块。柱洞近旁有成堆的红烧土。在T5内还发现一残烟道，为草泥土烧成。

2. 遗物

陶鬲　2件。T14②：12，夹砂灰陶。平沿外折，连裆，平足，跨度较大。通体饰绳纹，上面划有数道弦纹。口径29、高23.5厘米（图一一，1）。此件器形与湖北红安金盆遗址[1]和湖南长沙楚墓所出之陶鬲极相近似[2]。T14②：15，残。泥质灰陶。圆唇，斜折沿，腹微鼓。饰绳纹间弦纹。

圈足盘　1件。T6①B：11，泥质硬灰陶。盘外壁饰篦纹一周。口径24、高7厘米（图一一，2）。

陶豆　3件。可分四式。

Ⅰ式　T11②：3，夹砂灰陶。口沿稍敛，豆盘似碗，腹微鼓，豆把较高。口径15.8、高10.5厘米（图一一，3）。

Ⅱ式　T13②：3，泥质灰陶。侈口，颈微束，腹有折棱，底座呈喇叭状。饰一组平行弦纹。口径14.2、高8厘米（图一一，4）。

Ⅲ式　T4①：1，夹砂灰硬陶。豆盘似钵，豆把较矮，口沿下端饰弦纹和篦纹，底部饰方格纹。口径11、高6.3厘米（图一一，5）。

---

[1] 湖北省文物管理处：《湖北红安金盆遗址的探掘》，《考古》1960年第4期。

[2] 中国科学院考古研究所：《长沙发掘报告》，科学出版社，1957年。

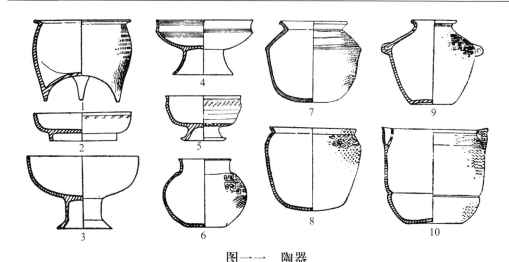

图一一 陶器

1. 鬲（T14②：12） 2. 圈足盘（T6①B：11） 3～5. 豆（T11②：3、T13②：3、T4①：1） 6～9. 罐（T4①B：7、T4①B：5、T14②：15、T16①：2） 10. 甗（T14②：14） （1、8～10为1/10，3～5为1/5，余为3/25）

IV式　T14②：4，残。豆盘带子母口。饰篦纹和方格纹。

罐　5件。T4①B：7，泥质灰陶。肩部饰云雷纹，腹部饰方格纹。口径12、高16厘米（图一一，6）。T4①B：5，泥质灰硬陶。敞口，束颈，折肩，圜底，通体饰小方格纹。口径16、高22厘米（图一一，7）。T14②：15，夹砂灰褐陶。侈口，圜底，肩部饰曲折纹，腹部饰方格纹。口径25、高24.5厘米（图一一，8）。T16①：2，泥质灰硬陶。侈口，束颈，腹鼓至下部渐削。肩设双系，通体饰席纹。口径11、高24.5厘米（图一一，9）。

甗　2件。T14②：14，夹砂灰褐陶。敞口，束腰，内有一圈腰垫，口沿处设一对称护耳。通体饰曲折纹。口径32、高27.5厘米（图一一，10）。有的护耳贴在口沿外，如T14②：2；也有护耳贴在门沿内，如T10②：1。

原始瓷　共4件，均残。T6①1B：4，浅盘。火候较高，胎质灰白，青釉较匀，色泽光亮。具有"青瓷"的特征。

四　几点认识

（一）

通过筑卫城遗址的发掘，初步弄清了本遗址的地层叠压及其与土城墙的关系。遗址下层（第③～⑤层）所出之遗物，具有新石器时代晚期的特征。石斧、有段石锛、石刀和石镞等生产工具均为磨制，刃部锋利。制陶技术，除鬲等三足器和一些模制陶器为手制外，大部分为轮制。器形均较规整，质料以夹砂灰、红陶为主，泥质灰陶次之，泥质

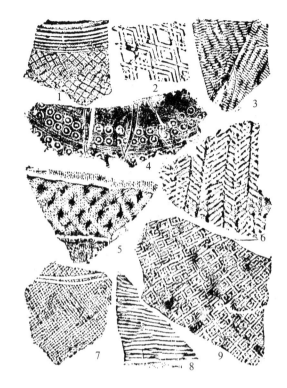

图一二　陶器纹饰拓片

1. 小蓆纹 (T1①B：2)　2. 云雷纹 (T4①B：9)　3. 压印箆纹
(T4④B：3)　4. 圈点纹 (T9②：15)　5. 附加堆纹 (T3②：6)
6. 叶脉纹 (T14②：1)　7. 方格纹 (T2①B：5)　8. 篮纹
(T9②：4)　9. 回纹 (T6②：1)　(2/5)

红陶较少。素面较多。特别值得重视的是，下层已有印纹软陶的出土，而未发现印纹硬陶。

下层所出"丁"字形、鸭嘴形、扁平形和羊角形鼎足与湖北京山朱家咀[1]、湖北圻春易家山第②层[2]以及上海松江广富林[3]等遗址出土的器形相似。其中"丁"字形鼎足、黑陶豆、壶和器盖等更接近浙江的"良渚文化"。而管伏形鼎足则具有本地区的特点。

筑卫城遗址下层文化与江西修水"山背遗址"[4]以红砂陶为主，黑皮磨光陶次之等特点以及湖北"屈家岭文化"的高领扁腹壶，器形略有相似之处，但其时代比以上遗址都晚，其文化面貌与浙江省"良渚文化"非常相似，属于新石器时代晚期文化。

筑卫城遗址上层（第①B层～第②层）属于东周时代文化。但其中也包含有一部分新石器晚期和商代江西"吴城文化"的遗物，这两部分遗物，似为扰乱所致。

在上层中均发现有商代江西"吴城文化"遗址所出典型圈点纹器物。如高颈、方唇、颈腹间折度明显的分裆鬲即是例证。吴城商代遗址所出之S形纹、旋涡圈点纹、方格纹、云雷纹、叶脉纹、圈点纹（图一二；图一三，1～4）。在本遗址中亦有发现。本遗址还发现有白陶。白陶系中原地区商代遗址中常见的遗物。但本遗址目前尚未发现有吴城商代遗址中常见的马鞍形陶刀和带圈点纹的纺轮及器盖。

在筑卫城遗址上层所出东周时代器物中，器物形制一般均为东周时代较为常见的。如平沿外折、连裆、平足陶鬲则与湖北红安金盆遗址以及湖南长沙楚墓所出之鬲极相近似。

[1]　王善才：《湖北京山朱家咀新石器遗址第一次发掘》，《考古》1964年第5期。
[2]　湖北省文物管理委员会：《湖北圻春易家山新石器时代遗址》，《考古》1960年第5期。
[3]　上海市文物保管委员会：《上海松江县广富林新石器时代遗址试探》，《考古》1962年第9期。
[4]　江西省文物管理委员会：《江西修水山背地区考古调查与试掘》，《考古》1962年第7期。

所出各遗物的纹饰有方格纹、席纹、筛底纹、菱形夹方格纹（复合纹）、曲折纹、回纹、天井纹、篦纹和绳纹间弦纹等（图一三，5~8），统属于印纹硬陶系统。这些资料，为我们研究江西地区商周文化提供了珍贵的线索。

（二）

过去，江西境内所发现的新石器时代和商周时代的遗物，多系地面调查。通过这次筑卫城遗址的发掘，找到了它的上下层叠压关系，从而把下层新石器时代遗物与上层商周时代的遗物加以区分开了。据此，过去的所谓"印纹陶文化"，应该包括印纹软陶和印纹硬陶。根据筑卫城遗址各探方的地层揭露情况初步证实：印纹硬陶则均出自上层，下层没有发现。因此，对以往统称的"印纹陶文化"的概念，似乎可以这

图一三　硬陶纹饰

1. 叶脉纹（T14②：1）　2. 云纹（T14②：16）　3. S纹（T14②：14）　4. 圈点纹（T9②：15）　5. 天井纹（T6①B：3）　6. 筛底纹（T1①B：5）　7. 复合纹（T14②：4）　8. 回纹、曲折纹（T10①B：8）（1~4晚商，5~8东周）

样认识：即印纹软陶，最早出现于新石器时代晚期；而印纹硬陶，据目前资料，在新石器时代晚期未曾发现。而根据吴城商代遗址的发掘资料证明，印纹硬陶至少在商代中期即已开始出现。这对于"印纹陶文化"的断代研究，是值得珍视的新资料。

（三）

通过筑卫城遗址的发掘，使我们对本遗址与吴城商代遗址的关系有了较为确切的认识。由于筑卫城遗址的地层叠压关系的揭露和遗迹、遗物的出土，使吴城遗址商文化的年代得到印证。本遗址把江西的新石器时代晚期文化、商代文化和东周文化等三个时代的遗物加以区分。这为今后进一步了解长江以南地区文化的全貌，提供了确切的地层依据和重要的实物资料。

（执笔者：李仰松、余家栋）

原载《考古》1976年第6期

陕西临潼康桥义和村新石器时代遗址调查记

康桥义和村新石器时代遗址是1964年春发现的（见《文物》1964年第5期），现将该遗址出土遗物报导如下。

义和村位于康桥镇之西约2公里，遗址在村东北约100米的一块高地上，南边有石川河（漆水）由西向东流过，西边有一条干涸的水沟。遗址高出河床约20米左右，地面比较平坦。高地断崖的四周均暴露有灰土，随处都有古代坑穴的痕迹。文化堆积厚约2～3米，内含有大量的陶器残片，以及古代人们遗弃的兽骨、螺壳等。遗物散布的面积约100000多平方米。

遗址里有大量的陶器残片，多数为泥质红（橙黄色）陶、夹砂灰陶，还发现泥质白色陶等。陶器多素面，也有饰细绳纹、横篮纹和附加堆纹的陶片。残器中能辨出器形的有平沿敞口盆（有的在沿面上绘红彩曲折纹）、平沿罐、叠唇罐（瓮）、红陶钵、喇叭口状束腰瓶、带流盆和扁足鼎等。采集的生产工具不多，有石网坠、石刀、石锥等。装饰品有陶环。

1. 生产工具

石网坠　1件（图一，1）。褐色，系用天然砾石在中间两侧琢成束腰，外表还保留原来的石皮。长8.5、宽4.5、厚1.5厘米。

石锥　3件。一件为白色砂岩，柄端较粗，尖已残缺，通体磨光。残长10.1、柄径3.3厘米（图一，3）。另一件为青灰色砂岩，柄与尖端皆残缺，残长5厘米（图一，4）。

石刀　2件。青灰色砂岩，长方形，均残缺。

2. 装饰品

只采集到一些陶环，呈灰、褐色，断面有圆形、扁平和三角形等几种。其中一件灰色"螺旋形"陶环，表面有两

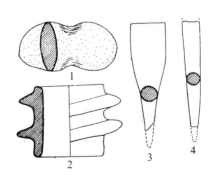

图一　生产工具与装饰品

1. 石网坠　2. 陶环　3、4. 石锥　（1、3为3/10，2、4为3/5）

道螺旋式凸起的棱脊，口径3.5、宽3.5厘米（图一，2）。

3．陶器

按其形制可分为罐、缸、盆、钵、小口瓶和陶鼎等几种。多系残器，共百余件，现分述于下。

罐类　发现最多，能看出器形的约30余件。陶质有泥质灰陶、褐陶、红陶及夹砂褐陶，除素面外，饰有细绳纹、交叉绳纹、篮纹或附加堆纹。根据口沿的变化大致可分为平沿敛口罐、圆尖唇侈口罐、小口鼓腹罐三种，而以平沿敛口罐最多。

平沿敛口罐　共12件。其特点是沿面平齐，器口向内收敛，唇沿特别加厚（图二，1、5），也许口沿系制作时特意附加的。有的颈部附加有密集的堆纹（图二，2），可起加固的作用。也有的为了搬移方便起见，在口沿下附加一对"鸡冠耳"把手（图二，3）。口径28.5～42厘米。

圆尖唇侈口罐　共11件。其唇沿一般比器壁略厚，腹径最宽处近于口径，体形较瘦长。纹饰有带状或泥饼状的附加堆纹、细绳纹、横篮纹和"鸡冠耳"把手纹等（图二，6～11）。口径16～33厘米。

小口鼓腹罐　共10件。腹径均大于口径，一般器壁与唇沿的厚度相等。纹饰多素面磨光，也有细绳纹和附加堆纹等（图二，12～16）。口径12～14厘米。

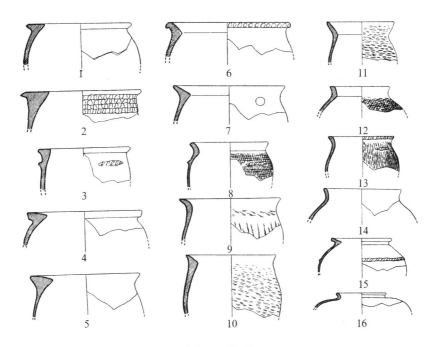

图二　陶罐

1～5．平沿敛口罐　6～11．圆尖唇侈口罐　12～16．小口鼓腹罐　（1、2为1/12，9、10、13、14为1/6，余均为1/9）

缸类　其特点是唇沿较短，腹壁较直，有圆唇直腹缸、叠唇直腹缸、小口直腹缸和小口鼓腹缸等共10件，其中以叠唇直腹缸较为普遍。陶质有泥质红陶及夹砂灰陶、褐陶，多饰细绳纹，也有饰附加堆纹的或素面的。

圆唇直腹缸　3件。其唇沿较短，腹颈交接处不甚明显，有素面的，有的饰绳纹、"鸡冠耳"把手等（图三，1、2、5）。口径最小的9.5、最大的32厘米。

叠唇直腹缸　5件。其唇沿较厚，一般器形较大，多素面，也有饰绳纹和附加堆纹的（图三，3、4）。口径30～41厘米。

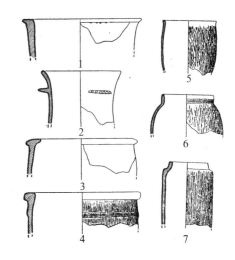

图三　直腹缸（罐）

1、2、5. 圆唇直腹缸　3、4. 叠唇直腹缸　6. 小口鼓腹罐
7. 小口直腹缸　（1～3、7为1/9、4为1/12、5、6为1/6）

小口直腹缸　1件。有子母口，通体饰细绳纹（图三，7）。口径10.5厘米。

小口鼓腹罐　1件。直口，高领，颈部饰一道附加堆纹，通体饰细绳纹（图三，6）。口径9.5厘米。

盆类　数量仅次于罐类，有20多件。绝大多数为泥质红陶，只有1件为白色陶（图四，6）。器形几乎全系平沿盆（图四，1、2、4～8），其沿面较宽，有尖唇、圆唇等。多素面，间有饰数道密集的附加堆纹。彩陶盆仅发现2件（图四，3），为泥质橙黄色，其沿面上绘有红彩曲折纹，这种纹饰见于西安半坡仰韶遗址的彩陶壶上[1]。陶盆的形制也与半坡遗址出土的非常相似[2]。口径最大的44.5、一般的30～34.5厘米。这类平沿的盆、罐与当时制陶技术有关，根据一些盆沿破碴的观察，知其唇沿是后接上去的。

另外，在遗址中还发现2件带流的泥质红陶盆（图四，9），圆唇，口微敛。口径21厘米。

钵类　遗址中常见的有敞口平底钵与敛口平底钵两种，共12件，均泥质陶，有灰、红两色。

[1]　中国科学院考古研究所、陕西省西安半坡博物馆：《西安半坡——原始氏族公社聚落遗址》，文物出版社，1963年，图版壹贰伍"陶壶"及图版壹贰陆"陶壶"。

[2]　中国科学院考古研究所、陕西省西安半坡博物馆：《西安半坡——原始氏族公社聚落遗址》，文物出版社，1963年，插图九〇，9～11；九十一，1、2及图版壹零柒，1～4。

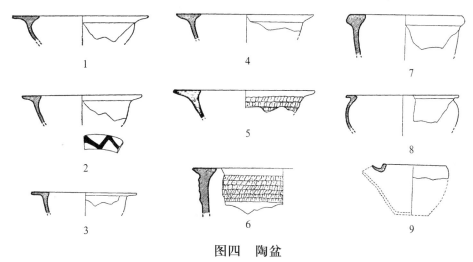

图四　陶盆

1、2、4~8. 平沿盆　3. 平沿彩陶盆　9. 带流盆　（1、2、4、7为1/9，余为1/12）

敞口平底钵　共7件。皆圆尖唇，完整器3件（图五，1~3）。均素面，表面磨光，其中2件是泥质灰陶，其余均为红陶，口径14~24厘米。

敛口平底钵　共5件。圆唇皆向里收缩。有完整器1件（图五，5），泥质红陶，口径20、底径12、高11.6厘米。彩陶钵残器2件，花纹为曲钱条、圆点（图五，4），口径21.2厘米，未发现完整的图案。另一件系腹部带"鸡冠耳"的敛口钵（盆），为泥质灰陶，素面（图五，6），口径26厘米。

小口瓶　皆残器，由其口颈、腹片和尖底均可辨别，有泥质灰陶和泥质红陶，一般口颈或底部为素面，腹部为细绳纹。其体形比较复杂，有葫芦形瓶口、双唇沿瓶口、单唇沿瓶口等，共20余件。这些器物与西安半坡、洛阳王湾等地的同类器物作比较，知其均属仰韶文化晚期遗物。

葫芦口瓶　共5件。皆圆唇，外侈（图六，1~3）。其中有4件外壁压有一道绳索纹。另一件的颈下施细绳纹，在绳纹之上又划有半行的条纹（图六，3）。口径3~7厘米。

双唇沿瓶　共6件。均泥质橙色，唇沿较厚，似压叠成双唇，内沿向里收敛（图六，5~7），表面有饰细绳纹和素面两种。口径6.3~7.5厘米。

单唇沿瓶　共10件。橙黄色，圆尖唇，侈口（图六，4、8~10），其中2件的唇沿下附有4个泥饼形的装饰（图六，9、10），它的全形可能与西安半坡遗址出土的2件[1]相同，皆为广肩束腰尖底瓶。口径8~11厘米。

另外，还采集到2件小口瓶的尖底残片，皆泥质橙黄色。一件为素面，另一件的

---

[1]　中国科学院考古研究所、陕西省西安半坡博物馆：《西安半坡——原始氏族公社聚落遗址》，文物出版社，1963年，图版壹贰零。

外壁还留有一些绳纹痕迹（图六，11）。

鼎　仅发现2件残鼎足，皆夹砂灰陶，剖面扁平，外表有竖线纹和横篮纹（图七）。

此外，还发现有陶罂的腹部残片。康桥义和村新石器时代遗址面积很大，遗物也很丰富。出土的盆、罐、小口瓶等很多器形都与西安半坡村仰韶文化的同类陶器非常相近，因此，它是一处仰韶文化"半坡类型"的晚期遗址。这个遗

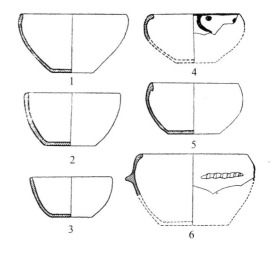

图五　陶钵
1～3.敞口钵　4～6.敛口钵　（2、3为1/6，余为1/8）

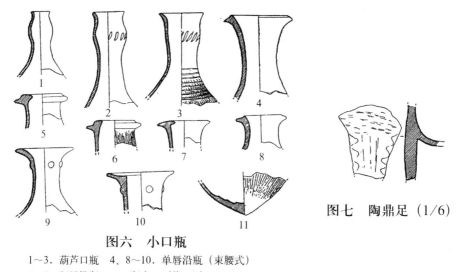

图六　小口瓶
1～3.葫芦口瓶　4、8～10.单唇沿瓶（束腰式）
5～7.双唇沿瓶　11.瓶底　（均1/6）

图七　陶鼎足（1/6）

址的发现对于了解这种文化类型的分布情况以及探讨陕西地区仰韶文化的下限都提供了新的资料。

原载《考古》1965年第9期

田野考古调查概述[1]

一 前言

什么是考古调查？简单地说，就是文物考古工作者通过实际的调查初步掌握和了解古代文化遗存的性质、年代、分布范围及其内涵而进行的勘察，它是田野考古发掘和科学研究的前提和不可缺少的重要组成部分。

考古调查的目的是：

一、了解古代遗存的分布情况；

二、做好现场文化遗存的科学记录；

三、选择重点遗址进行发掘研究或保护。

考古调查的种类，大体可分四类：

一、考古（文物）普查，即在一地区对不同时代、不同性质的古文化遗存进行普遍的勘察；

二、专题性学术调查，即只限定调查某一种古文化遗存，如仰韶文化、龙山文化、大汶口文化、岳石文化、夏商文化或是某时代的城址、墓葬、窑址、石刻、岩画、石窟等；

三、抢救性考古调查，如筑路、开矿、兴建水利、厂房、机场、水库等大型工程，施工前都必须进行考古勘察；

四、考古实习调查，即高等院校和各种类型的考古短训班，为学习掌握考古技能而进行的考古调查。

由于各种考古调查特点不同，其目的、任务和要求也不相同，但都需要有自己的考察计划和目标，在确定考古调查或试掘任务后，应向国家文物局文物处办理考古调查或试掘申报手续，经批准方可着手进行工作。

考古调查的种类和目标虽然各不相同，但其考察方法和要求是相同的，本文着重谈谈远古人类遗址考古调查时应注意的若干问题。

---

[1] 此篇是笔者1980年秋为北京大学考古专业78级本科生考古教学实习时（山东诸城）的讲话提要，这次发表又经补充、修改。

二　考古调查前的准备工作

要使考古调查工作顺利进行，在调查前需要有一些必要的准备，主要有以下三方面：

第一，资料准备：查阅有关的资料，包括历史文献（县志）资料和已报导的考古资料。尽可能都选抄出来，供野外勘察时参考。

第二，物资准备：应携带调查地区较详细的地图，配备相机、望远镜、指南针和记录本、调查表格、皮尺（或测绳）、钢卷尺、小标签、装标本的口袋、纸盒、包装纸以及水壶、手电、雨具等。若是想了解古文化的堆积情况，还应准备钻探工具（洛阳铲）及其他试掘工具。

第三，人员准备，由于考古调查工作的目的、任务、要求不同，其人员的配备各异。一般说，时间长、规模大的考察任务，需要组织一个考察队，由正副队长负责全面工作，下设若干个调查小组（设小组长），分别进行野外勘察。

在文物干部人力缺乏的情况下（指不同地区和单位），如有些地区的文物普查工作，可由各县（区）文化馆主管文物的干部组织联合考古队，一个县一个县地进行联合文物普查，这样做有利于加强领导、统一指挥、相互学习、共同提高业务水平，可以保证文物普查的质量，是一种行之有效的组织方式。

三　怎样进行考古调查

首先，要取得当地领导部门的支持和协作。每到一个地区（州）、县，要向当地主管业务的领导干部介绍考古调查的工作计划、任务和目的，了解当地文物考古工作情况，参观本地的文物标本，共商调查计划，如考古调查的路线、日程安排和应注意的事项等。

第二，向干部、群众宣传国家文物政策法令，通俗地讲解文物基本知识，启发他们热爱祖国历史文化遗产的主人翁意识。

第三，介绍勘查小分队随身携带的本地出土的文物标本或图片资料，并通过座谈和家访等方式，向他们了解本地古代遗迹、遗物的分布范围和出土情况，这是寻找出土文物地点最有效的方法之一。

在和群众交谈过程中，当地群众有可能主动交来他们采集到的一些文物标本，如陶罐、彩陶盆、碗、鬲、铜镜、铜剑以及各种石器、玉器、印章、古钱币等器物。对于向国家捐献文物的人应给予表彰和奖励，对于违犯文物法者及时进行批评教育，严重者报有关部门绳之以法。

掌握古代文化分布规律。田野考古调查,既研究远古人类文化的一般规律,也要注意其特殊情况。对于各种不同的文化遗存的特征、生活环境、分布规律等要有一定的了解。通常古代人居住的遗址多选择背风、近水、向阳和交通方便的地方,在生产力很低的原始社会时期,譬如旧石器时代,原始人还不会建造房子,往往住在自然的岩洞里,那时他们还不会种植农作物,过着原始游群的生活,人类生活一般是动荡不定的。

在原始社会后期到奴隶制前期,考古发现许多房屋遗迹是半地穴式的,当时村落遗址一般都在靠近水源,但又不被水淹没之处,所以往往建筑在河边的高地上。例如新石器时代,人类基本上已定居生活,发明了原始农业,他们为了防御野兽的侵袭和敌对部落的骚扰,往往利用自然地形,将村落建筑在山坡下台地上、两河流的交汇处和近年在黄土高原发现的窑洞遗址等。但是,也不能忽视江河下游平原(或今低凹、沼泽地)地区所发现的远古人类居住遗址。当今黄河下游地区新石器时代遗址发现较少,原因是由于古代此地黄河水患频繁而形成很厚的淤积土,把古代人类遗址埋没在地下,所以在该地区进行文物普查时,地面几乎不见古代陶片和其他遗物,1988年在濮阳市西水坡兴建蓄水池(引黄供水)工程而发现距今六千年前的蚌塑龙虎图祭奠遗址即是一例。

对各种遗迹进行实地考察,所遇到的情况是多种多样的,例如居住在岩洞的遗址、台地上的村落遗址、古代矿山采炼遗址、建筑物残迹、古代城址、手工业作坊(陶窑)、古代雕像、碑刻、岩画、摩崖题字、画像砖、画像石以及古代墓葬群等等。这些遗存有的暴露在地表面,有的则埋在地下。

地上的古代遗存一般比较易于发现,但也有一部分是不容易注意到的。比如在岩洞里的古代墓葬或居住遗迹,在深山里的摩崖石刻和岩画等,都是不易发现的,往往需要听取当地群众的意见,寻找线索,再做实地勘察才能发现。又如古代城墙遗迹,往往由于长期的水土流失和人为的破坏,所以在地面上隐隐约约看出一道凸起的土梁(岭),有的是间断的残迹。古代的碑刻往往被后代人当作建筑基石,如做成桥墩、桥板、房基、台阶等,这就需要在调查中处处留心,善于仔细观察。总之,勘查工作要做到四勤:即口勤、眼勤、腿勤、手勤。只有这样做,才能使勘察工作获得更大的成绩。

此外还应注意区分外表形状近似而实质不同的东西。比如古代的坟堆和某些建筑(台基)遗迹,在外表与天然的地貌、小丘很容易混淆,需要仔细观察或通过钻探了解其内部结构——是否有人工之夯筑痕迹,附近有没有古代建筑材料……等等,才能加以区别。了解古城墙内及城里地面上的各种遗物可作为这个城址的参考,其确切年代当然还得靠科学地发掘才能搞清楚。通常是在它上面挖几条探沟即可了解一些初步情况。

古代遗存的发现，需要特别注意以下四点：

（一）因长年的风吹、雨水冲刷而暴露出来的遗物、遗迹。

（二）因农田基本建设和各种工程建设：如平整土地、兴修水利、修筑道路、兴建厂房等，这些工程都需要大面积动土，在客观上它对了解地下遗存提供了重要的线索。

（三）考古勘查时，注意观察路旁的断崖、路沟、渠道，以了解其地层断面情况，观察其中是否包含古代文化遗物、灰烬、烧土块、兽骨等，以及地层断面上有无夯土、房基、坑穴、水井、墓葬的迹象。

（四）勘查时多向群众了解他们平时打井、开渠、挖窖、挖地基时是否发现了古物和其他异常迹象，在分析各种迹象的基础上，而确定其为古文化遗存。

总之，在具体确定遗存的年代、性质、范围时，主要是依据暴露在地表上的遗迹、遗物来判断的。比如：地表上有大量新石器时代的陶片、石器、灰坑和房屋残迹、红烧土块等，可以断定这里曾存在过新石器时代的村落；地表有城墙痕迹，并有大量的古代砖瓦、生活用具（残片），可知它是一处城址或建筑遗迹；暴露出成型的红烧土、大量瓷片、窑具和烧坏的半成品瓷器，则可判断它是古代陶瓷窑址；暴露出大量的木炭和铜渣或铁渣的场所，证明它可能是一处冶炼遗址；地面有密集的封土堆（多在我国西北地区），推测它可能是汉代以后的土冢。当然，上述种种推测和判断仅仅是我们深入调查和研究的参考。因此考古勘查时，既要重视遗物的调查，也不能忽视对各种遗迹现象的考察。

前面提及有时为了初步弄清楚某一地点古文化遗存的保存情况，可以用钻探和开探沟的方法了解其内涵，特别是对一些重要遗址和城址，还可以进行小规模的试掘，要注意先从遗址的边缘做起，避免损坏地下遗迹的重要部分。

四　科学记录和采集文物标本

野外考古调查，主要任务是做好现场遗存的科学记录和采集古代的遗物标本。

考古调查除文字记录外，还需要多种技术的配合，如绘图、照相、拓印等，还需要填写各种调查表格。但是，由于调查目标的不同和文化遗存的多样性，因而各种表格式样也是不一致的，表格无法反映的内容，要作好考察工作日记。根据古代遗存的客观状况。下面谈几点意见：

第一，考察一处古遗址，其四周村庄、河流、山脉或地貌特征应在记录中写清楚，可配合田野考古素描和摄影进行。

第二，记录古文化遗存时，注意该自然村附近标志物的方向、距离以及遗存所在地的户主的姓名等，便于日后再作复查。

第三，尽可能记录古代遗址的全貌。譬如发现一座古城址，不仅记录其范围大小，而且记录其已知文化层的厚、深及保存情况；不仅记录城址的平面形状、大小、墙的长、宽、高，还要记录城墙内外有关建筑遗迹；不仅记录城门、城壕、城墙上的附加建筑，还要记录城内外地表有些什么遗物，以及古城遗址周围的地理环境和地貌情况。

因为古代遗址往往会遭到天然的和人为的损坏，尽管并不是那么明显。如果记清了现状，就为以后的发掘保存了历史资料。

第四，调查过程中，每天都应写工作日记，按调查对象填写各种调查表格，注意不能漏记被调查人的姓名，以便以后进一步了解情况。

另外，在勘查中还要作好克服困难的思想准备，比如野外勘查时，遇到一座古城址而没有携带测量工具，怎么办？可以暂用步测画一张草面；若遇到一块石碑而没有带相机和拓印工具，则可依原碑文全部抄录下来，待日后有机会再行补拓。

除做好各种考察记录以外，还需要采集实物标本。在一个调查点，有时发现很多遗物，它是提供我们了解该遗址文化遗存的性质、年代、内容的重要根据。但是若把这些遗物全部带回是不可能的，因而可选择一部分有代表性的遗物作为参考。选择器物的标准有两条，一是在同类的遗物中选择较大片的；一是在同类遗物中选择带有文化特征的器物（注意常见的与特殊的）。一般说来，小件器物如骨、石、玉装饰品和铜钱等可以全部收集；沉重的大件石刻或磨石工具，应就地记录后委托当地主管部门代为保存。对于采集大量陶片的处理，需要经过初选，一般没有文化特征的碎小陶片不必收集。发现特殊的陶片可全收集，其他陶片按不同陶质、器形、纹饰（包括不同花纹的彩陶片）可选择数片，注意应挑选陶器口沿、底、足等容易识别器形的陶片，大片的遗物可以绘成草图附在文字记录后面。

标本运回后，需要及时清洗，按不同地点编号，交有关部门妥善保管。

五　余论

近年来，随着我国考古学科的发展，田野考古调查已不仅仅是发现古文化遗存的一种方法，它越来越成为一种研究手段。比如对古代遗址勘查时，除了解其分布范围、密度、地理位置，也应注意其自然条件和生态环境方面的客观因素。重要的是充分吸收其他学科的先进技术。例如在考古试掘或发掘方面，运用孢子花粉分析法，了解遗址的古环境；利用水选法，发现植物种子、昆虫残骸；用灰像法鉴定植物种属；

用脂肪酸分析法鉴别生物的种属等等。这些技术对研究我国古代遗址的生态环境和文化经济型态均有重要作用。另外，以可借用一些先进的科学技术综合研究考古文化年代，如碳-14加速器质谱仪、热释光、地磁法，铀系法……以及其他学科的研究成果，如民族考古学、试验考古学和一些自然科学方法在考古学中的应用，即数学、计算机的定量分析；用发射光谱、金相、中子活化、X射线荧光、莫斯鲍尔谱等方法检测古物成分。还有很多先进的科学技术，在此不一一列举。

　　总之，中国考古学目前正处在一个发展时期，所要研究的课题和内容很多，在考古方法上除继续发扬传统的地层——类型学文化谱系研究外，还应汲取其他学科的先进技术和研究成果，这对我国考古学方法论的发展会起重大促进作用。诚然，一种学科理论的形成与发展离不开科学实践，更不要脱离本国的国情（从财力说主要指经济承受能力），而重要的是在制定规划时，要有的放矢，实事求是，一切从实际出发，理论联系实际。这就是说应首先发扬我国传统考古学（文化谱系研究）的优势，不断总结，提高质量，同时尽力汲取别国的先进经验，多作交流，取长补短，以促使我国考古学理论进一步完善和发展，这乃是当前提高和发展我国考古学最有效的途径。

原载《文博》1991年第3期

田野考古发掘

考古学是历史科学的一部分，主要是根据古代人类社会遗留下的遗迹、遗物资料研究历史。

怎样取得这些资料呢？一种是科学的发掘；一种是非科学的挖掘。前者是按一定的科学规程进行，有绘图、摄影、文字记录和各种统计表格等。后者是随意破土以取得实物为目的，而其他迹象则一概不顾，这是一种破坏性行为，应予以制止。

我在北京大学考古学系（原历史系考古专业）任教30多年，曾带领本科生、进修生、研究生、外国留学生等，在陕西、河南、山西、北京、河北、山东、江西、甘肃、青海、宁夏等地进行过多次田野考古实习，教学中遇到过各种情况，下面就田野考古中应注意的若干问题谈谈个人的意见和体会（撰稿时曾参考了《考古学基础》《考古工作手册》等书中有关部分），供同行们工作时参考。

一 考古布方

依考古发掘目的不同，布方有两种：探沟法与探方法。通常试掘时使用探沟法，即部分发掘，以了解该遗址的局部情况，如遗迹、文化层位关系如何，遗物是否丰富以及某遗迹范围大小等。对整个遗址进行全面发掘时，使用探方法或对遗址分区进行揭露，以了解整个遗址中各遗迹的布局、内部结构、包含物等方面的情况。

1. 探沟发掘

一般发掘面积较小，根据目的要求可开1米×5米、1米×10米、2米×5米、2米×10米的探沟，以便于操作为宜。譬如遗址的文化层较薄（深1～1.5米）可开窄小的探沟，约1米×10米为宜；较深的文化层堆积（1.5～3米），则需要开2米×10米的探沟。因为文化层3米多深，探沟窄小容易塌方。另外，在里面操作和向上翻土都不方便。

对遗址内不清楚的遗迹，除了用探铲钻探外，还可以在该遗址高处开"十"字形探沟，以了解该遗址的堆积情况；也可以从遗址的边缘向最高处开"一"字形狭长探沟，或"T""L"形探沟。实践证明，考古调查和试掘中使用这些探沟法都是有效的，可以在较短时间内了解该遗址的堆积情况。

2. 探方发掘

一般常用于对整个古遗址（遗迹）进行全面揭露，开工前应对该遗址先进行钻探或试掘，大体了解遗址文化层的堆积情况，各遗迹的分布情况，哪是遗址中心区、哪是边缘区，然后作出具体发掘计划。在发掘经费不足的条件下，往往是划分为小区一块一块的进行发掘，但必须对整个遗址确定一个标志点，以免各区另设基点而产生混乱。一般来说，我国中原地区黄土地带古遗址的发掘清理。探方面积以5米×5米为宜。发掘古代的墓葬群，若是墓穴上面的文化层堆积较简单，可使用10米×10米的探方。探方与探方之间留1米宽的隔梁，其目的，一是使探方两边的文化层相对应，不易搞乱；二是作为工人运土时的过道。除去探方中1米隔梁和关键柱，其实际发掘面积是4米×4米和9米×9米，最后根据工作需要把隔梁打掉。为了便于"坐标记录"，通常探方的基点一律定在探方的西南角，各探方的关键柱在探方的东北角。

布方时，使用白色尼龙细绳和长约35厘米的木桩，用罗盘和皮尺把探方的位置定准确，经反复校正后，用木桩固定。如果开始探坑方位尺寸有误，以后很难纠正。另外，布方的绳子不要过早去掉，以免把探方边沿挖歪，应挖至农耕土以下10多厘米，用平头锹把探方四壁铲整齐后再去掉绳子。但是探方外边的木桩暂时还不要去掉，以便遇到遗迹向外扩方时使用。

布方时将木桩定在距探方外侧10多厘米处，每探方（实测）角外边固定两个木桩，使东西、南北的绳子垂直交叉成一直角，其外形呈"井"字形，而不要将木桩直接固定在探方实测的四角上。否则，随着发掘进程把木桩挖掉而影响到发掘的质量。

二 辨认土色

田野考古发掘中辨认土色十分重要。特别是发掘古代遗址。各色遗迹被埋在地下灰土里，由于时代不同而形成深浅不同的各种层次，因为它们都是"活土"，所以识别各种遗迹现象不易，需要有丰富的考古实践经验。下面介绍辨别几种土样的一般原则。

生土：又称"死土"，是未经人类翻动过的天然土壤。土色均匀，质地较纯净，不含任何炭末、烧土粒等有机杂物，但各地生土的颜色、性质并不一致。田野发掘时，清理各种遗迹一般都应挖到生土为止。为了使发掘者心中有数，在发掘前，应在遗址附近的断崖、路沟里先弄清本地生土的特征（颜色和质料），这对于辨别遗址中其他"活土"就比较有把握了。

耕土：是农民耕地翻动过的一层"活土"，厚约20厘米左右，土质较松软，内涵有少许近代砖、瓦碎块和瓷片等杂物，属于遗址中时代最晚的堆积层。耕土的下面有可能出现古代遗迹，但是也有是生土的。注意耕土下用铁锨铲平后出现的一些长条痕迹，比较密集，它是用犁头耕作时的划痕，不必花功夫去清理，应继续往下挖到第二层土色时，再观察其内涵情况。

灰土：是古代人类居住和活动过的地方，土质较松软，内有大量的有机物质等埋在地下形成黑、灰、褐、红、白、绿等不同的颜色，其中往往含有当时人类丢弃破碎的石、骨、陶质的各种器物残片；也有少许完整器物，如石斧、石刀、纺轮、骨针、锥、箭头、小陶杯、碗等小型工具和日常用品。探方中的"灰土"（是各种土色的总称）构成文化层的主体部分，其中有的"灰土"可能是不同的建筑遗迹，情况比较复杂。所以发掘到灰土时，应注意对土色、土质和包涵物的分析，它是属于同一时代的堆积，还是几个不同时代的堆积，要认真地进行观察和对比研究。

夯土：是古代的城墙或房基建筑遗迹，它是一层层夯实的，因此，土质结构紧密、坚硬，土色不如生土那样单纯，可能内涵有古代的碎陶片、烧土等遗物。其特点是破土后能分层，每层平均厚6厘米左右，各夯层之间有平面和凹面（称"夯窝"），是当时筑墙时的夯筑工具痕迹。

路土：是古代的泥土道路，经长期采踏辗压而形成的硬面。路土一般都比较硬，但也有松软的，其特点是类似油酥饼那样的薄层，其厚度3～20厘米不等。往往是古代城市街道和城门附近的路土比较厚实，有的类似夯土那样坚硬。

淤土：土色多青灰色或黑色。土质较松软，但也有很硬的胶泥，其特点是层次明显均匀，多为淤沙层（淤积土），厚薄不一，堆积中一般没有或有很少遗物，而常有浅绿色、黄色、红色、白色的水锈。可根据其淤积特点和范围区别为古河道、水沟、城壕、水井、自然坑、塘等遗迹。

墓填土：也称"五花土"。其实各地墓填土的土色深浅区别较大，它是挖土时，把地下不同颜色的活土或生土挖出来，下葬时又把翻上的土回填到墓穴中，形成的五花土，文物考古人员通常都把它作为辨别墓葬土色的标志。其特点是：一般古老的墓葬填土较硬；时代较晚的墓葬填土松软；填土内包涵物甚少；有些深墓填土内含生土颗粒较大；商周以后的墓填土有夯打过的。

三　划分文化层

布好探方或探沟向下发掘，首先遇到的问题，是怎样划分文化层？

一般是按土的颜色划分文化层，由最上面的地表层（耕土）开始依次向下将不同土色文化层编为①、②、③、④层……，也有同层内又分若干薄层，其土色略有差别，但出土遗物基本相同，则可用a、b、c编号。例如，在同一发掘工地中，探方内的文化均在第②层内，则可写成②a、②b、②c等。若是在不同文化层中发现了遗迹（灰坑、房子），可单独编号为H1、H2……或F1、F2……但是，应注意该遗迹是在哪一层下面发现，如有这样的情况：在探方第③层之下发现了几个灰坑，有人把它与地层号编在一起为第④层，这是不妥的。虽然这个灰坑早于第③层，但是它们有可能是同期的，或者不是同一时期的。正确的作法，是把这些灰坑单独编号为H1、H2、H3……，然后按各遗迹的操作方法进行清理、分别记录，作为该探方内出现的遗迹处理。文字记录中注明它们是处于哪个文化层之下。

夏季发掘遗址，文化层容易被烈日晒干（呈一片浅灰色），发掘者应把已搞清楚的文化层及时用小铲划在探方剖面上；若是已晒干的文化层，可在上面洒些水，经刮平处理后也容易观察。还有，在辨认土色时，眼睛不能只从近处盯着局部的小片地方，而应在距离稍远点地方观察，可能效果更好。

探方内有些文化层的上下界线不易确定，应与邻方的同志一起分析、磋商；或是先把不清楚的部分暂停，先发掘清楚的部分。之后，不明显的界线也就容易搞清楚了。

另外，在同一发掘工地中，各探方内的文化层土色、层次是否统一编号，取决于发掘面积大小和文化层堆积。若发掘面积较小（100平方米左右），各探方内的土色层次易于统一，则可以统一编号；若发掘面积在千平方米以上，文化层又比较复杂，则不宜统一编号。出现这种情况，各探方可根据本探方文化层土色、土质变化各自编号，并进行详细记录，填写一张探方土色、层次、时代的表格存档，以备室内整理时再综合统一。

四　辨认遗迹打破关系

探方内平剖面都是"活土"（也称灰土），故辨别各种遗迹相互叠压、打破关系不大容易，而同类的遗迹相互打破则更困难。因同类遗迹（灰坑或墓葬）的土色、土质都十分相似，仅是时代先后不同，若稍不注意便可能出现差错。

辨别探方内文化层和遗迹相互打破（或叠压）的方法，通常是用平头锨将探方四壁和底部铲平，小范围内用小铲把所需要观察的现象铲平或刮平。其方法是两手紧握铁锨木柄，使其平稳，锨头紧贴地面朝一个方向铲除薄薄一层地皮，切忌锨头前后来回拖擦（使用小铲刮平亦然），以免使遗迹间土色和界限模糊。因刚铲过的土质有一定湿度，比较容易观察其原有痕迹，这是田野考古发掘时不可缺少的技术，也称"基本功"。除直观土色外，有时还凭手的感觉，譬如用手指按压不同遗迹的土质，触及其软硬而作出判断。

以灰坑为例，观察其相互打破关系时，应注意两灰坑打破的交接处，看它是否有一条被打破的弧线痕迹，如若界限不显，可有三种处理方法：

第一，在两灰坑交接处开一长方形小坑，从两交接的剖面上观察其打破关系的痕迹。

第二，从两灰坑交接处横划一条线，发掘两灰坑的一半，一层层地向下清理，目的是了解两灰坑的关系，清理到坑底，画两坑的剖面图，再作另一半灰坑。为了使两灰坑的遗物不混，发掘时暂把两灰坑的出土物分放。两灰坑的相互关系有两种可能：其一，二者有早、晚之别；其二，二者为同时的。这都不影响出土物的归属。

第三，发现不明显的遗迹现象，可酌情向下再挖一层继续观察。如探方平面上略显示出几个灰坑互有打破关系，由于其上的文化层还没全部清除净，所以灰坑口部的痕迹都是模糊的。

探方内若有复杂的遗迹打破叠压关系，务必从平面上先弄清它们之间的关系再往下发掘，必要时也可以局部地向外扩方。否则，很可能误判，甚至出现不可弥补的损失。

五　掌握发掘技术

发掘文化层和清理遗迹、遗物时，如何避免地下遗物不受损坏或尽少受损，有两点需要注意，一是"因地制宜"使用适于本遗址的发掘工具；二是掌握发掘技术。

通常的发掘工具是平头小铲、菱形尖头小铲、小镐和平头锹等。除以上工具，在陕西、河南、山东农村中有一种铁质三齿扒，木柄长约60厘米，是当地农民挖玉米杆、刨红薯的工具。这种工具在探方内使用很方便，若能掌握其使用技术，是不易损坏地下文物的。

因为发掘者无从了解田野考古地层中的遗迹、遗物情况，而发掘工具就是一种探测器。发掘时，工作人员一方面观察土内遗物，另一方面还凭手感了解文化层土质的软硬、地层内是否触及到遗物等等。我认为使用三齿扒挖掘是很理想的工具，具体操作是：第一扒挖下去力量要轻，是试探性的，若手感未触及遗物，第二扒在原处挖下，力量可重一些，将土块挖开碰碎观察其内涵情况；若第一扒下去（轻挖）凭手感触及到遗物（多为陶片），即可用小铲将它挖出。实践证明，这样第一扒轻、第二扒重地试探性挖掘，一般都不易损坏地下的遗迹和遗物。使用三齿扒发掘的优点是：三齿扒入土挖的面积大，而其触及点小，再加之第一扒挖掘力量较轻，是试探性的，所以基本上不会击损地下文物。

工地探方的周围要经常保持清洁，发掘前后都要检查一遍，以免混入文化层近代杂物而造成误会。若在文化层中发现近代杂物，应用小铲或铁锨把现场铲平，观察地层内是否有鼠洞痕迹，或是其他扰乱坑迹现象等。夏季发掘，为了不使探方的文化层和遗迹被烈日晒干，工作人员上午下班前，应用小铲或三齿扒向下挖一薄层土（厚5厘米左右）覆盖在上面，待下午上班时再将其铲除，继续向下清理。初冬发掘时，注意防冻，下午下班前用小铲或三齿扒在文化层上挖一薄层土，以防第二天上班时地表冻结而影响发掘进度。

在江南平原稻田进行考古发掘，为避免地下水上升，挖到水位层时，应在探方四角无遗迹处深挖几个小坑，或在探方边沿开一条较深的小沟，使文化层里的积水渗入深坑和沟内。清理重要遗迹，必要时亦可使用电机水泵向外抽水，以便于发掘工作继续进行。在清理完一个单位（探方或遗迹）后，应及时整理材料，如审查绘图、摄影及文字纪录等有关资料是否齐全，不足之处应就地补上。若是条件允许（如附近有水源、无风、天气晴朗），可安排人力清洗单位陶片，晾干后写上单位、层位号，注意务必与口袋或箩筐内原标签的记录一致，队长应逐个进行检查核实。

六　清理土坑墓

下面以新石器时代至先秦时期的小型土坑墓为例，简介其发掘程序及应注意的若干问题。墓葬在地表不见封土堆，所以发掘前需要钻探或用探沟法确定其坑位和分布范围。我国黄土地带，通常在考古调查中，沿河旁断崖或路沟剖面发现暴露出的墓填土、板灰或人骨、陶鬲等随葬品，这些挂在断崖上的遗迹、遗物，实际上已直接为我们的调查提供了最切实的材料和线索，它无疑是一处古代人类的墓葬区。工作人员可在附近进行钻探（用"洛阳铲"），根据墓葬分布范围布方。较简单的文化层堆积可开10米×10米探方，之间留1米宽隔梁。布方时预先考虑到墓填土堆放地点，堆土与发掘区应保持一定的距离，以免扩方时再向外移土。但也要考虑到以后堆土回填时的方便。

挖掘墓填土，其操作规程与探方内文化层的清理相同，要一层层（厚10厘米左右）铲平向下清理，注意填土内有无为死者祭祀的遗物，是否有盗坑痕迹。填土中的陶片不能丢掉，可作该墓年代下限的佐证。

发掘土坑墓，重要的技术是"找边"，用平头铲清理出土坑墓原来的四壁和墓底。其方法是：在探方平面已显示的墓口轮廓线内约5厘米处，探下一层深10多厘米的填土，用平头小铲垂直向墓壁捅去（也可向下挖深二、三层再找边）捅的力量不宜过大，以免破坏原来墓壁。捅时，铲刃只打在墓边留下的那层填土上，并略有一定的弹力向上撬，使墓壁附着的填土自然脱落，原来的墓壁即显露出来。可一直清理到墓底，若是墓壁上有二层台或小龛（中原战国土坑墓常见），特别是熟土二层台和棺椁等迹象，需倍加注意，耐心清理。若已熟练地掌握了找边技术，使用平刃铁锹大面积的碰击，则找边效果更好。其他如灰坑、半地穴房子、窖穴、水井等遗迹的找边与以上方法大体相同，只要胆大心细，勤于实践，掌握找边的技术并不困难。

挖掘到墓坑底部，各种遗迹和随葬品开始露头，这时，先清理上面的遗迹、遗物，逐层向下清理。按发掘工作的需要，发掘者脚下可支垫木板或软的卧垫，以便剔除随葬器物上附贴的填土。注意不许任意挪动随葬品位置，待摄影、绘图、文字记录完毕，才能将它取出墓穴。

清理人骨架前，应备好使用的工具，如各种形状的竹签（削成尖头、平刃、斜刃），小铲、毛刷、炊帚等。应注意以下几点：

第一，发掘者勿蹲在人骨架上面操作，以免损坏骨骼。

第二，先从人头骨开始向躯干、胸部、上肢、髋骨、下肢骨，最后清理手、足骨（因指、趾骨细小容易移动位置，不宜过早剔出）；或先剔出人的头骨和四肢骨的大体轮廓，然后仔细清理。

第三，清理人骨的原则是由上而下、由里向外。这样操作除土方便，以免反复清扫浮土而移动人骨位置。

第四，对二次多人合葬墓人骨的清理工作要特别细心，不能疏忽大意。如对墓穴中人数的统计、编号、上下层位置、年龄、性别等都要仔细观察，不要有差错，并且配合摄影、绘图和文字记录逐一交待清楚。

第五，人骨性别、年龄和其他方面的鉴定，最好在墓地现场进行，其测定数据比较准确。然后再按采集人骨标本规程，将它取回室内仔细研究。

第六，取出人骨架后，还需要再观察人骨架下面是否有板灰；积土中有无遗漏装饰品或其他遗迹遗物；墓葬底部是否已清理到生土，都要全面的检查一遍。

七　绘图

田野考古绘图是一种很重要的纪录手段，它要求有合理、清晰的图像，而不单是纯艺术的表现。首先立足于尺寸准确，它是将探方中已发掘出的遗迹、遗物、按制图要求，科学、求实地缩录在图纸上，有平面图和剖面图，可根据所绘对象的大小确定一定的比例。田野考古绘图使用的比例通常有五种，如遗址和墓葬中发现的骨针、海贝、骨珠等小形器物，依原大小的尺寸，1：1绘制；局部的遗迹现象如瓮棺葬、小孩墓穴，用1：10绘制；房屋、灰坑、陶窑、小型土坑墓等用1：20绘制；探方内文化层平剖面图一般用1：50绘制；发掘土地总平面图，一般为1：100。总之，绘图比例可根据发掘遗迹、遗物的范围、大小作统一规定。出土遗物的绘图比例，待室内绘图时另行酌定。

绘制探方剖面文化层的方法：先将探方四壁的文化层，按其先后（土色）不同界限处用小铲刻划清楚，并检查是否有早期文化层叠压晚期文化层（包括遗迹）的矛盾现象。若探方四壁检查无误，然后在探方壁上确定一条水平基线，文化层较浅（约1.5米左右），可把基线正在地表或农耕土底部，同时确定一条与基线平行的皮尺，作为横坐标尺度，用直角坐标法测绘出诸文化层的区别点。在测量各点时，其上下应使用垂球，由基线向下垂直成直角，用钢卷尺测量，以确定其（文化层）有变化的诸点。最后，直观土色，把各点连接成线，画成不同的文化层次。

若探方内文化层次较深（3米以上），为了测量方便，也可将原水平基线下移，但是，应注意使探方四壁的水平基线保持一致。绘制探方内遗迹的平面图：往往是在探方中间定一条基线，一般都是东西、南北端正方向，同时拉一条皮尺，用水平正投影方法将各个遗迹，如墓葬、灰坑、房屋等现象画在平面图上。平面图的画法与画探方文化层剖面的原理基本相同，用直角坐标法，测绘出探方平面上各遗迹的诸点（比如土坑墓口的四个角），将它按比例画在图纸上，最后将各点连接起来，画出整个遗迹的形状。探方里出土的残迹（房屋或陶窑）高低不平（0.1～1米），绘图前应在该遗迹的最高处定一条基线和皮尺；测量时，基线与钢卷尺务必保持水平和直角坐标，再悬吊垂球以确定残迹下边需要画的部位，按比例缩画在图纸上；最后由点连线时，应由上而下俯视被画物的实际弯曲情况（有素描的性质）。注意以上几个方面的正确操作，才能如实地画出遗迹的原形。

绘制人骨架和房屋遗迹的平面图，可以采用"网格尺"测绘。因为人骨架和房屋残块遗迹都比较细小零碎，若逐一地用直角坐标法测量有些麻烦。"网格尺"测绘法比较简便，可先在遗迹旁定一条基线，将"网格尺"紧靠基线一边罩在遗迹上面，按比例要求缩绘在图纸上。此法可节省时间、提高工作效率，适用于大型发掘工地。

探方中对各种遗迹平、剖面图的画法，以及各遗迹相互打破或叠压关系，如何用平、剖面图表现清楚，应根据遗迹的实际情况选择其最佳部位剖切为宜。譬如剖切一座仰韶文化半地穴式房屋遗迹，其完整的剖切面应是以门口、过道、火塘、居住面、墙壁和墙基内柱洞等全都剖切在一条线上，使读者对该房屋建筑结构情况，有较全面的了解，尽可能少用或不用局部剖切法。

在平面图上表现各遗迹的打破和叠压关系，其上下层是不同的。以灰坑相互打破、叠压为例，上面晚期灰坑是画实线条，被叠压的部分用虚线条表示。若画一个袋形灰坑，口部应画实线条，底部直径较大，眼睛看不到的地方用虚线条表示。

若发掘一个村落遗址和墓地（墓葬群），务必测绘一张总平面图。遗址地形图也是不可缺少的。

八 摄影

田野考古摄影也是考古发掘工作中不可缺少的一种记录手段。凡是相机选取画面范围内的都能全部摄入。可以说，一张照片，是记录该物外貌的客观反映，它最富于真实感，可弥补田野绘图和文字记录之不足。比如考古遗迹的位置、地貌、生态环境以及拍摄对象的光泽、颜色、质料等，若使用彩色胶片拍印，可一目了然。特别是在发掘过程中，遇到新石器时代出土陶器上的彩陶图案、古代人们生产的漆器彩画、棺椁上的彩画等，刚出土时其色彩鲜艳夺目，十分美丽，但是出土不久，其色彩很快变为暗淡色，逐渐失去原有的光泽和色彩，可能是由于它接触空气和阳光辐射的缘故。目前，我们对一些文物还无法解决其永不变色的技术，所以将这些发掘出的带彩的器物及时用彩色胶片拍摄下来，可以长期保存，供研究者参考。

田野考古摄影的效果如何，主要是采光技术，构图布局和对焦三者运用是否恰当。特别应把采光技术把握好，人们通常多依赖于自然光和闪光灯两种。自然光的运用是依阳光的强弱程度进行拍摄，因光源照射时的位置不同，拍摄时又分为顺光、侧光、逆光和散射光等几种。若被拍摄物受光不足，还可增加辅助光，如对反光板的运用，或使用闪光灯拍摄等。

拍摄地面考古遗迹，必须考虑到其内容和主题，然后再选好角度和画面，一般不要使画面内容太杂，以免影响拍摄的主题。比较重要的遗迹、遗物，还可特摄其细部，拍一些"特写"画面。

拍摄探方内文化层时，由于各层次间界线不甚明显，可用小铲把各层的分界线刻划清楚再拍照，或者在各层次上用小纸片标明文化层次的号码。拍摄遗迹平面时，由于灰坑、柱洞、墓葬坑口的范围不清晰，也可以在其边缘撒上石灰或浅色土再拍照，其效果是显而易见的。

拍摄墓葬时，应先把墓穴底的随葬品、葬具（棺、椁、边箱）和人骨架逐一清扫干净，墓底不留浮土，再选择合适的光线进行拍照。若无随葬品的土坑葬，可在墓边放一把涂有对比度的标尺，或放一把小铲作为比例尺，放置位置不要挡住主题，标尺要与墓边平行，注意不要破坏遗迹的完整画面。

另外，清理出的人骨架，待晾干为浅黄色或白色，而其周围的土质为深褐色，这时拍摄的人骨架特别清晰。较深的墓葬，应从坑口向墓底呈垂直角度向下拍摄，人骨架和随葬品的位置都很准确，墓坑愈浅，拍摄角度愈倾斜，所以不要竖拍，以免墓坑平面呈梯形。遇到这种情况，拍摄者可立在木凳上使相机位置加高，或是改为横拍，使墓穴在画面上呈横长方形。若是遇到大型的浅土坑墓，为了升高相机的位置，可使用5米长的高梯架起来。

向下拍摄，或是用木杆搭成脚手架，摄影者爬在上面向下拍摄，效果也很好。但在拍摄时，应选择合适的角度，不要把脚手架和自己的身影摄入画面，特别是攀登这么高的梯架在高空作业，务必注意安全、防止发生意外。

拍摄探方和墓葬的时间，最好是半阴或薄云天气，这时拍摄没有阴影。晴天拍摄时，应在旭日升起不久，或是下午弱光时刻，因这时阳光的反差不强，若是遗迹上的光线稍弱，应采用辅射板或闪光灯，以解决光源不足的矛盾。

拍摄大场面的遗迹、墓地或祭坛遗迹，除使用气球摄影、飞机摄影外，还可用接片法，即把所要拍照的景物分成若干部分逐一拍摄，然后连接一起，它不受底片幅面的限制。拍摄方法：在所拍景物的平面位置作好标记，先拍中间一张，然后再向左、右拍摄，注意衔接重叠部分要留得适当。拍摄时，应使相机保持在一个水平上，不要上下移动。接片时，尽可能使其调色一致，最好能细心地将印出的照片粘接后再翻拍一次，其效果更好。

九　保持好遗迹遗物

本节所论及多偏重于考古技术方面，其中有属于处理时的具体方法，也有属于对工作安全的建议和预防措施等。有些意见和方法做起来并不困难，但是稍有疏忽，有可能造成不可挽回的损失。

田野发掘中为了使古代遗迹、遗物尽可能保持原状不受损坏，首先应认真贯彻1984年我国文化部发布的《田野考古工作规程》，要依该规程中提出的原则和要求进行操作。有些遗址如沿海地区的贝丘遗址、沼泽地区的遗址、沙漠地区的遗址、洞穴遗址等，还可根据本地区的实际情况补充实施细则，使发掘规程更加完善，下面谈几点意见：

第一，田野考古发掘，自布方动土开始就应小心谨慎的注意地下遗迹、遗物不在被挖掘时受到破损。关键是应按田野操作规程耐心的清理遗迹，不能有急燥情绪和挖宝意识，更不能简单从事。

第二，文化层中发掘出的石器、骨器（如针、锥、匕、铲、镞、装饰品）、蚌器和兽骨等易碎物品，不能与大量陶片混装在一个口袋里，而应内衬棉花装在玻璃试管，纸盒内用麻纸包好，里面写上标签，放置木箱内保存。汽车装运陶片时，不要堆压在一起；长途搬运时要注意安全行车，以防途中文物颠簸受损。

第三，发掘出的孢粉和漆器、木器等遗物，应由专人取样处理。发现表面有彩绘图案的器物（包括陶片），务必用棉花衬垫，外表用麻纸包好，写上标签。洗刷时要特别小心，切勿直接浸泡在水中。

第四，探方、墓葬中发掘出的遗迹、遗物应注意防雨、防晒、防冻、防盗。发现三级以上的文物，由专人保管。遇到重要的墓葬，发掘阶段应安排值班人员并与当地派出所等治安部门联系，以防万一。

第五，发掘出的人骨架、兽骨、牙齿、鱼骨、贝壳、碳化果核等，不能任意丢弃，需要专门管理，应晒干，包装轻放上架，上面切勿堆放其他东西，注意防潮、防鼠。存放时间不宜过久，可及时请有关专家鉴定、研究，写出考察报告。

第六，发掘者要向发掘工人讲解考古发掘技术、爱护文物、宣传国家文物政策法令、进行安全施工的教育。发掘现场应用栏杆、绳索圈起来，并标明"闲人免进，谢绝参观"等字样。新华社和地方各级新闻记者，不宜过早的撰稿宣传工地发掘情况，以免参观者蜂拥而至，影响工地发掘进度和施工安全。

第七，发掘出的陶片，一般都装入化纤口袋或竹筐内，工作人员应注意防潮或破漏现象。陶片经洗刷晒干，上面写上单位和层次号、统一编号上架保存。

第八，发掘出的文物应放置安全地点，注意防火、防盗，由专人负责管理。

原载《文物工作》1990年第4、5期连载

整理发掘资料与编写考古报告应注意的若干问题

　　田野考古发掘出的遗迹遗物需要经过全面系统地整理，编写成发掘报告。考古发掘资料的整理与田野发掘的原理是一致的，二者都是科学研究工作，其中每个细小的环节都不能疏忽。首先要实事求是，二要严格按考古规程进行整理，也就是通常所说的要"忠实、精确和系统化"。因为，只有实事求是和用科学方法整理出的资料才有价值；只有全面整理，仔细观察才能发现问题，为编写发掘报告奠定基础。

　　一本发掘报告的质量如何，它与田野发掘技术、室内资料整理均有密切关系。如果田野发掘工作不扎实，室内资料整理就困难重重，有些问题甚至会自相矛盾，无法向读者交待清楚。若考古发掘资料完全可靠，而室内整理工作不认真，不按一定的操作程序去整理，编写报告的质量也会受到影响，甚至本末倒置，不知所云。

　　编写发掘报告是考古发掘工作的最后成果，它与发掘的资料的真实与否有直接关系，如果发掘的资料不真实，或是资料整理工作不认真，都无法写出具有科学水平的发掘报告。另外，编写发掘报告中有一些技术问题，也是不可忽略的。下面谈谈整理发掘资料与编写考古报告应注意的若干问题，供读者参考。

一　考古发掘资料的整理

　　田野考古发掘的实物资料有石、骨、角、玉、蚌、陶质等各种遗物，其中数量最多的就是陶器。室内整理工作，绝大部分时间都花在整理陶器上，如用水洗刷陶片、在上面写字，统计陶片、粘对、复原成完整器等许多环节。然后再进行陶器分型、分式、作文化分期的研究工作。最后挑选典型标本绘图、照相等，大体才告一段落。今以资料整理程序逐一简介如下：

　　资料整理前的准备工作：根据考古发掘资料的多少，应有一定面积的工作场所（或工棚）以及准备一些标本架、工作台（桌）等，使发掘品能全部排出来进行比较。因受条件的限制，也可以先挑选典型单位（探方内地层、灰坑、墓葬等）逐一进行整理研究。但工作场地不宜太小，以免影响工作进度。

　　洗刷陶片：应按田野发掘时的单位（层次编号）如探方、灰坑、房屋……等包装的口袋，箩筐，逐一清洗干净。凡是彩绘陶片、陶质松软陶片和腐蚀的朽木等物品，严禁泡水中洗刷，应单独另行处理。清洗时特别要注意：各单位（层次）陶片不要混淆，陶片凉干入袋（筐）时也不要把标签装错。标签仍一式两份，口袋外面也可有一标签，便于查找。

陶片上写清单位号：发掘出的陶片，除本人研究使用方便外，为了长期保存，还可供别人研究，所以需要在陶片上写清单位号。否则若干年后丢失了标签，这批资料岂不成为没有层位的采集品了。若陶片很多，每单位（层次）百片以上，也可以少写一些。

标明发掘时间、地点、探方、层位的字迹要写清楚，切勿用连笔字，最好写在陶片的里面，字形大小要适当，深灰色陶片以用鲜明的广告色为好。石器、骨、角器和其他金属物，可使用小楷毛笔沾红、白色油漆写在器物表面，也可使用广告色，然后再涂一层清漆。注意应写在器物残缺或不显眼的位置，以免器物照相时遇到麻烦。所以，一般是写在陶器的口沿下，底部和人们看不到的部位。

整理陶片选典型单位：发掘一个遗址，除各探方内诸文化层外，还有若干个遗迹内的陶片，所以有很多个单位的陶片，究竟先从哪个单位整理呢，需要选择探方内文化层叠压关系较多（包括遗迹——灰坑、墓葬……之间相互打破关系）；包涵遗物较丰富；发掘工作做得清楚的作为重点。先行整理的目的是先理出一个纵的"标尺"，弄清该遗址诸文化遗迹的先后顺序，做到心中有数，再整理其他单位（大量的）陶片就比较容易了。这种整理方法的宗旨是先突破重点，再宏观一般单位的资料，最后以达到对该遗址文化更深刻的认识。

统计陶片：考古学遗存中以陶器反映文化的特征变化为最敏感，所以常以它作为研究考古地层学和标型学的尺度，依地层先后对它进行分类统计分析研究。通过对其质地、色度、纹饰、器形（名称）的统计和对比，悟出该文化发展变化的规律。具体做法是：把探方内同一层的陶片倒在一起，按不同质地、色度、纹饰进行分类统计。应注意掌握标准，什么质地陶片是泥质，什么质地陶片是夹砂，什么质地陶片是粗砂；陶片颜色的深、浅（红色、橙色、黑色、灰色）；陶片上绳纹、篮纹、方格纹、线纹、划纹、弦纹……的辨别和统一标准等都要细致、认真、耐心地去做。再以陶器的质地、器形（口沿、颈、肩、腹、底、足等）分别统计其出土数量、名称和所占百分比。如果陶片太碎，多数陶片难以辨别器形，只能以可辨认者统计。

这项工作对初学者难度较大，稍不注意就容易出现误差，领队人应勤于倡导、检查、严格把关。

粘对陶器：陶片统计完毕，可将同文化层的各类器物分别挑在一起，如盆、钵、罐、釜、瓮……逐一进行拼对。把有关系的陶片拼对在一起，用粉笔（或铅笔）在对合陶片的里面画上记号，用黏合剂粘合。

粘对陶器的程序：先将漆皮（也称"干漆"）放入80℃热水中使其软化，用手捏成一长条形，粗细如笔杆，离开热水后逐渐变硬，通常用这种漆棍作为黏合剂。使用时，先把需要粘合的陶片用毛刷刷净，在喷灯上烤热（60℃左右），同时将漆棍的一端烤化成液体，抹在两陶片的断面上，不要太多，然后手持两陶片在喷灯上把漆皮烤化，马上把两块陶片按画好的记号对合，用力挤压，使两陶片紧紧粘在一起，停一会儿，待陶片稍凉便牢固地粘好。两陶片缝隙间挤出的少量漆迹，可用三角刀片剔去。用漆皮粘对陶片，应注意控制"火候"，不要把漆皮和陶片烧焦了。否则，会直接影响粘接的质量。

一件器物一般是先从器底向上粘对，逐片衔接腹、肩、颈、口，发现粘对的弧度不合应及时纠正，不要凑和，以防粘到最后口部合不上。也可以将碎陶片粘成大片，由大片再粘接成完整陶器上。总之，粘对陶器不能心急。粘接好的陶器，依其残缺部分多少，再进行修补或复原。

陶器复原：一般陶器残缺部分较少，进行修补（用石膏）即可。需要复原的陶器是指残缺部分较多，甚至只剩下陶器整体的四分之一也可以复原。但是它务必是由器底到口沿上下全部连接的陶器。

复原陶器的方法很多，有泥做内模法、蜡做外范法、油泥或石膏外范法和塑形法等。通常多使用蜡做外范法。其制作程序是：以陶罐为例，把要复原的残陶罐表面用水浸湿，把熬化的黄蜡浇在残陶片的表面，可陆续向上浇几次，直到需要的厚度为止（约6厘米左右），若大型陶器黄蜡还可再加厚。将浇好的黄蜡上面浸注凉水（可用棉花浸凉水敷上）使其变硬。然后将蜡范用三角刀取下，在范的里面涂上肥皂水或石油，再将蜡范一端边缘和残器边缘连接起来，向多出来的蜡范里倒上石膏，随即修理得与原残器物的厚度相同，待石膏凝固后取下蜡范，依次移动蜡范和再加石膏，待复原成原器形的一半多，这时照上述方法再做一个近乎原器一半多的蜡范，再倒入石膏，就复原成一件完整的陶罐了。

石膏和油泥做外范的方法与用蜡作外范的方法基本相同，但是做石膏范时，需在原陶器上涂抹肥皂水或涂一薄层细胶泥，使石膏范不致与原陶器粘在一起，油泥作范时，先把陶器上洒水弄潮，油泥就不会粘在上面，或在油泥表面扑些滑石粉，其方法与上相同。

标型学与文化分期：对一个遗址进行文化分期是一项很细致的工作。探方中文化层堆积，只能表示其先后顺序，而不能反映早晚相差的程度，文化层堆积的先后并不就等于分期本身，要确定文化分期，还要进行标型学的研究。

标型学（或称类型学）研究是以地层学为依据的，或者说，地层学是标型学研究的基础。如果脱离了地层关系，单纯用标型学时器物进行排比（分型、分式）是不准确的，而务必使二者结合起来研究才能解决问题。概括地说：地层学是科学地取得资料；标型学是研究发掘品的变化过程。二者可以相互检验，把考古学研究推向深入。文物考古工作者通常是先从地层又叠压（先后）关系着手研究器物共存（组合）关系，再研究其文化分期，文化性质，社会组织和族属问题等等。器类排比时，先从遗址最早地层和器物向晚期地层的同类器物排比，寻找其承袭关系。

至今，标型学的用名很不一致，新石器时代陶器定位往往借鉴商周器物名称，如称为鼎、鬲、斝、甗、盉、鬶、尊、豆等；另有用现代器物名称，为罐、杯、瓶、碗、碟、盘……等。室内整理时，在同类名称下再以不同特征划分为"型"，"型"以下不再分"式"。通常"类"与"型"是横向关系，而"式"是纵向（先后发展）关系。"型"与"式"可以是同类，但它不是平衡关系。如陶鼎（类）可分A、B型，A为罐鼎，B为盆鼎，在每"型"之下再划分不同的"式"，可写作罐鼎A型Ⅰ式（AⅠ），盆鼎B型Ⅰ式（BⅠ），以此类推写作AⅠ、AⅡ、AⅢ……BⅠ、BⅡ、BⅢ……如表一。

按地层关系由早向晚将典型物（型、式）的先后顺序排出后，发现有的器物（形体特征）变化慢，延续时间长；有些器物变化快；有的器物在发展中消失；或又产生新型式的器物。从文化层堆积情况看，同一文化层内，可能有各个时期的遗物；同一时期的遗物，也不一定堆积在同一文化层中。各层遗物有交错出现的现象。可将各文化层叠压关系（或遗迹相互打破关系）中挑选出的各类器物标本，按标型学分型、分式，因为陶器的数量多、式样多，富于变化，可选择典型器物作分期的尺度。分型、分式时，主要观察其体形某一部位的承袭、变化情况，如其口沿、颈、腹、底、足或花纹、器耳、质地、色度的差异，以及器物的大小、口径、腹径、高底形状亦可作为分期断代的标准。进行器物类比时，应确定其某一个部位作纵深排比，以观其发展演变的规律，而不同部位或与不同器类的部位不宜类比。否则，其排比结果是无效的。

表一　标型学分期示意表

图　例	罐　鼎	盆　鼎	斝	鬲
T101⑤层	AⅠ	BⅠ		
T101④层	AⅡ	BⅡ	CⅠ	
T101③层	AⅢ		CⅡ	DⅠ
T101②层		BⅢ		DⅡ

　　另外，还应注意该遗址陶器（多为陶片）形式的排比与墓葬类比材料相互参照，使其一致起来，则更有说服力。最后，按地层先后关系排列在一张分期表中，然后逐类检查，纵横比较，看各类（型）器物变化最多的式别在哪个阶段（文化层），也就是文化期别的分界线。

　　发掘一个时代复杂、遗迹丰富的数千平方米的遗址中，往往有若干组地层、遗迹有相互叠压或打破关系，是文化分期相互验证的最理想的资料，应充分利用分析研究这些材料，也可以将本地的文化分期与周围同类性质的文化遗迹、遗迹进行横向比较，相互印证，使文化分期的结论更加充实可靠。当然，以后的发掘工作仍可继续检验其是否正确。

　　考古文化的命名与族属问题：考古学文化与族属（指历史民族或人们共同体）的关系比较复杂，因为任何族体都是在社会发展过程中形成的，考古学文化与族属有密切的关系，并有许多特定的历史条件，不是三言两语能说清楚的。这应从实际出发，用实事求是和辨证唯物主义方法研究问题；充足考古学资料，再借助文献资料和其他有关学科的研究成果，共同探讨综合分析研究其来龙去脉，才是最好的处理方法。

　　众所周知，考古学文化的发展不是孤立的，它是在与周围相信诸文化间相互交往（迁徒或融合）中发展起来的。所以一种考古文化的内涵并不是单一的，往往还有其他文化的一些因素，情况比较复杂，需要进行文化因素分析（出土遗物的型，式类比——标型学）才能弄清楚其真实文化面貌。当前我国学术界对考古文化（或类型）名称的命名不统一，主要原因是大家对同一文化的内涵资料尚未取得一致的认识。由于各人观察实物的标尺不同，或是所用资料的统计方面有出入，就有可能得出相同的结论。

　　尽管考古学文化与族属不能完全划等号，有时一致，有时不一致，要作具体分析，但是二者间总还是有割不断的联系。这需要我对考古学文化（标型学）认真地进行分析研究，特别是在文化因素分析方面多下功夫，仔细分析研究。今后通过更多地区的考古学实践，大家的认识最终必能逐渐统一。考古文化因素分析研究一般是在标型学基础上进行的一种分析方法，它是在该遗址出土遗物、遗迹的文化内涵上进行的。因为一个远古文化（或不同类型文化），是在相对长的历史发展过程中逐渐形成的，其文化内涵一般都比较复杂，既有本族的文化传统，又吸收了周围其他文化的因素，或者全部接受了外族的文化（被融合）等，况且当时人们还受自然生态环境的影响和制约，所以其文化面貌不可能是单一的。例如我国新石器时代的仰韶文化，按不同地区和文化内涵（近年也有学者认为是不同系统的"文化"）。河南龙山文化（或时代）中划分为豫北大寒类型（即后岗二期文化），豫西王湾类型（或王湾三期文化）、豫东王油坊类型（也称造律台类型）等。与其相类似者，在山东龙山文化，陕西龙山文化中也划分了不同地区的文化类型（此略）。这些都说明近年来我国文物考古工作取得了很大进展。但是，也应指出：考古文化的命名，要求严谨、稳妥。需要同行们的工作大量地分析研究工作。特别是把考古资料工作做扎实，要选择典型遗址，根据具体资料经过严格检验和论证。学术界有争议的文化命名，允许保留意见，待今后考古工作深入了，确有新的证据，经过磋商，不同的观点有可能会取得一致。

学术上有很多疑难问题的解决，也需要一个认识过程，它绝不是凭个人主观意志成片面的所谓论据，而主要来自社会实践和用正确的研究方法。应以考古地层学、标型学和文化因素分析的原理，在考古实践中去检验自己的认识，同时也包括别人实践的间接知识，依据各方面的论证材料去充实（或纠正）自己的论点，使其更有说服力，更接近于客观实际。

除了陶器标型学研究，另外，各遗迹间的内部关系的分析研究也很重要，譬如临潼姜寨仰韶文化遗址中，房屋建筑遗迹有四组同类型大房子为中心的聚落群，与其周围四个墓地（其中包括已被村民居舍破坏的一处墓地）也有一定的内在联系。在室内整理时，务必分析研究建筑遗迹的内部情况，即可能更直接反映当时人们的社会关系的内容。

二 考古发掘报告的编写

发掘报告和考古简报是文物考古工作者和史学工作者最喜闻乐见的刊物，它是进行考古学、历史学研究的主要资料来源之一。

近年来，我国各省（区）考古学会，文物考古研究所等单位陆续成立，同时也创办不少省文物考古专刊，说明我国各级领导重视发展考古事业。随着国家经济建设的发展，我国文物考古工作也出现一些新成果，几乎每年各地都有文物出土的新闻报导，在考古学和史学的论文中，绝大多数材料均来自我国文物、考古刊物上发表的资料。不言而喻，这些文物，考古刊物在史学和考古学研究中都占有十分重要的地位。

怎样编写一本好的或较为满意的发掘报告和简报，是人们经常讨论和关注的问题。当今编写发掘报告或简报，其框架格式往往是先序言，中间正文，最后结语，文物考古工作者也很熟悉这种格式。但有些人认为，这一形式太公式化，文章似"八股文"，太枯燥，说明有些读者对这门学科的内容还不甚了解。像考古报告这类专业性刊物，一般只能按以上那种格式编写。有人批评发掘报告内容单调，见物不见人，无非是这些瓶瓶罐罐、石刀石斧、器物排对等等。他们只看到这些表面现象，殊不知这恰恰是考古学所研究的实质内容。文物考古工作者将发掘出的实物资料经科学方法整理、分析、研究出的成果，对于历史年代学，古代民族文化，社会族属的讨论提出新的论证，是推动我国史学研究，提高我国考古学，历史学和其他社会科学学术水平的重要依据。

一般科学性著作要求人物、时间、地点、内容等都确凿有据，不能有半点虚假，都应以"实事求是"为其宗旨。若违犯这个原则，文章写得再好也毫无价值。世上各个学科均有其研究的对象、内容、方法和要达到的目的，各有其特色和独道之处，人们通常说的"隔行如隔山"就是这个道理。下面按发掘报告编写框架概述其内容要点和应注意的若干问题，供读者参考。

1. 准备工作

概括地说，编写一份考古发掘报告，在编写前，先将该遗址的田野记录、平、剖面图、照片等全面查阅一遍；把室内整理时挑出的实物标本与制作的器物卡片通通检查一遍。把各类资料核对准确，放在标本架上，做到心中有数。然后拟定报告编写提纲，注明各章节、段的次序和重点，需要反复思考，加以修订；写出草编后，应多看几遍，仔细琢磨，认真推敲，文字要简明扼要，通俗易懂；各章节内容安排适当，避免前后矛盾和重复；定稿时，注意把引用资料与原书核对清楚。

2. 序言（或前言）内容

首先笔者应向读者介绍发掘报告的主要内容，如该遗址的名称、地点、位置、地貌情况；发掘日期；古遗址有适当的描述顺序，注意逻辑性。不论由整体说到局部，或是由局部谈到整体，都不能忽略以下内容：物体的结构（配以平、剖面图）、形状、大小、面积、时代（发现时处的层位）、与周围遗迹的关系等。如以土坑竖穴墓为例，要叙述其位置、数目、方向（一般指人头向）、形制、墓口、墓壁、墓底、棺、椁、人骨及随葬品等。而砖室墓，则应从墓道谈起，依次叙述其墓门、甬道、前室、后室、或主室、耳室等。文章中往往都配有插图和照片，可根据文章内容要求选择，文字应力求繁简得当。

3. 遗物的描述

也是先进行石、陶、骨、金属器的分类，然后再从综述到个别器物的描述。遗物描述在发掘报告中占很大比例往往以图表（典型单位出土遗物统计表——器形、纹饰）作为时代和文化特征的依据材料。

各文化层或经文化分期后各遗迹中出土的遗物，按时代先后分类综合叙述。以陶器为例，主要叙述的内容为：器物名称（其后紧附简缩代号）、数量、陶质、颜色、形状（口径、底径、通高实测尺寸）及其主要形体特征的描写。器物纹饰（或彩陶花纹）和制作方法等。

器物名称有依其用途确定或延用古代名称（如鬲、甗、甑等），而更多依现代器物名称（如碗、盆、盖、杯等）。器物型、式、质料、形状、纹饰等方面的叙述，要求语言通俗易懂，详略适当。凡插图或图版中能标明的情况，则可从略或简述；若是少见器物或较特殊器物则可作详细描述。

陶器的描述，应确指其口、唇、沿、颈（领）、肩、腹、底、足的部位名称，不能给读者模棱两可或易于误解的概念。

4．文化分期与年代

文化分期与年代在发掘报告中占重要位置，应以本遗址提供的有关资料为依据，用图表的方式将标型学整理的结果展示出来。其中列出遗址内典型单位的叠压或打破关系；注明地层单位，各类陶器特征；以及可资对比的外地材料（出土单位和层次）等，便于读者查阅。再将本遗址地层或遗迹中出土的有机物碳–14测定标本数据附在本章节内，注明标本号和树轮较正年代。

遗址的文化分期（分段）和碳–14测定年代可以相互印证，也可以横向与其他文化作比较研究。如河南龙山文化几个类型的碳–14测定年代与其周围的山东龙山文化诸类型文化、陕西龙山文化诸类型文化相比较是很有意义的，目前学术界同仁已开始注意到这方面的研究工作。

在有些刊物中，同一个遗址的发掘资料，其文化分期也不一致，有人划分为三期；另有人划分为四期，或是有更多的期（段）别。这是由于各人所持的文化分期"标准"不同，认识也有所不同而造成的。但是其文化遗迹的编年顺序并无矛盾现象，此类问题经过磋商，认识是可以统一的。

5．结语部分

通常是写这次发掘的主要内容：

第一，有哪些重要发现，在学术上解决了什么问题，学术价值及其重要意义等，要有简明扼要的评价。

第二，发掘的资料对以前的考古工作在内容上作了哪些补充，或者解决了哪些疑难问题等。

第三，新提出了什么问题以及可供今后工作参考的资料等。

第四，工作方法上有何创新，或有哪些教训和经验，对于今后工作的建议或工作中的一些体会等。

总之，报告结语部分主要是工作收获，是作者对发掘资料的认识和评价。要求文字简练、观点明确、内容充实。根据材料多少，涉及问题深浅，论述要得当。篇幅可长可短，但是都必须论之有据，有的放矢。对遗址内涵的评价要切合实际，切忌虎头蛇尾和尾大不掉的毛病。

6．引文和注释

通常报告中有三种注释法。脚注，把注释放在加注的同页下边；夹注，把注释附在正文里用圆括号括起；集中注，把全文的注释集中置于文末。一般简报常用集中注法；大、中型考古报告多用集中注和脚注法。也有把报告中所参考文献集中列在文末，再于文中加脚注。不论采用哪种注法，一篇文章或一本报告选用哪种注法应求统一，以方便读者为宜。

下面按期刊或原书名注释下述见容，供读者参考：

期刊：作者、篇名、期刊名称、年份、期号、页码（或卷号、季刊、双月刊等）。

不定期集（辑、丛）刊：作者、篇名、刊名、集号、页码、出版年份，其中集号或年份有时用括号括起。

现代图书：著者、书名、页码、出版社、出版年份。

古代文献：书名、篇目及条目名、或卷号，若注明页码则相应注明版本和刊印年份。

地方志：志名、篇目名或卷号、编纂年份。

引用文献和资料应注意：直接引文加引号，务必引用原文并行核实；间接引语不加引号，只引其意，但不要歪曲本意；凡未正式公布的资料和非正式出版物资料，往往使读者无从查阅，一般不引用。

7. 最后谈谈报告插图和图版

考古发掘报告和简报中一般都少不了插图的照片，它们的好坏，直接影响到报告的质量。所以三者必须协调一致，互相配合，严格按照各项规章的具体要求，把握科学态度，发挥各项之所长，以客观，真实的画面展示给读者。因此，搞好插图和图版（照片）与文字叙述具有同等重要的作用，对于提高报告质量具有重要的学术价值。

考古绘图和考古摄影都是专业性技术，前文已有简介。下面仅就编写考古报告过程中，通常遇到的问题，作些讨论。

考古报告中遗址或墓葬区的地理位置、地貌、发掘点，应按比例测绘，注意地形图里不要标出国家保密内容，还要特别注意国界的画法。每个遗址发掘后，都要绘制平面坑位总图或分区平面图，另外还有各遗址的平、剖面图，它们可反映该遗址中各类遗迹的分布、叠压（或相互打破）关系情况，要求重点突出、范围大小比例适当，并能正确使用地形图例、符号。器物插图尺寸不宜过大或过小，同时避免使用过多的比例尺；平剖面图要对应，不同质料、器形、纹饰、颜色的表现手法要适当；图面文字尺寸与插图比例要一致；要求力面规整、清晰、线条均匀、美观。

报告中的图版要求片面框架整齐、版面器物大小适中，衬底与器物的反差可稍大些，除小件器物（如装饰品）及成套器物外，一般应单件拍照，多件器物拍照时要注意排列有序、版面艺术、美观。选用遗址照片的主题要明确，小型遗迹尽量俯视拍照，并注意拍摄方向，图版内容说明写在下边，注意其单位号应与插图、文字、表格一致，便于读者查阅。

由此可见，一本较好的发掘报告的完成，需要作者、编者、出版社等各方面的合作与共同努力。首先是田野考古发掘材料确实可靠，另外，室内整理和编写过程中的各环节都要仔细、认真按规章要求做好，不留后患。若是哪个环节稍有疏忽，都会直接影响到报告质量。因此，要求作者对报告的各个环节都要仔细审查，严格把关，同时还需要发挥各有关方面的优势，通力协作才能奏效。此外，还应注意与有关的学科进行交流与合作，互相促进，共同提高。

附记：这是笔者历年带领北大考古专业学生赴野外进行田野考古实习（或"认识实习"）的教学讲义。每次考古实习进入室内资料整理和编写实习发掘报告阶段，向学生讲授的内容。

田野考古教学札记
——纪念北京大学考古专业成立三十周年

北京大学历史系考古专业成立至去年已有三十个年头的历史（1952～1982年），在学校党委、系总支的直接领导下；在国家文物局、中国科学院考古研究所和有关单位的协助下、通过专业全体教职工的共同努力，取得了不少成绩。本文为纪念考古专业成立三十周年，结合党的十二大文件学习，对田野考古教学工作（通常称"田野考古实习"）进行了初步总结，目的是通过总结，向兄弟单位学习，不断改进我们工作和提高教学水平，为我国四化建设培养出优秀的文物考古人才。

一　历史的回顾

中华人民共和国成立不久，随着我国经济事业的恢复和发展，向考古工作者提出了一个响亮的口号："考古人员是国家经济建设的尖兵"。这就是说，哪里有筑路、建厂、农田基本建设等动土工程，考古文物部门就必须派人进行钻探、发掘，待清理完毕，施工部门方能动工。否则，古代文物古迹将会受到破坏，祖国文化遗物受到不应有的损失。

国家为了解决当时考古专业人员不足的困难，1952年暑期，由文化部文物局、中国科学院考古研究所同北京大学历史系联合举办了首届考古工作人员训练班。全国各省市参加的文物、文化干部（学员）及北京大学历史系部分学生共计七十余人，经过三个月的课堂学习和田野实习，结业后各自返回原单位工作[1]。同年10月，北京大学历史系成立了考古教研室，开设考古专业，正式招收学生，为我国培养文物考古工作的专门人才。

北大考古专业成立后，全部教学计划均按莫斯科大学的"蓝图"安排，一度为五年制历史系考古专门化。1958年，改为五年制考古专业。1966年所谓"文化大革命"，以及1969年北大教职工被下放到干校劳动，教学全部停顿。1973年考古专业恢复教学，同年暑期招生，由于当时的北大在"四人帮"极左路线的控制下，政治运动冲击了正

---

[1]　1952～1955年又举办第一至四届考古工作人员训练班，全国各地来京参加学习的学员共计300多人。

常的教学，教学、科研和田野考古实习受到了严重的挫折。1976年10月，江青反革命集团被粉碎，我国进入了新的历史发展时期。

二 田野考古实习是考古专业的一门主课

北京大学考古专业开设初期，确定培养学生的目标，是要把学生培养成为"具有一定马列主义理论修养、广泛的历史基础知识和在考古方面能进行独立工作的专业干部。"以后，专业改为五年制考古专门化时，要求把学生培养成为"既是考古工作者，又是历史工作者"。但上述要求满足不了国家对考古人才的需要，所以1958年又提出了新的培养目标，要求学生"在系统的马克思主义理论基础知识和广泛的历史知识的基础上，掌握基本考古知识，并受到独立进行考古工作和初步综合研究的训练"[1]。

根据考古专业培养目标的要求，以及考古这门科学独特的工作对象和工作方法，把田野考古实习和毕业论文放在比较重要的教学环节里。如四年学制中，田野考古实习占四分之一的时间，即四年内有两个学期在野外进行考古实习，一次是生产实习；另一次是专题实习（为毕业论文作准备）。通过实习，培养学生独立思考、开展综合研究或专题研究的工作能力。在此基础上写出毕业论文。

众所周知，考古学是依据实物资料研究人类历史的一门学科，它研究的对象主要是通过地下埋藏的古代遗迹、遗物。一个考古工作者若是不掌握田野考古技能而从事考古学研究，将是十分困难的。所以，田野考古实习，在考古专业教学计划中占有重要的地位，它是考古学中的一门主课。

三 田野考古实习的三种形式

1. 考古见习

考古见习的目的，是使学生初步了解田野考古技术情况，从开方挖土清理遗迹、遗物到田野考古绘图、记录等具体操作过程，以增进学生对考古学的感性认识，培养学生对考古学的兴趣，便于学生牢固地掌握考古基础知识。

通过考古见习，使学生认识到考古学是一门严谨的科学，考古工作者要是不按操作规程去作，将给以后的科学研究工作带来困难。

通过考古见习，同学们对于专业课中的一些专用名词，如文化层、灰坑、土色、陶

---

[1] 参见《十年来的北京大学考古专业》，《考古》1959年第11期。

系以及文化遗迹的平、剖面图弄明白了，这对于课堂讲授、学生自学都是很有帮助的。

考古见习大约需要二周左右，最长不超过一个月，如果时间延长，会影响其他课程的教学安排。

生产实习——是培养学生系统地掌握田野考古技能必不可缺少的一门课程。大学四年学习中，有一个学期，大约用130天进行生产实习。内容有考古发掘、调查、遗物整理、编写实习报告等几个重要环节。每个教学环节中，对学生又有一些具体的技术要求。

考古发掘：要求学生学会挖掘探方（或探沟）、辨别土色、清理各种遗迹、墓葬、以及学会铲平、找边、处理文化层叠压或打破关系，其中包括文字记录、绘制平、剖面图、照相、收取标本等。

考古调查：要求学生会测地形图、觅寻古代遗址，以及考古钻探、照相、文字记录和采集文物标本等。

遗物整理：要求学生对发掘出的大量陶片和其他遗物进行分类统计，将器物粘对、复原、找出典型器物，分型、分式、相互对比，观察其早晚关系。最后，挑选器物标本，绘图作器物卡片，并且绘制报告中使用的地形图和各种统计表等。

编写实习报告：实习报告是学生生产实习的最后一道程序，是学生考古实习成果的具体反映。要求学生先拟出一个详细的编写提纲，把个人负责编写的内容及要说明问题的各种图表、插图等经过一番清理，每人都按实习报告的规格编写出一份完整的考古实习报告。

2．专题实习

专题实习宜于高年级学生，一般都是安排在四年级上学期进行。这时，他们的专业课基本上都已学完，又经过生产实习的训练，学生对中国考古学各时代的历史及所研究的问题，有了初步的认识，有的同学已熟悉一些考古资料（如某一地区或方面的材料），平时学习中，有的已积累了部分资料。在他们学习原有基础上再安排一次专题实习，时间一般为三个月，最长不超过半年。目的是使学生对感兴趣的某个学术问题，进行专题研究（搞室内文物整理、田野发掘或调查均可），为以后的毕业论文选题、搜集材料打好基础。

通过教学实践，以上三种实习[1]，由浅入深，循序渐进，各个教学环节都对学生提出不同的目的要求，使他们受到考古技能的基本训练，由于经过数次理论联系实际的实践，同学们对田野考古技能学习得比较扎实。个别学生独立工作能力可以达到较高的水平。

---

[1]　由于从五年制改为四年制，本科四年制学生一般只安排两次考古实习。免去第一次的考古见习。

四　田野考古实习的安排问题

考古见习、生产实习和专题实习的时间长短、内容各不相同，应按各种实习对学生提出的不同要求进行具体安排。

过去曾照搬苏联的教学计划，把生产实习安排在学生学习的最后一学年里，其弊病有三：其一，学生未经过田野考古实习，教师指定的考古参考书，多数学生看不懂，学习专业课比较困难；其二，前面学习的专业课，到第四年印象浅薄；其三，生产实习结束，接着写毕业论文，缺少准备时间。

是否将生产实习安排得愈早愈好呢？譬如一年级学完旧石器考古课就去野外实习，似乎也不适宜。因为学生刚刚进入大学学习，安排的基础课比较多，很少接触到考古课程，还缺乏本学科的基础知识，对于田野中挖掘到的古代遗迹和遗物都不容易理解。对专业知识，既缺乏感性认识，又缺乏理论的指导，这样的实习盲目性较大，并且达不到预期效果。

究竟什么时候安排学生生产实习最适宜呢？以往的教学实践，使我们逐步认识到二年级学生上完新石器时代考古课为宜。这时，他们已学过一些考古学的基本概念，如什么是文化层、遗迹、遗物、文化特征以及各个时期的文化习俗、社会性质等问题；同时，他们在阅读专业参考书方面，也遇到了一些困难（看不懂田野考古发掘报告），如对文化层打破关系、墓填土（五花土）、二层台、灰坑……等，都搞不清楚，需要通过考古实习解决这些问题。所以这时安排生产实习，其效果最佳。至于什么季节安排学生考古实习比较合适？这与各地区的气候、风、雨等自然条件有直接的关系，应因地制宜，按各地实际情况安排进行。譬如在华北地区实习，一般安排在秋季为宜。

是否可将新石器时代考古课带到发掘工地与考古实习课同时并进，一起讲授、学习呢？实践证明，将两个课程放在一起讲授学习是不可取的。因为两个课目的区别较大，培养学生的目的要求不同：新石器时代考古课，要求学生掌握中国新石器时代诸文化较系统的基础知识；考古实习课是教学生系统地掌握田野考古方法，培养学生田野考古独立工作能力。两个课目合并在一起讲授和学习，时间不够，往往顾此失彼，对学生的学习是不利的。另外，把专业课带到实习工地讲授，限于种种条件，只能携带少量的图书资料，它直接影响教师的备课和学生的自学。

五　田野考古教学中的几点体会

经过教学实践，证明各种类型的田野考古实习，对于培养学生的专业思想和独立工作能力有密切关系。下面谈几点具体意见：

第一，在党团组织的领导下，加强学生实习期间的政治思想工作。学生实习期间，接触到一些工人、农民和有关单位的同志，要求处理好各方面的关系；加强社会主义精神文明教育，学习雷锋、张华、张海迪等先进人物的高尚品德；在组织纪律和业务学习上都要严格要求，培养学生不怕艰苦、克服困难的意志。但是，教师需要随时关心学生，尽可能为他们争取较好的生活和学习条件。

第二，选择适当的古代遗址和墓葬，为学生实习作好一切准备工作。考古实习和选点十分重要，大学四年制学生，田野考古实习课约占四分之一的时间（两个学期），生产实习是学生第一次参加考古发掘，这对他们的影响很大，选择遗址不当，譬如遗址文化层较深、遗址的水位很高、遗址被后期扰乱严重、扰乱层很厚、或是文化层叠压关系特别复杂等等，这类情况均不适于作为学生初次发掘实习的工地。若是遗址打破或叠压关系复杂，对于初学实习的难度较大，容易挖坏遗迹。而遗址单纯，文化层太浅，学生遇到的现象太少，也达不到学习目的。

选择什么样的遗址和墓葬最为适宜呢？根据北大考古专业过去的教学经验，学生生产实习，最好发掘新石器时代至商周时期的遗址和墓葬。因为这个时期的遗址多为地下遗迹，如有半地穴房屋、灰坑建筑等；文化层内的生活用具、生产工具丰富；有较多的遗迹叠压关系；室内整理时，遇到的现象也比较多，总之，可使初学者得到更多的学习机会和训练。这个时期的墓葬，几乎全是土坑墓，墓葬的规模结构，有大有小，但是一般都不甚复杂，学生在短期内就可以清理完毕。在发掘新石器时代和商周时期的遗址中，有时也会遇到一些秦、汉、唐、宋或明、清时期的墓葬，可以根据实习计划进行一些调整。

第三，田野发掘期间，组织学生召开现场观摩会，互相学习，提高考古发掘技术水平。学生初次发掘，对于地层叠压关系、遗迹相互打破关系以及认土色、找边、辨别器物等，开始认识不够准确，需要教师及时组织学生在发掘现场交流经验，教学形式灵活多样，促使学生较快的掌握发掘技能。

第四，培养学生认真负责的科学态度和严谨的工作作风。考古发掘每告一段落（指实习中，完成一个探方或一座墓葬的发掘），即着手绘图、摄影及时完成该单位的文字记录。辅导教师对学生的实习作业要全面检查，发现问题，随即与该生到发掘现场核对清楚，这样做，既保证资料的准确，同时还培养了学生认真负责的科学态度。

第五，实习报告完稿后，安排好学生参观学习，讲求实效。通过田野考古发掘、调查、室内整理、编写报告等一整套训练，学生对所清理的古代遗址（包括墓葬）、遗物等已有深刻的印象，需要与周围地区的古代文化进行比较研究，弄清它们之间的关系，应带着问题去参观学习，才能有所收获。否则，收效甚微，或流于形式。

第六，学生实习期间，强调纪律和卫生事项。在某种意义上说，实习期间学生的纪律和身体健康，是完成实习任务的关键。因为师生远离学校，生活和学习条件都比较差，若是没有纪律的约束和不注意饮食卫生，将直接影响全队人员的身体健康和实习任务的完成。

第七，实事求是，按实习期间各教学环节的要求综合统计评定成绩。学生在校外实习，由于时间长，学习内容丰富，应对学生进行全面考核，实习的业务有发掘、调查、室内整理、编写报告，此外还有学习纪律、途中参观学习等。不能只依据学生一两项实习内容（譬如只依据学生的考古发掘技能和实习报告）来确定学生实习课的总成绩。这样评定成绩，不利于学生实习期间德、智、体全面发展的培养，从客观上会导致学生单纯业务观点，而忽视其他方面的学习和进步。所以评定学生实习成绩时，应将他们实习期间的全部表现，包括思想、学习、纪律等，均为评定之列，可逐项考核，综合平衡统计，最后确定为优、良、中差的分数标准，并由辅导教师对每个学生的表现写出简短的评语。

总之，学生田野考古实习的内容很多，他们的思想、学习、生活、纪律、卫生等，都要教师全面负责，教师的责任比在校时更为繁重。但是，只要教师与学生密切合作，并发动全体学生互相关心、互相帮助，是能够较好的完成教学计划，为我国四化建设培养出合格的文物考古专门人才的。

原载《考古与文物》1983年第5期

从河南龙山文化的几个类型谈夏文化的若干问题

一　前言

1977年11月，在河南登封告成遗址发掘现场召开了有关夏文化学术问题讨论会，与会者对有关夏文化的形成[1]、特征、年代及其发展去向等问题提出了很好的意见，这对进一步推动夏文化的学术研究工作，起了积极的作用。

虽然目前有关夏文化的考古工作做得还不够充分，经碳-14测定的年代也有一些误差，但是，我们认为就现已发表的考古资料——即以文化的分布、特征和发展关系进行研究，夏文化形成和发展的线索还是清楚的。

中华人民共和国成立以来，我国学术界对夏文化的产生、发展、社会性质等都进行了分析研究，取得了显著成果[2]。多数同志认为"河南龙山文化"的王湾第三期文化、"二里头文化"和夏县"东下冯类型"是探讨夏文化的范围。也就是说，通过这些古代文化及其"类型"的分析，有助于研究我国夏（族）文化的形成及其来龙去脉。

究竟哪种"文化"或"类型"属于夏（族）文化呢？这是需要进一步研究的问题。夏鼐先生在"登封告成遗址发掘现场会"闭幕式上的讲活中，概括有四种意见：1. 认为河南龙山文化晚期和二里头文化的四期都进夏文化遗存；2. 河南龙山文化晚期与二里头一、二期遗存为夏文化遗存；3. 二里头一、二期遗存是夏文化；三、四期是商文化，至于夏代前期的文化是哪些则没有说；4. 二里头一～四期是夏文化，河南龙山文化不是[3]。

[1]　这里夏文化指的是夏族（人们共同体）的文化。

[2]　讨论夏文化的文章主要有：徐旭生：《1959年夏豫西调查（夏墟）的初步报告》，《考古》1959年第11期。吴恩裕：《中国国家起源的问题》，《新建设》1956年第7期。许顺湛：《夏代文化探索》，《史学月刊》1964年第7期。佟柱臣：《从二里头类型文化试谈中国的国家起源问题》，《文物》1975年第6期。金景芳：《谈谈中国由原始社会向奴隶社会过渡的问题》，《理论学习》1977年第11-12期。邹衡：《郑州商城即汤都亳说》，《文物》1978年第2期。殷玮璋：《二里头文化探讨》，《考古》1978年第1期。吴汝祚：《关于夏文化及其来源的初步探索》，《文物》1978年第9期。方酉生：《论汤都西亳——兼论探索夏文化的问题》，《河南文博通讯》1979年第1期。

[3]　夏鼐：《谈谈探讨夏文化的几个问题》，《河南文博通讯》1978年第1期。

最近吴汝祚同志《关于夏文化及其来源的初步探索》[1]一文中，提出不用"河南龙山文化"这个名称，而采用"后岗第二期文化"的名称。吴文将后岗二期文化（以此代替"河南龙山文化"）又分为三里桥型、煤山型、王油坊型、大寒型等四个类型。我认为作者把"河南龙山文化"中某一"类型"作为探索夏文化的起点是正确的。但是，其中关于几个"类型"的划分，还有值得讨论的地方。

二 关于河南龙山文化的名称

"河南龙山文化"的命名是在20世纪60年代初期，那时，我国新石器时代遗址发现不多，还不可能在一个省的范围内划分文化"类型"，只能在较大的区域内就某种文化的差异性加以大体划分。譬如，当时有人曾把"龙山文化"区分为"沿海地区""中原地区"和"江浙地区"等；又把中原地区的龙山文化，按文化特征的差异再细分为河南龙山文化和陕西龙山文化[2]。在当时这样的划分对于考古工作曾起了积极作用。

在同一考古文化中，应着重于其内涵的分析，再考察其分布范围和文化关系等等。若是一个文化遗存的面貌（或文化特征）大体相同或大同小异，仍可把它们归入一个文化范围内进行研究。也就是说，今天所发现的这些不同的文化"类型"，沿用原名（河南龙山文化）并不妨碍我们的科学研究工作，也就没有必要更换新名，否则，反而会造成混乱。

目前河南省境内所发现的龙山文化类型，在考古刊物上已发表资料和使用的名称有："后岗第二期文化""王湾第三期文化""三里桥类型""煤山类型""王油坊类型""大寒类型"等。其实已发现的诸文化类型不应划分这么多，其中有些类型可以合并。同时，我们认为把这些不同类型统称为河南龙山文化较之又改称后岗第二期文化更符合实际。因为后岗第二期文化仅是河南省境内的龙山文化的一种类型，它不但不能概括整个河南龙山文化的特征，而且它本身已夹杂了不少山东典型龙山文化的因素，如有鬶形器和"鬼脸式"鼎足等。它所代表的范围，多见于豫北、像东等广大地区，所以还是沿用旧名河南龙山文化为宜。这里附带需要说明，《新中国的考古收获》一书插图中划分的"后岗第二期文化类型"，其所用的典型器物图，都是陕县（今三门峡市）三里桥遗址和郑州旮旯王遗址的[3]，它根本不能代表安阳后岗遗址的龙山文化。

---

[1] 吴汝祚：《关于夏文化及其来源的初步探索》，《文物》1978年第9期。

[2] 安志敏：《中国新石器时代的物质文化》，《文物参考资料》1956年第8期。

[3] 中国科学院考古研究所：《新中国的考古收获》，科学出版社，1961年，第18页。

三 河南龙山文化的三个类型

通过分析研究，我们将河南龙山文化划分为"王湾第三期文化"（以下简称王湾类型）、"大寒类型"和"王油坊类型"等三个类型。

一个文化的形成和发展，首先应是本身内在因素的作用，外因只有通过内因才能起作用。

一个文化（指人们共同体）的"纯"与"不纯"从来都是相对的。就目前我国考古发掘和调查的资料看，应把河南龙山文化的三里桥类型和煤山类型划入王湾类型中；将后岗第二期文化、梁山青堌堆遗址[1]、汤阴白营龙山文化遗址等划入大寒类型中；将豫东地区永城王油坊遗址的龙山文化暂称为王油坊类型。

从新石器时代一直到产生国家，反映人们共同体文化特征的实物主要是陶器（包括器形、制法、纹饰等方面），考古工作者辨别一个族体，也往往以陶器的特征变化作为研究的出发点。下面从陶器特征来论述河南龙山文化的三个类型。

1. 王湾类型

陶器以泥质和夹砂灰、黑陶为主，褐陶逐渐减少，不见红陶。制法以轮制为主，其次是手制。纹饰以拍印方格纹、竖篮纹为主[2]，其次是绳纹，还有一些划纹和指甲纹等。

器形：以侈口夹砂罐、高领瓮、双腹盆、斝、甑、单柄杯、斜壁碗（盖）、圈足大盆等最为常见。另外，还有乳头足罐形鼎、袋足鬶、平底三足鬶、鬲、盉、豆、垂腹罐（壶）（图一，6）、研磨器和器盖等。

侈口夹砂罐 一般内沿特别突出，沿面上有一圈沟槽，通体拍印方格纹（图一，3）。

高领瓮 小口，小平底，腹部两侧附耳，通体拍印方格纹成篮纹（图一，14）。

双腹盆 均为泥质，大敞口，小平底，往往在大敞口的器壁上附加一对器耳，器壁上刻划一圈指甲纹（图一，4）。

斝 器身为釜形，底下连接三袋足，上半部素面，下半部拍印方格、绳纹（图一，2）。

甑 侈口，内沿特别突出，沿面上有一圈很深的沟槽，深腹，小底，底下有矮圈足，中央一椭圆形孔，周围再挖三个月牙形孔，为了使蒸气充足，甑从侧面又挖七、八个椭圆形孔。甑壁多施竖篮纹和弦纹（图一，10）。

单柄杯 均为泥质灰陶，有碗形和罐形两种（图一，5、8）。

---

[1] 考古研究所山东发掘队：《山东梁山青堌堆发掘简报》，《考古》1962年第1期。

[2] 北京大学考古实习队：《洛阳王湾遗址发掘简报》，《考古》1961年第4期。

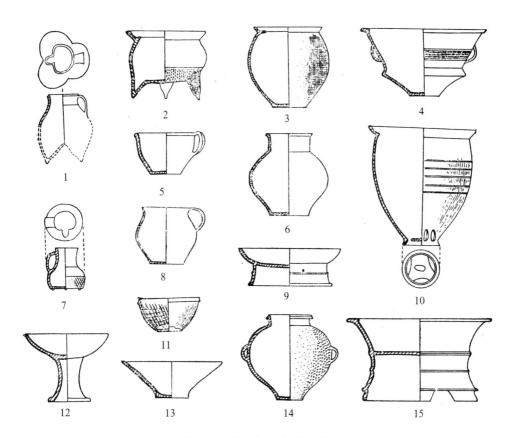

图一　王湾类型典型陶器

1、7．鬶（H79：11、H79：17）　2．斝（H490：27）　3．夹砂罐（H212：50）　4．双腹盆
（H87：16）　5、8．单柄杯（H166：150、H213：1）　6．垂腹罐（壶）（H170：2）　9．圈足盘
（H79：16）　10．甗（H490：11）　11．研磨器（H188：18）　12．豆（H417：18）　13．斜壁碗（盖）
（H79：90）　14．高领瓮（H212：56）　15．圈足大盆（H459：8）

　　斜壁碗（盖）　为大敞口，尖唇，小平底，有的底部凸起，似为器盖的把手。这
类器物可能有"盛"和"盖"两种用途（图一，13）。

　　圈足大盆　器物较厚重，有的在下面圈足上又接三个"瓦"形足（图一，15）。

　　研磨器　为深腹盆形，器壁里面刻划成方格形或竖条形（图一，11）。

　　鬶　有两种。一种是常见的三袋形足，一般均素面，口沿至腹部连接一把手；另
一种为平底三实足鬶，器体较小，高约10厘米，腹颈间有一把手（图一，1、7）。后
者与三里桥遗址出土的一件相似，腹壁刻划斜方格纹，制作精细，可能是一种酒器。

　　其他还有少量的乳头足罐形鼎、圈足盘（图一，9）、豆（图一，12）、器盖、划
纹小罐等，都是三里桥、煤山一类遗址中常见的器物。

　　2．大寒类型

　　陶器以泥质灰陶为主，其次为夹砂灰陶，泥质黑陶和红陶最少，多为轮制。纹饰

除大量素面磨光灰陶外，以绳纹陶最多，其次是篮纹和方格纹，堆纹和划纹较少见。以安阳大寒南岗遗址T1第④层陶片统计为例：素面陶占33.9%，篮纹占16.9%，方格纹占2.9%，附加堆纹占3.8%，划纹占0.3%，绳纹占24.3%[1]。

器形有单把绳纹鬲、甗、鬹、小口高领瓮的残片。还有深腹小底罐、泥质双腹盆、大平底盆（盘）、直筒杯、斜敞口碗（盖）和带把纽的子母口盖等（图二，1～4、7～14、16）。

比较突出的陶器为"鬼脸式"（铲形）鼎足，有两种：一种是背面凹空，上宽下尖呈三角形足，足外表中间附加一凸起的堆饰，其两边贴上一对称的泥饼为双目形，整个鼎足似一动物面部形象（图二，15）。另一种在中间附加一条锯齿状鼻梁，其两侧刻挖一对称的竖槽，象征动物的双目（图二，5）。

总之，这一类型的陶器大部分近似"王湾类型"，如绳纹或方格纹深腹罐、小口高领瓮、双腹盆和大平底盘等。还有一部分近似山东龙山文化的陶器，如"鬼脸式"鼎足、直筒杯和甗等。典型遗址以豫北汤阴白营龙山文化遗址[2]为代表。

3．王油坊类型

陶器以泥质灰陶为主，其次是夹砂灰陶、褐色陶、红陶和黑陶等。制法以轮制为主，兼用手制。纹饰多方格纹，其次是篮纹和绳纹，还有弦纹、镂孔、划纹、指甲纹和附加堆纹等。

器形：以侈口深腹罐、敞口碗最多，其次是罐形鼎、袋足甗、圈足盘和平底盆（盘），还有甗、带柄杯和器盖等[3]。

深腹罐　多为泥质灰陶，口沿有卷沿和折沿两种。一般均鼓腹，底较小，而且多为内凹平底（图三，5）。器表多饰方格纹，少数施绳纹、篮纹，也有同一器物的上下两部分各施方格纹和绳纹的。

罐形鼎　一般都是深腹圆底，饰篮纹或方格纹，鼎足多数为扁三角形（图三，10），乳头形的很少。

甗　甗上部器形较肥大，多为泥质，鬲部器形瘦长，多为砂质（图三，4）。一般上半部多饰篮纹、方格纹，下半部多饰绳纹、方格纹或是素面。

平底盆　有大中小几种，都是泥质陶，卷沿，直壁，大平底（图三，8）。

圈足盘　有两式。最常见的一种为外折沿、弧壁、高圈足，足下部向外扩张（图三，15）；另一种为侈口、直壁、平底。两种圈足上均有圆形镂孔。

单柄杯　有罐形和直筒形，均泥质，腹部有环形把手（图三，1、9）。

[1]　根据1963年北京大学考古专业安阳大寒南岗考古实习发掘资料。
[2]　安阳地区文管会：《汤阴白营发现一处龙山文化晚期聚落遗址》，《河南文博通讯》1977年第1期。
[3]　商丘地区文管会、考古所洛阳工作队：《1977年河南永城王油坊遗址发掘概况》，《考古》1978年第1期。

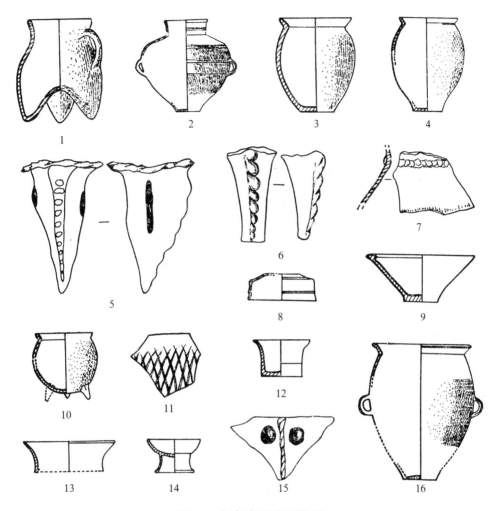

图二　大寒类型典型陶器

1. 鬲（后岗中层图20）　2. 高领瓮（罐）（72后岗H2：10）　3、4. 夹砂罐（72后岗H2：3、H2：9）　5. 鬼脸式鼎足（大寒）　6. 鼎足（大寒T1：4）　7. 甑腰（大寒T1：1）　8. 器盖（72后岗H2：24）　9. 斜壁碗（大寒H1：6）　10. 鼎（72后岗H2：40）　11. 划纹罐片（后岗中层图21）　12. 直筒杯（大寒T1：⑤：26）　13. 大平底盆（盘）（72后岗H2：20）　14. 圈足盖（72后岗H2：13）　15. 鬼脸式鼎足（大寒出土）　16. 双耳罐（瓮）（72后岗H2：28）　（插图1、11见《梁思永考古论文集》；2、3、4、8、10、13、16见《1972年春安阳后岗发掘简报》图七；6、7见《安阳洹河流域几个遗址的试掘》图九；5、9、12、15见北大大寒实习资料）

壶　也有几种式样，共同特点是泥质、长颈、圆肩、平底（图三，2、7）。

器盖　多素面磨光，顶微鼓，顶端有一圆纽，有的上面施一、二道弦纹（图三，12）。另外，还有甗和甗箅（图三，14、16）、敞口碗、圈足碗（图三，6、13）、大口尊和豆（图三，11、3）等。

这一类型的陶器，从器形、纹饰看，它与河南龙山文化（尤其是王湾类型）和山东龙山文化的陶器有许多相似之处。但是有些器形如袋足甗、三角扁足鼎、圈足盘、

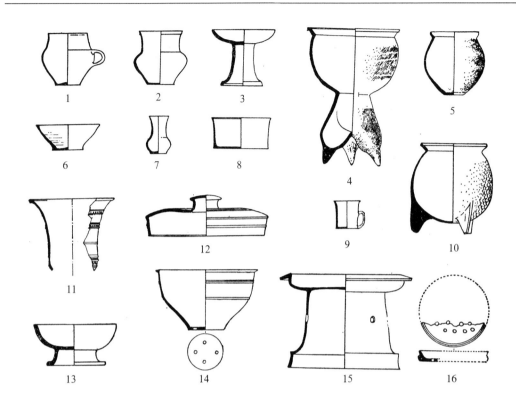

图三　王油坊类型典型陶器

1.单柄杯（罐）（H28：1）　2、7.壶（H28：2、T6②：2）　3.豆（H5：8）　4.甗（H5：4）　5.
深腹罐（H15：1）　6.敞口碗（H5：9）　8.平底盆（T2⑤：1）　9.直筒带柄杯（H9：3）　10.鼎
（H212B：1）　11.大口尊（H29：3）　12.器盖（H13：1）　13.圈足碗（H20：1）　14.甑（H29：1）　15.
圈足盘（H5：7）　16.甑箅（H27：4）　（以上均永城王油坊出土，见《考古》1978年第1期）

带柄杯（罐）等本地区常见的器形，与周围其他文化类型的同类器物相比，有所区
别。因此它是代表豫东河南龙山文化的另一个类型——王油坊类型。

四　王湾类型包括三里桥类型和煤山类型

以上根据陶器的特征将河南龙山文化划分为王湾型、大寒型和王油坊型三个类型。
我们认为三里桥型和煤山型均属于王湾类型。下面再从陶器特征方面进行分析比较。

1.三里桥类型

陶器以夹砂灰陶和泥质灰陶最多，还有少量的夹砂红陶和泥质黑陶，泥质红陶最
少见。陶器制法，绝大多数是泥条盘筑法，轮制陶器的罐、碗、杯等上面都有清晰的
轮旋痕迹。纹饰以绳纹最多，其次是篮纹、方格纹，还有少量的附加堆纹、镂孔和划

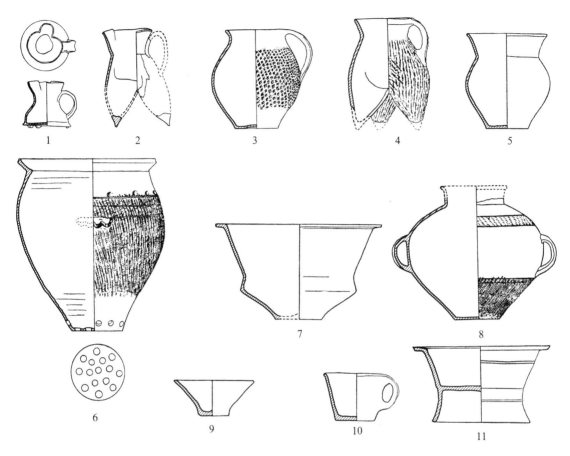

图四　三里桥类型典型陶器

1、2. 鬹（B13H284：25、E2T217：01）　3. 带柄夹砂罐（A2bH203：07）　4. 鬲（A4aH113：01）　5. 泥质罐（B8bH209：03）　6. 甑（B106H2112：15）　7. 双腹盆（B3T234：06）　8. 高领瓮（D1H265：03）　9. 敞口碗（B1H3：17）　10. 单耳杯（B4H3：08）　11. 圈足大盆（B12H2112：24）　　（以上均见《庙底沟与三里桥》）

纹。以三里桥H3出土陶片统计为例：绳纹陶占52.37%，篮纹18.99%，方格纹1.62%，堆纹0.63%，划纹0.93%，镂孔0.18%，余为素面[1]。

器形：以侈口夹砂罐、鬲最多，其次为高领瓮、陶甑、斝、碗（盘）、双腹盆，还有泥质小罐、杯、豆、鬹等。陶鼎较少见。泥质杯有单耳和双耳的。陶鬹有大袋足和平底下三小实足的两种（图四，1、2）。

本地区最常见的器物是方格纹夹砂罐、双腹盆、陶豆、平底三足鬹、圈足大盆、甑和高领双耳瓮等（图四，3～11），是豫西地区出土的典型器物。单把鬲，可能受"陕西龙山文化"（即"客省庄二期文化"）的影响。

[1]　中国科学院考古研究所：《庙底沟与三里桥》，科学出版社，1959年，第93页。

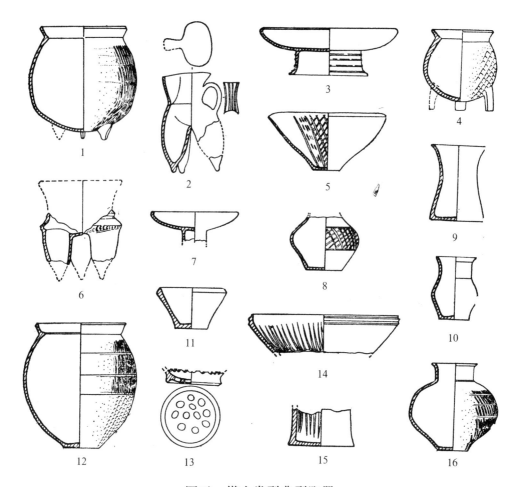

图五　煤山类型典型陶器

1、4．罐形鼎　2．鬶　3．圈足盘　5、14、15．研磨器　6．斝　7．豆（T2②D：6）　8．小口罐　9．直筒杯　10．小壶　11．敞口碗　12．夹砂罐　13．甑底　16．高领瓮　（均采自临汝煤山遗址，见《考古》1975年第5期）

2．煤山类型

陶器特征以泥质灰陶为主，其次是夹砂灰陶和磨光黑陶，还有少量的红陶和橙黄陶。制法以轮制为主，兼用手制。器壁薄而匀称。纹饰中多篮纹、方格纹，其次是绳纹，还有少量的划纹、附加堆纹等。

器形：以罐、鼎、高领瓮、斝、圈足盘、甑、双腹盆、斜壁碗、研磨器等最常见。还有袋足鬶、盉、豆、小口罐、杯和器盖等[1]。

侈口夹砂罐　内沿比较突出，往往在沿面上布一圈沟槽，便于扣合器盖。器物通体饰方格纹、篮纹，或是上半部饰篮纹，下半部方格纹（图五，12）。

罐形鼎　深腹，圜底，有铲形足与扁乳头足两种。通体饰方格纹或篮纹（图五，

[1]　洛阳博物馆：《河南临汝煤山遗址调查与试掘》，《考古》1975年第5期。

1、4）。有的在篮纹上面再划几道横弦纹。

　　小口高领瓮（罐）　圆鼓腹，小平底，腹部有对称两耳，通体饰方格纹或篮纹。也有的腹上部饰篮纹，下部饰方格纹，或在篮纹上面划三、四道弦纹（图五，16）。

　　甑　甑底部有矮圈足，上面有十一个箅孔，其侧壁周围也有十多个镂孔（图五，13）。

　　圈足盘　有泥质灰陶和黑陶两种，敞口，口内敛，平底，底部附喇叭形圈足，上有数道凸弦纹（图五，3）。

　　双腹盆　大敞口、斜壁、折腹、小平底，往往在大敞口的外壁附一对大竖耳。

　　研磨器　有夹砂和泥质两种，均为敞口斜壁。一种与淅川下王岗遗址出土的相同，口沿下为直筒状，口内周壁刻划有辐射形沟槽（图五，14、15），时代稍晚，可能是受南边下王岗文化的影响。另一种，泥质灰陶，盆形，小平底，大敞口上有一小流，器内壁刻划有成组交错的沟槽（图五，5）。

　　小口罐　鼓腹，小平底，腹部有菱形划纹带一周（图五，8）。

　　其他如袋足鬲、豆、敞口碗（盖）（图五，2、7、11）、带柄杯、器盖等，也都与王湾类型的相同。

　　从以上三里桥类型与煤山类型的陶器来观察，二者都是以方格纹、篮纹为主，其次，见绳纹、划纹、指甲纹等，有些器形如夹砂罐、小门高领瓮、双腹盆、袋足鬲、豆、单柄杯等等，也都是十分相似的，所以它们应该属于同一个文化类型——王湾类型为宜。

五　王湾类型与二里头文化的关系

　　经考古发掘，得知二里头文化早期（一、二期）之下直接叠压着王湾类型的地层[1]，它可提供我们研究二者之间的发展关系。

　　二里头文化的陶器，陶质以夹砂灰陶为主，其次是泥质灰陶和磨光黑陶，也出现白陶。制法有轮制和手制两种。纹饰多篮纹、方格纹、绳纹，还有附加堆纹、划纹、指甲纹、"人"字纹等，陶胎一般较厚。器形有鼎、罐、甑、研磨器、三足盘、三足盘（盆）、觚、豆、瓮、鬲和器盖等（图六）。

　　为了说明二里头文化早期与王湾类型的关系十分密切，兹将二者陶器特征、变化情况列表一比较如下。

[1]　参见考古所洛阳队：《1958年洛阳东干沟发掘简报》，《考古》1959年第10期。洛阳博物馆：《河南临汝煤山遗址调查与试掘》，《考古》1975年第5期。洛阳博物馆：《洛阳矬李遗址发掘简报》，《考古》1978年第1期。

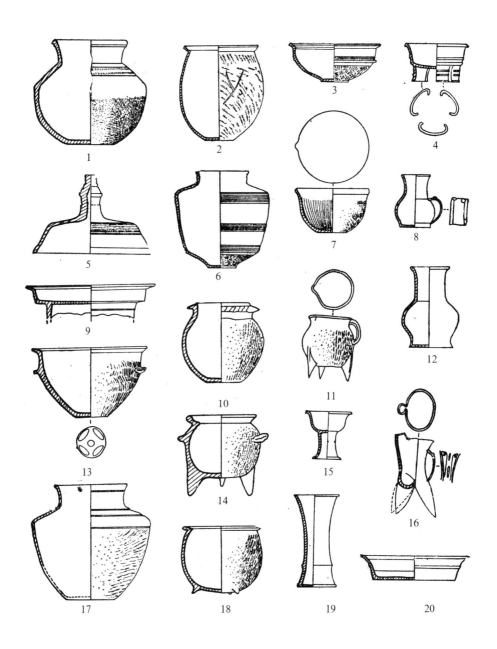

图六　二里头文化早期典型陶器

1. 高领罐（洛阳东干沟）　2. 夹砂罐（二里头）　3. 陶盆（二里头）　4. 三足盘（二里头）　5. 器盖（东干沟）　6. 高领瓮（二里头VH72：13）　7. 研磨器（锉李H5：3）　8、12. 壶（二里头）　9. 圈足盘（煤山H3：20）　10. 罐（锉李H5：14）　11. 单耳鼎（二里头）　13. 甑（煤山H3：19）　14. 双耳罐（锉李H5：1）　15. 豆（东马沟M9：2）　16. 鬶（东马沟M8：5）　17. 高领瓮（罐）（二里头）　18. 乳头足鼎（煤山H3：12）　19. 陶觚（东干沟）　20. 平底盆（盘）（东干沟M8：1）　（以上插图1、5、19见《考古》1959年第10期；2、3、4、8、11、12、17见《考古》1965年第5期；6见《考古》1974年第4期；9、13、18见《考古》1975年第5期；7、10、14、15、16、20见《考古》1978年第1期）

表一　王湾类型与二里头文化早期陶器比较表

器名	王湾类型				二里头文化早期			
	特征		出土地点期别	文内图号	特征		出土地点期别	文内图号
	形制	纹饰			器形比较	纹饰		
研磨器	深腹盆	辐射状或交错沟槽	洛阳王湾类型	图一11	相同	辐射状沟槽	偃师二里头文化一期	图六7
鼎	乳头状足（残）	篮纹	洛阳王湾类型	图一1	相似	方格纹篮纹	临汝煤山二期*	图六18
圈足大盆	圈足下附三瓦状足	素面弦纹	洛阳王湾类型	图一15	相似器形较小	相同	偃师二里头文化一期	图六4
瓮	高领鼓腹	方格纹篮纹	洛阳王湾类型	图一14	相似广肩	篮纹弦纹	偃师二里头文化一期	图六17
瓶	罐形矮圈足	篮纹	洛阳王湾类型	图一10	盆形小平底	相同	临汝煤山二期	图六13
豆	浅盘喇叭口	素面磨光	洛阳王湾类型	图一12	卷沿喇叭口	相同	偃师二里头文化一期	图六13
盖	高柄磨菇形	素面磨光	洛阳王湾类型		相似	相同	偃师二里头文化一期	图六5
平底盘	敞口平底	磨光	洛阳王湾类型		相同	弦纹	洛阳东马沟	图六20
圈足盘	浅盘弧壁	磨光	洛阳王湾类型	图一9	浅盘折壁	相同	临汝煤山二期	图六9
鬶	袋形足平沿流	素面	临汝煤山一期*	图五2	相同	相同	洛阳东马沟	图六16
壶	长颈鼓腹	素面磨光	三门峡市三里桥	图四5	相似	相同	偃师二里头文化一期	图六12

　　说明：1．表内器物栏，指同类器物中比较近似的器物。2．王湾类型包括煤山类型和三里桥类型的同类陶器。3．*临汝煤山一期与王湾类型第Ⅵ段相同；临汝煤山二期与二里头文化一期相同。

由表一内器物比较可知，王湾类型与二里头文化早期的乳头状足陶鼎、盆形研磨器、平底盘、圈足大盆、鬶、壶、豆、盖等器形，都是相同或近似的。这些器物上的纹饰也是相同的。

另外，在陶器制法和纹饰方面还有一些相同的特征。如王湾类型出土的椭圆形、新月形镂孔甑底，大瓮里面的麻点纹，高领瓮（罐）肩部的指甲纹或人字纹，鬶、壶、杯和双鼓腹盆器耳（把手）上的铆钉装饰以及夹砂小罐外壁的划纹等，在二里头文化早期的同类器物上几乎完全一样。因此，我们认为二里头文化早期（即一、二期）系由王湾类型直接发展来的，它们是同一文化先后承袭的关系。

二里头文化曾延续了很长的时间，目前经科学发掘整理，将二里头文化分为先后发展的四期。由其文化特征观察，一、二期比较相近，三、四期关系密切。可知从第三期起社会曾有一个变革。也就是说，王湾类型是夏文化早期，二里头文化一、二期是夏文化晚期，从第三期以后属早商文化了[1]。这是值得深入研究的一个问题。

六　夏文化的源流及其分布

前面我们把河南龙山文化按陶器特征划分为王湾型、大寒型和王油坊型三个类型。晋南地区因为暂缺大面积考古发掘资料的报道，姑且不谈。那么这些不同类型的文化是由哪儿来的呢？它们的分布范围有多大？

经考古发掘与调查整理，已知王湾类型式由王湾第一期文化延续发展来的，以后又发展为二里头文化。同样的地层叠压关系，在豫西地区曾多次发现[2]。根据地层叠压关系，概括文化发展的序列是：王湾第一期文化（类似庙底沟型仰韶文化）→王湾第二期文化（大河村遗址三、四期，秦王寨型，庙底沟二期）→王湾第三期文化（王湾类型）→二里头文化早期（一、二期）→商文化早期（二里头文化三、四期）。

我们把分布在豫西地区的王湾类型和二里头文化早期称夏文化。其分布范围主要是郑州以西、潼关以东的黄河、伊、洛、涧水两岸，北到晋西南的夏县，南到汝水流域的襄城（图七）。按其考古文化分布范围，大体是与历史文献中夏族的活动地区相一致的。根据历史文献记载，夏文化的中心地区是在河南省豫西地区，尤其是今洛阳平原、伊、洛、涧河与黄河两岸，颖水上游以及晋西南汾水中下游地区[3]。因此，可把研究夏（族）文化的范围集中到王湾类型和二里头文化早期中去寻找。

[1] 殷玮璋：《二里头文化探讨》，《考古》1978年第1期。

[2] 北京大学考古实习队：《洛阳王湾遗址发掘简报》，《考古》1961年第4期。北京大学历史系洛阳考古实习队：《河南偃师伊河南岸考古调查试掘报告》，《考古》1964年第11期。

[3] 黄石林：《关于探索夏文化问题》，《河南文博通讯》1978年第1期。

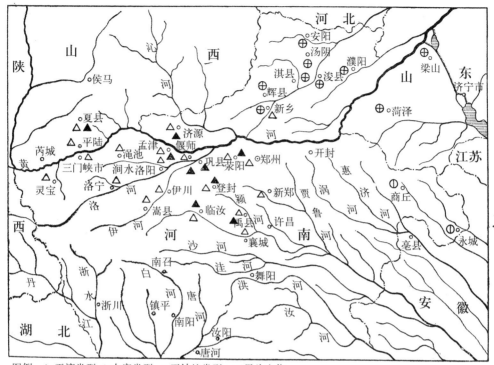

图例：△ 王湾类型 ⊕ 大寒类型 ⦶ 王油坊类型 ▲ 二里头文化

图七　河南龙山文化与二里头文化分布简图

当时在夏族周围也存在着几个大的部族（或部落联盟）。其东北面为大寒类型的部族，分布在冀南漳河、滏阳河上游平原地区和豫北淇河、卫河两岸。这一地区经考古发掘的遗址有安阳后岗[1]、大寒南岗[2]、汤阴白营[3]等河南龙山文化遗址。在这一地区发现的比它更早的文化是仰韶文化大司空村类型[4]。大寒型与王湾型是属于不同系统的、并列的两种文化类型。

在夏文化的东面为王油坊类型的部族，主要分布在豫东与安徽、山东省接壤地区，在这里至今还很少发现仰韶文化遗址。经调查发掘的遗址有商丘造律台黑孤堆[5]、鄢陵、扶沟、商水[6]等几处以及永城王油坊遗址[7]等。从陶器上看，这个类型的文化，其中有较多山东龙山文化的因素或是先商文化的遗物。器形中以甗、长颈壶、大口尊

---

[1]　参考《小屯龙山与仰韶》一文，《梁思永考古论文集》，科学出版社，1959年。

[2]　考古所安阳发掘队：《安阳洹河流域几个遗址的试掘》，《考古》1965年第7期。

[3]　安阳地区文管会：《汤阴白营发现一处龙山文化晚期聚落遗址》，《河南文博通讯》1977年第1期。

[4]　中国科学院考古所安阳队：《1972年春安阳后岗发掘简报》，《考古》1972年第5期。

[5]　李景聃：《豫东商丘永城调查及造律台黑孤堆曹桥三处小发掘》，《中国考古学报》第二册，1947年。

[6]　刘东亚：《河南鄢陵、扶沟、商水几处古文化遗址的调查》，《考古》1965年第2期。

[7]　商丘地区文管会、考古所洛阳工作队：《1977年河南永城王油坊遗址发掘概况》，《考古》1978年第1期。

等具有地方特点。总之，在新石器时代晚期，这里受山东龙山文化的影响较大，也是商族活动的主要地区。

七　夏文化的年代与社会性质

王湾第三期文化和二里头文化早期居民（即夏族文化），长期活动在我国黄河流域中原地区。根据洛阳王湾遗址和其他地点的发掘资料，其直接来源可上溯到"庙底沟型"仰韶文化，经碳-14测定年代，距今大约5800年左右。

一般认为夏王朝为公元前20～前16世纪，也有的认为是公元前22～前18世纪。

现将中原地区夏文化的几处遗址分期情况，列为表二。

从已发表的资料可知，洛阳矬李遗址第二、三期，临汝煤山遗址第一期和洛阳东干沟遗址下层，均与洛阳王湾类型相同。矬李遗址第四、五期，煤山遗址第二、三期，均与偃师二里头文化的一、二期相同。洛阳东干沟遗址的上层与二里头文化第一期相同。

表二　夏文化遗址分期表

			王湾*	东干沟	堪李**	煤山	二里头
二里头文化	早商	四期	四期				四期
二里头文化	早商	三期	三期				三期
二里头文化	夏族晚期	二期	二期		五期	三期	二期
二里头文化	夏族晚期	一期	一期	上层	四期	二期	一期
王湾第三期文化	夏族早期	VI段	VI段	下层	三期 二期	一期	
王湾第三期文化	夏族早期	V段	V段				
典型遗址			王湾*	东干沟	矬李**	煤山	二里头
参考文献			《考古》1961.4	《考古》1959.10	《考古》1978.1	《考古》1975.5	《考古》1974.4 1975.5 1978.1

说明：*洛阳王湾新石器时代遗址陶器分期共分三期六段，即王湾第一期文化（Ⅰ段），王湾第二期文化（Ⅱ～Ⅳ段），王湾第三期文化即王湾类型（Ⅴ、Ⅵ段）。**洛阳矬李遗址从发表的材料看，第二、三期相当于王湾遗址第Ⅵ段。

　　由以上五处遗址的地层叠压和文化分期的情况，可概括为：王湾类型系由王湾第二期文化发展来的，之后，它又发展成二里头文化一、二期。从陶器特征观察，二里头文化一、二期的有些陶器与王湾类型还很相似。到二里头文化三、四期时，陶器特征有了明显的变化，如一、二期常见的三足盘，数量减少，由矮足变为浅盘高足，还出现了鬲、斝、卷沿圜底盆、大口尊等一些新器形，说明这时社会有一个新的变化。

　　二里头文化第三期的陶器并不单纯，其中既有原来一、二期的文化因素，还有以新出现的陶器为代表的另一种文化因素。这些新型的陶器，如圜底器、大口尊、鬲、斝、甗、甑等，与郑州二里岗期常见的同类器物十分近似。到第四期，这些陶器的共性则更大，数量也更多。这种新的因素，反映出商统治夏以后的社会变革。

　　再从碳-14年代测定的数据看，河南龙山文化的几种"类型"（包括夏县东下冯遗址下层）和二里头文化早期，其绝对年代均在公元前2300～前1609年。详见碳-14测定河南龙山文化的几种类型及其有关文化遗存年代一览表，即表三。

　　由表三可知，河南龙山文化以王湾类型为代表的夏文化和以大寒类型为代表的先商文化，共绝对年代最早约在前2300年左右，这与我国历史上记载的年代大体相符。大约公元前1600年左右（即二里头文化第三期），在中原地区形成了先商文化，以后发展为二里岗下层文化。

　　顺便再将商族文化的形成问题简略作些说明。根据前面河南龙山文化几种"类型"的分析，大寒类型或王油坊类型有可能是商族的祖先（即先商文化）。它是属于冀南、豫北、豫东地区另一个系统的文化，如圜底盆、大口尊形器、甗、盆形甑、侧扁足鼎等陶器，都与二里岗下层文化的同类陶器比较近似。这一文化的来源，目前还没有像王湾类型搞得那么清楚，但是可以相信它是与豫北、冀南地区的大司空村型仰韶文化有一定关系的。以前在安阳后岗龙山文化灰坑中曾发现有大司空村型仰韶文化的彩陶片[1]，是今后值得注意的现象。

　　关于对夏（族）文化社会性质的认识，主要根据目前已发表的考古材料，结合文献资料，初步勾划出其大体轮廓。我们探讨这个问题是采用"两头挤"的方法。即先从已知绝对年代的商代向上推，再从新石器时代晚期的先夏文化（即王湾第二期文化）向下延，这样就确定了王湾第三期文化和二里头文化的早期是研究夏族文化的范围。再从夏人活动范围的地下考古材料中，来探讨夏族的社会性质。

　　先谈农业生产，根据王湾遗址的材料，夏族的农业比先夏文化有显著进步，如生产工具中普遍出现石镰、蚌镰和木耒等。尤其石镰的使用在王湾第三期文化中极为普遍。又据殷代甲骨文中"勿"字的考证，殷代已有犁耕[2]。若是殷代已有犁耕，推测夏

---

[1]　中国科学院考古所安阳队：《1972年春安阳后岗发掘简报》，《考古》1972年第5期。

[2]　郭沫若：《甲骨文字研究·释勿篇》，科学出版社，1962年。

表三　河南龙山文化及有关文化遗存碳-14测定年代一览表（仅供参考）

标本号	材料	出土地点	文化期	距今年数	历年（B.C.）	树轮校正（B.C.）	备注
ZK-126	木炭	洛阳王湾 H79	王湾第三期文化	3965±95	2015±95	2390±145	《考古》72.5
ZK-31-1	蚌片	偃师二里头 T104⑥	二里头文化一期	3955±115	2005±115	2395±160	《考古》78.4
ZK-133	木炭	安阳后岗 72AHH2	大寒类型	3910±90	1960±90	2340±140	《考古》74.5
ZK-386	木炭	临汝煤山 T13（36）	三里桥类型	3870±115	1920±115	2290±160	《考古》78.4
ZK-353	木炭	洛阳矬李 H6	二里头文化早期	3645±130	1695±130	2010±145	《考古》78.4
ZK-349	木炭	临汝煤山 F6 上	三里桥类型	3640±100	1690±100	2005±120	《考古》78.4
ZK-387	木炭	夏县东下冯 T208（4A）	晋南龙山文化	3595±80	1645±80	1945±100	《考古》78.4
BK76042	木炭	夏县东下冯 T501(4B)	晋南龙山文化	3580±80	1630±80	1925±100	《考古》78.5
ZK-212	蚌片	偃师二里头 T104⑥⑦	二里头文化早期	3570±95	1620±95	1920±115	《考古》74.5
ZK-285	木炭	偃师二里头 73YLH3	二里头文化一期	3555±80	1605±80	1900±130	《考古》77.3
ZK-382	木炭	夏县东下冯 T502（4B）	晋南龙山文化	3535±115	1585±115	1865±155	《考古》78.4
ZK-386	木炭	偃师二里头 73YLVH87	二里头文化四期	3335±85	1385±85	1625±130	《考古》77.3
BK-76037	木炭	夏县东下冯 74SW26H12	二里头文化三期	3320±80	1370±80	1605±130	《文物》78.5
ZK-531	木炭	夏县东下冯 77SW26F551	晋南龙山文化	3795±100	1845±100	2195±120	《考古》79.1
ZK-435	木炭	夏县东下冯 T509 城基沟内	晋南龙山文化	3620±150	1670±150	2080±165	《考古》79.1
ZK-436	木炭	夏县东下冯 T509 城基沟内	晋南龙山文化	3530±100	1580±100	1890±145	《考古》79.1
ZK-456	木炭	永城王油坊 77YKT1③	河南龙山文化王油坊类型	3965±110	2015±110	2410±155	《考古》79.1
ZK-457	木炭	永城王油坊 77YWT8（36）	河南龙山文化王油坊类型	4040±100	2090±100	2405±150	《考古》79.1
ZK-458	木炭	永城王油坊 77YWH16	河南龙山文化王油坊类型	3950±90	2000±90	2390±140	《考古》79.1
ZK-538	木炭	永城王油坊 77YWH40	河南龙山文化王油坊类型	4000±150	2050±150	2450±185	《考古》79.1
ZK-541	木炭	永城王油坊 77YWT29③	河南龙山文化王油坊类型	3980±150	2030±150	2425±185	《考古》79.1
ZK-441	木炭	汤阴白营 T5②H31	大寒类型	3760±100	1810±100	2150±120	《考古》79.1
ZK-442	木炭	汤阴白营 77HTBT49	大寒类型	3815±90	1865±90	2220±110	《考古》79.1
ZK-443	木炭	汤阴白营 77HTBF42 下边	大寒类型	3835±100	1885±100	2250±120	《考古》79.1

说明：换算年代所用的碳-14的半衰期是5730年，距今计年以1950为起点。树轮校正依D.L.W.校正表。

族人们也有可能已开始使用"犁耕"生产。此外，在洛阳矬李龙山文化遗址中曾发现过水渠、水井。结合《史记·夏本纪》记载有禹"浚畎浍而致之川"，郑玄曰："畎浍，田间沟也"，说明当时有进行农田灌溉的可能。

手工业方面，在遗址中除发现大量轮制陶器外，煤山遗址中曾出土有铜渣，说明当时开始有金属工具了，但主要还是使用石器工具，如磨光石斧、石锄、石镰、石刀、石矛等。随着一些新工具的大量出现（如木犁、石镰、石矛以及其他金属小工具），各种专业也迅速发展起来，大大促进了原始社会末期第二次社会劳动大分工。

这时人们的埋葬习俗，有单人葬、夫妻合葬和乱葬（或称丛葬坑）等。一般均无随葬品，或是很少有随葬品的。需要特别说明"丛葬坑"，它是这个阶段普遍流行的一种习俗，在邯郸涧沟、洛阳王湾、偃师二里头等遗址中都有发现。"丛葬坑"多是利用当时人们废弃的"窖穴"或水井，将死者甚至是一些活着的人埋在里面，男女成人、小孩和老人均有，数目一、二人或十多人不等。骨架比较凌乱，有的身首分离，有的砍手断足，或作挣扎状，葬式毫无定规，肯定它不属一般正常人的死亡情况。推测这可能是被杀害或是被活埋的俘虏，有的可能是家奴死后任意扔进去的。这些现象说明，社会上出现了阶级，即统治者和被统治者，奴隶主和家庭奴隶。那么这时是否已形成了国家呢？

近年来，在河南登封告成遗址曾发现了一座相当于夏文化时期的古城堡，其面积很小，城址破坏又比较严重，出土器物一般，以此作为形成国家的证据是不够的。更不足以说明"在夏的四邻有许多小国，夏在这些小国中起着领导的作用"。至于引用《左传·哀公七年》"禹会诸侯于涂山，执玉帛者万国"以说明夏已进入奴隶制国家，这个问题还需要进行研究。这里讲的"万国"，可能是古人以当时的社会套加于夏代之误。要说这些小城堡为当时一个部落或是部落联盟的建筑倒是很恰当的。

恩格斯在《家庭、私有制和国家的起源》一书中谈到，原始社会晚期已出现了阶级，但是恩格斯把没有形成国家以前的这个社会称"军事民主主义"时代。他解释说，"其所以称为军事民主制，是因为战争以及进行战争的组织现在已成为民族生活的正常职能。邻人的财富刺激了各民族的贪欲，在这些民族那里，获取财富已成为最重要的生活目的之一"。这时，父系家庭已成为社会的经济单位，许多家庭组成一个部落，若干部落（特别是毗邻的关系）结成一个部落联盟，以后在长期联盟的基础上发展成一个部族。从现有考古材料看来，夏文化的情况与这个阶段大体相符。

目前我们初步认为，夏文化早期已产生了私有制和阶级。那么发展到晚期（即二里头早期），是否已形成了统一的政权——国家呢？目前考古发掘材料还很缺乏，尚难得出这个结论。

总之，河南龙山文化的三个类型，实为两个不同系统的族属，即王湾类型为夏族系统，大寒类型、王油坊类型为先商系统。它们之间大体是并列关系，相互间有一些影响，但是其社会发展水平是不平衡的。从已发表的考古材料观察，商灭夏后，二里头文化早期发展到二里头文化晚期，夏族与商族完全融合发展为商代文化了。

原载《中国考古学会第一次年会论文集》，文物出版社，1979年

王湾遗址有关学术问题的探索

一 前言

洛阳王湾遗址是1959年、1960年度北京大学考古专业55级、57级田野考古实习发掘的一处重要遗址。这个遗址的发掘至今已30多年了，当时发表过简报，也编写了发掘报告。后因种种原因被搁置下来。其发掘报告至今尚未问世，不能不使人感到遗憾。王湾遗址位于洛阳市西郊谷水镇西约2.5公里，西北临涧河。20世纪50年代初，中国科学院考古研究所、河南省洛阳市考古工作者配合基建工程曾多次在这一带进行过考古调查（包括小范围试掘）。在涧西孙旗屯[1]、史家湾等地发现过仰韶文化、河南龙山文化到商周时代的文化遗物、遗迹，它为我校选择王湾遗址进行教学实习提供了重要线索。为北大学生选择发掘王湾遗址，从学术研究方面来说，考虑到遗址文化内涵比较丰富，有仰韶文化、河南龙山文化、周、晋、北朝等各时代的遗迹、遗物，学生可以通过实习弄清楚诸文化的内涵以及它们之间的文化联系等问题。

从教学工作方面来说，科学院考古所洛阳工作站有丰富的文物资料可供参考，还有一些常年从事田野考古工作研究的学者和技工人员，他们可以为学生的田野考古实习进行辅导并协助工地摄影、测绘等等。另外，学生们室内整理、修复陶器、编写实习报告都可以在科学院考古所洛阳工作站内进行。

二 王湾遗址发掘的主要收获和学术价值

1959年秋～1960年夏，王湾遗址经两次实习，发掘面积共3625平方米，开掘134个探方，发现新石器时代房基9座、灰坑179个、墓葬119座；春秋、战国时期的灰坑62个、陶窑1个、水井1个、墓葬60座；晋墓1座；北朝灰坑94个、大灰沟两条及出土大量的文化遗物。其学术价值是很大的。

第一，王湾遗址的发掘为考古学文化的分期提供了有利的条件。20世纪50年代，

---

[1] 河南文物工作队第二队孙旗屯清理小组：《洛阳涧西孙旗屯古遗址》，《文物参考资料》1955年第9期。

河南省陕县庙底沟遗址的发掘，曾提出河南龙山文化是由仰韶文化庙底沟类型直接发展来的，报告中提出了"庙底沟二期文化"的学术观点[1]。它对研究中原地区仰韶文化与河南龙山文化的关系提出了重要的地层依据。而王湾遗址的发掘，则在其基础上将豫西地区仰韶文化至龙山文化的分期又向前推进了一步。王湾遗址中新石器时代的文化遗物、遗迹特别丰富，又有许多灰坑及文化层的相互打破、叠压关系，文化层堆积比较复杂。经过室内整理，已将这批新石器时代文化划分为：仰韶文化（早、晚）→仰韶向河南龙山文化过渡（早、中、晚）→河南龙山文化（早、晚）。它们是一脉相承的同一文化体系，即王湾第一期文化，王湾第二期文化和王湾第三期文化[2]。这就把这一地区仰韶文化向河南龙山文化的发展系列及其各环节的文化面目搞的更清楚了。

第二，首次提供了仰韶文化半坡类型与仰韶文化庙底沟类型二者早晚的地层依据。20世纪50年代，我国学界曾对仰韶文化半坡类型和仰韶文化庙底沟类型孰早孰晚问题展开过热烈的讨论[3]。当时的田野考古从文化层上还未发现二者的先后关系。在1960年的发掘中，F15房子内有类似仰韶文化半坡类型的遗物——杯形口尖底瓶。这座房子被三座小口尖底瓶小孩"瓮棺葬"（M344、M357、M358）所打破。这三座瓮棺葬具均为双唇口沿特征的器物，属于仰韶文化庙底沟类型遗物，是仰韶文化庙底沟类型晚于半坡类型的地层依据。另外，本遗址仰韶文化向豫西龙山文化过渡的材料，有比庙底沟——三里桥遗址更丰富的实物标本和文化层叠压关系。

第三，首次发现仰韶文化房基挖槽和铺砌石块的建筑方法。如王湾遗址F15和F11即是。在F15房子的一端还有附加连接的一间小屋，在河南省尚属首次发现。这种建筑结构，制造技术高于半坡类型。

第四，为仰韶文化晚期社会性质的研究提供了依据。如在王湾遗址第二期文化的灰坑中发现有被反背捆绑手臂的人及"乱葬坑"等现象，是研究仰韶文化社会性质很好的材料。

第五，为研究豫西龙山文化晚期与二里头文化的关系提供了重要论据。根据王湾遗址第三期文化（龙山文化晚期H79）出土木炭。碳-14测定年代为2390±145年B.C（树轮校正）[4]，它正在夏代历史编年之内。所以目前我国学术界有部分学者认为豫西龙山文化晚期有可能仍在夏代编年中。

---

[1] 中国科学院考古研究所：《庙底沟与三里桥》，科学出版社，1959年。

[2] 北京大学考古实习队：《洛阳王湾遗址发掘简报》，《考古》1961年第4期。

[3] 安志敏：《试论黄河流域新石器时代文化》；石兴邦：《黄河流域原始社会考古研究上的若干问题》；均见《考古》1959年第10期。

[4] 中国社会科学院考古研究所：《中国考古学中碳十四年代数据集》（1965～1981年），文物出版社，1983年，第72页。

第六，对研究中国文明的起源、形成和发展有其重要价值。王湾三期文化陶器的内涵较为复杂，从陶鬲、陶鬶、瓮、三足皿等器物的演变规律探其源流，对于研究它与周围诸文化（民族）的关系，特别是研究中原地区西、东方夏、商民族文化的形成与发展具有重要的参考价值。

第七，为研究东周和北朝的社会历史发展水平提供了实物资料。王湾遗址中发现有不少春秋、战国时的灰坑、墓葬，根据其相互叠压关系、打破关系，并参考洛阳中州路发掘的有关资料，将它划分为先后发展的五期；同时还发现北朝至隋代的生产工具和生活用具等。还有一座完整的晋代砖室墓葬，该墓葬已复原于洛阳古墓博物馆。

三　三十年来与王湾遗址有关的考古发现

我国新石器时代考古工作三十年来有很大发展，田野考古中与王湾遗址有关的重大发现比比皆是。

（一）庙底沟型仰韶文化晚于半坡型仰韶文化

这类遗址在河南、陕西、山西、内蒙古以及湖北北部地区均有发现：河南省淅川县下王岗遗址中有明显的文化层叠压关系，该遗址仰韶文化称下王岗仰韶文化类型，划分为仰韶文化一期、二期和三期文化[1]。按其陶器特征，仰韶文化一期的罐、钵、细颈瓶（蒜头壶），与陕西宝鸡北首岭下层、西安半坡遗址出土仰韶文化同类器物相似。下王岗仰韶文化二期的陶钵、罐、盆及圆点纹、弧边三角纹彩陶图案与庙底沟仰韶文化遗址同类器物相似。可见下王岗仰韶一期文化接近于仰韶文化半坡类型，下王岗二期文化则接近于仰韶文化庙底沟类型。

河南省郑州市大河村仰韶文化遗址，按地层叠压关系和文化遗物的演变，划分为一～四期[2]。按小口尖底瓶与彩陶花纹图案的演变特征观察，第一期文化相当于王湾一期文化的前段，第二期文化相当于王湾一期文化的后段。

陕西省渭水流域发现的临潼姜寨遗址[3]、宝鸡北首岭遗址[4]、福临堡遗址、邠县下孟村遗址[5]以及蓝田县泄湖遗址[6]等。它们均有庙底沟型晚于半坡型仰韶文化的地层关系。

[1] 河南省文物研究所等：《淅川下王岗》，文物出版社，1989年。

[2] 郑州市博物馆：《郑州大河村遗址发掘报告》，《考古学报》1979年第3期。

[3] 西安半坡博物馆等：《姜寨——新石器时代遗址发掘报告》，文物出版社，1988年。

[4] 中国社会科学院考古研究所：《宝鸡北首岭》，文物出版社，1983年。

[5] 陕西省考古所泾水队：《陕西邠县下孟村遗址发掘简报》，《考古》1960年第1期。陕西省社会科学院考古研究所泾水队：《陕西邻县下孟村仰韶文化遗址续掘简报》，《考古》1962年第6期。

[6] 中国社科院考古所陕西六队：《陕西蓝田泄湖遗址》，《考古学报》1991年第4期。

山西芮城县东庄村遗址中，Y202打破H216的文化层位关系，前者为庙底沟型文化，后者似半坡型文化[1]。后者文化的小口尖底瓶与洛阳王湾遗址F15房内出土的小口尖底瓶十分相似。可见洛阳王湾遗址与北面黄河以北芮城东庄村遗址的文化面貌有不少共性。另外，甘肃省秦安县大地湾遗址、内蒙古托克托遗址、清水河遗址中也发现有庙底沟型晚于半坡型仰韶文化的地层关系和资料。

由此可见，在黄河中下游地区，凡有庙底沟型文化与半坡型文化的遗址，其普遍规律都是庙底沟型文化晚于半坡型文化。但是，由于各地区自然条件的不同，文化内涵也有差异，因而其文化特点的差别是显而易见的。

值得注意的是，在豫西灵宝、临汝县等地发现有早于王湾一期文化的裴李岗文化[2]，这对研究本地区仰韶文化与裴李岗文化的关系和王湾一期文化的渊源及文化体系具有重要价值。

（二）与王湾三期文化（又称王湾类型）相同的文化遗址

从目前已发表的材料看，如洛阳南郊的矬李[3]、西吕庙[4]、临汝县煤山[5]、登封王城岗[6]、孟津小潘沟[7]、陕县三里桥[8]、密县新寨[9]、偃师灰嘴[10]、郑州旮旯王村[11]、牛寨[12]、上街等遗址的文化在时代上稍有早晚，但其文化内涵大体是属于同一体系——王湾第三期文化，均有浓厚的豫西地方特点，它与豫北、豫东地区同类文化的差异是比较明显的。

王湾三期文化是豫西地区龙山文化典型遗址。其文化内涵中陶器主要有平沿平底鬲（三实足）、折腹斝、圈足甑、乳足夹砂罐（鼎）、小口高领瓮（内壁有麻点纹）、钵形研磨器、豆、碗（图一）等。陶器纹饰主要是绳纹、方格纹、篮纹（由深痕到浅痕）。这些陶器特征往往可直接延续到偃师二里头文化一期文化中，如通常见到的陶器有大口罐、高领瓮、乳足夹砂罐（鼎）、大平底盆、研磨器、甑、豆、碗

[1] 中国社科院考古所山西工作队：《山西芮城东庄村和西王村遗址的发掘》，《考古学报》1973年第1期。

[2] 《豫西灵宝、临汝发现裴李岗文化遗址》，《河南日报》1984年10月21日4版。临汝县汝瓷博物馆：《临汝县裴李岗文化遗址调查简报》，《中原文物》1985年第4期。

[3] 洛阳博物馆：《洛阳矬李遗址试掘简报》，《考古》1978年第1期。

[4] 洛阳市文物工作队：《洛阳西吕庙龙山文化遗址发掘简报》，《中原文物》1982年第3期。

[5] 中国社科院考古所河南二队：《河南临汝煤山遗址发掘报告》，《考古学报》1982年第4期。

[6] 河南省文物研究所等：《登封王城岗遗址的发掘》，《文物》1983年第3期。

[7] 洛阳博物馆：《孟津小潘沟遗址试掘简报》，《考古》1978年第4期。

[8] 中国科学院考古研究所：《庙底沟与三里桥》，科学出版社，1959年。

[9] 中国社科院考古所：《河南密县新寨遗址的试掘》，《考古》1985年第5期。

[10] 洛阳专区文管会：《偃师县灰嘴村古文化遗址》，《文物参考资料》1956年第1期。

[11] 河南省文物工作队一队：《郑州旮旯王村遗址发掘报告》，《考古学报》1958年第3期。

[12] 河南省文物工作队：《郑州牛寨龙山文化遗址发掘简报》，《考古学报》1958年第4期。

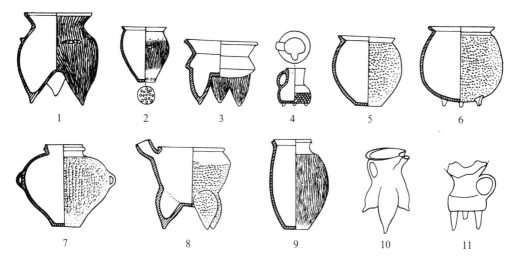

图一　王湾三期文化陶器

1. 鬲（H166：158）　2. 甗（H2112：15）　3. 斝（H496：25）　4. 平沿平底鬶（H79：17）　5. 夹砂罐（H212：50）　6. 乳足夹砂罐（H72：1）　7. 小口高领瓮（H212：56）　8. 盉形斝（H166：27）　9. 扁腹罐（H4：10）　10. 鬶（M3：1）　11. 爵（H44：52）　（2出自三里桥遗址、6出自煤山遗址、9出自西吕庙遗址、10出自台王遗址、11出自小潘沟遗址，其余均出自王湾遗址）

等。因此，我认为二里头文化一期就是从豫西王湾三期文化直接承袭发展下来的同一文化体系[1]。田野考古工作和该文化的演化规律，可以看出王湾三期文化是夏文化早期；二里头文化一、二期是夏文化晚期；三期以后是二里头夏文化接受商文化的融合时期，是一个历史大变革的时期。也就是说从二里头文化三期以后，商文化因素明显占统治地位，但是中原夏文化因素并没有完全消失，它仍是目前夏商文化研究的一个重要课题。

四　王湾遗址仰韶文化源流和黄河中下游诸文化典型陶器的族源研究

（一）关于王湾遗址仰韶文化源流的研讨

近年考古工作者在豫西地区的灵宝、临汝等地曾发现裴李岗文化遗址，这应是裴李岗文化分布范围的西部边缘。由于目前所发现的遗址甚少，该文化是否能定为裴李岗文化的另一个类型（文化），尚需再作大量的考古工作[2]。

从王湾遗址一期文化内涵研究，它的前段有近似仰韶文化半坡型的因素（杯形口

---

[1]　李仰松：《从河南龙山文化的几个类型谈夏文化的若干问题》，《中国考古学会第一次年会论文集》（1979年），文物出版社，1980年。

[2]　承蒙洛阳市文物工作队方孝廉同志告知，近年偃师高崖遗址曾发现裴李岗文化遗物。

尖底瓶等），它的后段接近仰韶文化庙底沟类型。总观王湾一期文化，它与陕县三里桥仰韶文化以及山西苗城东庄村遗址中仰韶文化十分相似，这也许是反映了本地区仰韶文化的地方特点。苏秉琦先生在《建国以来中国考古学的发展》一文中曾"把黄河中游以汾、渭、伊、洛水流域为中心的地区，称为在中华民族形成过程中起到最重要的凝聚作用的一个熔炉"[1]，这正是豫、晋、陕三省的交界地区。我认为这一支文化的分布范围大体是从潼关至郑州，北过黄河到中条山以南，南到豫西的熊耳山一带，至于这支文化的发展去向，王湾遗址二期文化和三期文化以及郑州大河村遗址[2]，出土的遗迹、遗物均已较全面的反映出来。

（二）黄河中下游诸文化典型陶器的族属研究

在考古学某文化中挑选出有代表性的若干典型陶器，结合历史文献材料进行对比研究，观察其演变规律，对于探讨其族属的形成和发展（包括民族关系）是不可缺少的，或可起到关键的作用。譬如在豫西洛阳伊、洛地区挑选新石器时代至夏、商时代的几种典型日用生活用具——鬲、鬶、甗、斝、盆、尊、觚、爵、杯、豆、皿、器盖（以上均为陶器）等，按不同文化（类型）进行对比研究，可以了解夏、商文化与其周围文化（族属）的密切关系。

1. 陶鬲与陶鬶

陶鬲最早出现于新石器时代中晚期。多分布于黄河中上游的陕西、山西、宁夏、甘肃、青海地区。黄河下游山东、豫东以及安徽、苏、浙地区则以陶鬶较为发达。也可以说，陶鬲是我国西部地区的常见器物；陶鬶是东部及沿海诸省常见的器物。

洛阳属于豫西地区，出土的新石器时代陶鬲与我国西部地区陕西龙山文化（图二，3、4）、山西陶寺遗址的陶鬲（图四，1、2）近似。洛阳地区出土的袋足鬶是平沿流，它与山东的高长流陶鬶截然不同。另外，豫西地区龙山文化中（即王湾三期文化）的大平底三实足鬶和乳足罐（图一，4、6）是本地区的典型器物。其他地区则少见或不见。洛阳地区以西新石器时代的陶鬲、陶斝其袋形足尖呈乳突状或足尖不显，往往在袋足里面附加一圆形泥突以加固其足尖部分（图二，2、4），而山东与我国沿海地区则不见此种陶鬲。山东龙山文化的陶鬶、陶甗，其袋足底端通常都附加一段高出的锥形足尖（图三，1、2），它与先商或商代二里岗的陶鬲、陶斝（图七）雷同。豫西偃师二里头文化三期出土有一种高锥足鬲（图六，1），它显然是受山东"锥形足尖"的影响而产生的。

---

[1]　苏秉琦：《苏秉琦考古学论述选集》，文物出版社，1984年，第302页。

[2]　郑州市博物馆：《郑州大河村遗址发掘报告》，《考古学报》1979年第3期。

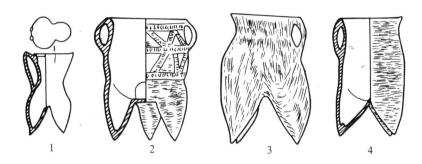

图二　陕西客省庄二期文化陶器

1. 陶鬲　2. 陶斝　3、4. 鬲　（均出自客省庄遗址）

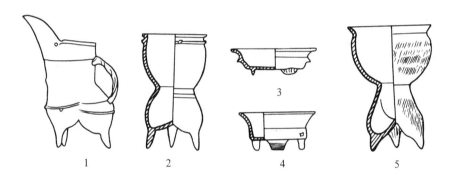

图三　山东龙山文化陶器

1. 鬶　2、5. 甗　3、4. 三足盘　（1~4出自姚官庄遗址，5出自王油坊遗址）

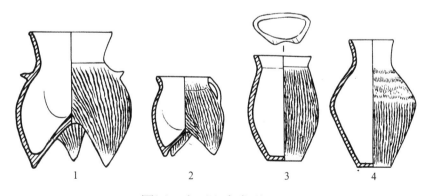

图四　山西陶寺类型陶器

1、2. 鬲（IVT404：11、IIIH302：25）　3. 扁腹罐（V区采集）　4. 高领折腹罐（IIIH303：15）　（均出自陶寺遗址）

2．陶甗

这是山东龙山文化中常见的一种炊器。河南龙山文化豫东"王油坊类型"（图

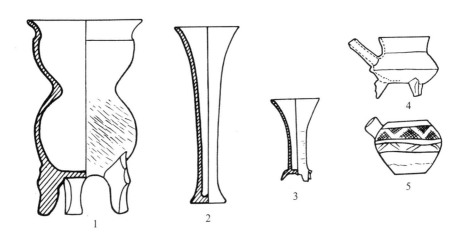

图五　大汶口文化陶器

1. 甗（M99：10）　2、3. 觚（M85：2、M28：6）　4. 盉（M47：20）　5. 彩陶盉（M59：22）　（1、2均出自前寨遗址，3出自王因遗址，4、5出自大汶口遗址）

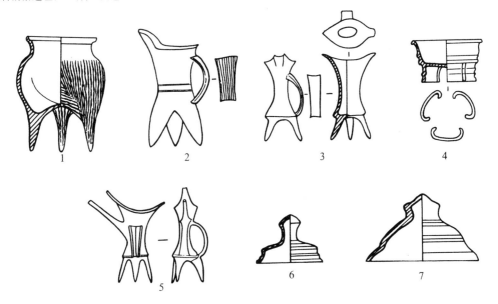

图六　二里头文化陶器

1. 鬲　2. 鬶　3、5. 爵　4. 三足盘　6、7. 器盖　（均出自二里头遗址）

三，5）[1]"大寒类型"[2]（即"后岗二期文化"）中多见，而豫西龙山文化中则少见。此类陶器最早发现于山东大汶口晚期，1980年北京大学考古实习队在山东诸城前寨大汶口文化墓葬中曾发现一件完整器，它的下半身为圆腹平底罐，底部安三个鸭嘴形实

---

[1] 商丘地区文管会等：《1977年河南永城王油坊遗址发掘概况》，《考古》1978年第1期。

[2] 李仰松：《从河南龙山文化的几个类型谈夏文化的若干问题》，《中国考古学会第一次年会论文集》（1979年），文物出版社，1980年。

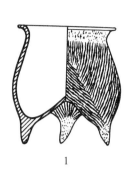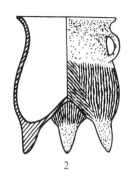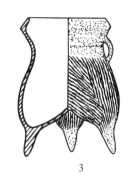

1　　　　　　　　　　2　　　　　　　　　　3

图七　二里岗文化（下层）陶器

1. 鬲（H9：39）　2、3. 斝（H17：38、H2：35）　　（均出自二里岗遗址）

足（图五，1），据目前所知，它是我国陶甗的雏形。

3．大口尊

是山东大汶口文化晚期陶器中所常见的器物。器体高大，陶壁较厚，外壁饰绳纹或篮纹，有的在器口沿或底部刻划有日、月、山形的符号[1]，有学者认为这是一种祭器[2]。此类器物由厚壁到薄壁，到了商代二里岗文化，逐渐演变成喇叭形大口陶尊[3]。

4．陶盉

最早出现在山东兖州大汶口文化早期遗址（图五，2、3）[4]，是当时人们使用的酒杯，此器发展到大汶口文化晚期，杯底的三足消失，而陶盉器身加高。偃师二里头文化的陶爵（图六，3、5），仍保留有大汶口文化陶盉的遗风，并且在陶盉的外壁附加了一个把手。

5．陶器盖

外形似蘑菇状器纽（图六，6、7），黄河流域仰韶文化晚期（庙底沟二期文化）曾发现过此类器盖，它又是河南省夏、商文化中较为流行的一种器物。器纽演变规律是由低形向高形发展，有人曾将它误解为"陶祖"。

6．陶斝

在河南、陕西、山西境内的龙山文化中出现较多，但各地区陶斝的器形各异。它的形状与陶鬲相似，但多为平裆、折腹。豫西龙山文化的陶斝以王湾遗址（包括三里桥遗址）为典型。器形为侈口、折腹、下有三袋足（图一，3）。另一种为盉形（带嘴）陶斝（图一，8），其三袋足向外突出，此类器形与山西、内蒙地区的陶斝相类

[1] 王树明：《谈陵阳河与大朱村出土陶尊"文字"》，《山东史前文化论文集》，齐鲁书社，1986年。《山东诸城县前寨遗址调查》，《文物》1974年第7期。

[2] 邵望平：《远古文明的火花——陶尊上的文字》，《文物》1978年第9期。

[3] 河南省文物队：《郑州二里岗》，文物出版社，1959年。

[4] 中国社科院考古所山东队：《山东兖州王因新石器时代遗址发掘简报》，《考古》1979年第1期。

似。陕西客省庄二期文化的陶斝往往也是三袋足向外突出（图二，2），笔者认为王湾遗址出土的盉形陶斝，可能是受陕西、山西陶寺（晋南地区）影响的产物。但也不排除它受我国东方大汶口—龙山文化的影响（图五，4、5）。洛阳西吕庙遗址中曾发现有类似山西陶寺类型龙山文化的扁腹罐（壶）（图一，9；图四，3），器形无疑也是受晋南龙山文化影响的产物。

根据对以上典型陶器的观察，可见洛阳地区王湾三期文化的内涵较为复杂，从早到晚它与其周围的文化有密切关系。

尤为值得注意的是二里头文化晚期的几件陶器，如鬶、鬲、瓿、大口尊（罐）、瓦足盘（皿）和爵（角）（图六）杯等，反映了我国黄河下游古代东西方文化相互交流的某些因素。主要是我国中原地区（豫西）吸收了山东大汶口—龙山文化的某些因素。例如二里头文化晚期的一件陶鬶[1]（图六，2），其上半部扬起的长流是山东龙山文化的因素，而下面的三袋足（无锥形）为本地固有或受陕西客省庄文化的影响。

另外，河南省襄城县台王龙山文化遗址发掘的一座墓葬中出土一件陶鬶，其上半部是平口沿、束腰（本地区特点），而其下半为袋足根呈圆锥实足（图一，10），是山东龙山文化（陶鬶足根）的特点[2]。孟津小潘沟遗址出土的陶爵（图一，11）更近似二里头文化的爵杯。二里头文化的三足盘（图六，4）也与山东龙山文化的三足盘（图三，3、4）有一定的联系。由此可见，豫西地区龙山文化在公元前二千多年时，受山东龙山文化的影响较多。

五　对二里头文化研究的思考

我国学界多年来一致认为偃师二里头文化是研究夏商文化的关键。有关商都（汤）亳城的位置至今尚无定论，主要有偃师商城说和郑州商城说。此问题的解决还需要作具体的剖析。夏、商文化在我国黄河中下游地区，代表了古代东、西方几乎同时发展起来的两个民族。考古材料证明，在五千年前新石器时代二者即有密切关系。仰韶文化和龙山文化时期，两民族文化交流更趋明显。二里头文化三期（按社科院考古所洛阳队分期标准）达到了鼎盛阶段，二里头文化三期受商文化影响较大，逐渐为商文化所代替。之后，二里头文化在中原地区完全消失，可能夏文化逐渐为商文化融合。

从偃师二里头文化（一～四期）来看，一、二期为早期，三、四期为晚期[3]。也有学者认为"二里头四期是下接二里头五期（即二里岗期上层），它与二里岗期下层

[1]　中国社科院考古所洛阳发掘队：《河南偃师二里头遗址发掘简报》，《考古》1965年第5期。
[2]　河南省文物研究所：《襄城县台王遗址试掘简报》，《中原文物》1988年第1期。
[3]　殷玮璋：《二里头文化探讨》，《考古》1978年第1期。

是同时期的，二者总的文化面貌是一致的，碳–14年代也是相当的"，"二里头一期属夏，二、三期属早商，四、五期属中商"[1]。这与二里头文化的编年顺序是一致的，但是在文化分期方面是不同的。

我国学术界一致认为偃师二里头文化一期是直接承袭豫西龙山文化发展来的，赵芝荃同志在《试论二里头文化的源流》中通过临汝、煤山、密县新寨遗址材料，已有翔实的论证[2]，为广大学者所接受。唯有偃师二里头文化，其社会变革和分界线应划在哪个阶段（期别）则众说纷纭，莫衷一是。

目前多数学者意见仍以二里头文化一、二与三、四期之间为其社会变革的界线，或者是商灭夏所形成的文化差异。我们发现二里头文化三期陶器中开始出现一些新的器形，如高足（锥形）鬲、长流鬶、陶爵（角）、大口尊、卷沿盆、甗和青铜爵（晚期）等，这是社会变革的产物，带有黄河下游山东古代文化、豫东地区龙山文化（大汶口—龙山文化和王油坊类型文化）的特征。可见其文化渊源应与东方商民族有一定的联系。也就是说，二里头文化三期以后，夏文化因素典型器如折腹斝、乳足罐、平沿鬶、小口瓮（罐）、单耳杯、罐形甗等生活用具已逐渐消失了。它被具有浓厚商族文化因素的器物（二里头四期文化）完全代替了。其绝对年代约为1700B.C.前后，或更早。此后，商文化很快发展起来，变为这个文化的主体——即二里头文化的四、五期，我认为这正是夏王朝被商族灭亡后的同化阶段。所以，二里头文化五期夏文化已逐渐融合为商文化了，它与二里岗下层文化时代相同，二者总的文化面貌也是一致的。

此外，再从偃师二里头文化宫殿建筑遗迹和郑州商城以及近年新发现的偃师商城的建筑遗迹比较，发现这两座商城无论在建造时间、地理位置、城址形制、宫殿布局诸方面均有很大区别[3]。尤其使人关注的是偃师商城的发现，对我国夏商文化研究又有新的突破，它不仅使读者弄清了夏、商文化的文化特征，还纠正了把偃师二里头文化晚期遗迹误认为是商汤西亳的结论，这大大推进了我国学术界对夏、商文化研究的深入发展。

六 结束语

王湾遗址的发掘至今30多年了，我国考古工作又有新的进展，对于夏商文化的研究成绩斐然，研究水平也一步步提高。至今，夏、商文化的研究，从其范围上看，

---

[1] 郑光：《二里头遗址与夏文化》，《华夏文明》（第一集），北京大学出版社，1987年。

[2] 赵芝荃：《试论二里头文化的源流》，《考古学报》1986年第1期。

[3] 赵芝荃：《关于汤都西亳的争议》，《中原文物》1991年第1期。

已远远超出河南省的豫西、豫北和山西、河北等主要地区，而涉及山东、辽宁、内蒙古、四川、湖北、湖南、江西、安徽、江苏、浙江等广大地区。从年代上看，探讨夏、商文化的源流，可不受该文化年代（政权）的限制，其上限还可追溯到比它更早的新石器时代。

目前，我国学术界多认为中华民族的形成是一种多元一体的格局[1]。也就是说，中国古代文明的起源是多元的，各地区文化的发展很不平衡，各部落人群之间通过相互交流、融合，逐渐发展为今天以汉族为主体的统一的多民族国家。下面笔者对于研究中国夏商文明起源问题提些意见，供大家参考。

通常提到人类社会文明的起源，首先是指政权机关——国家的产生。但是国家机关的形成是有一个发展过程的，它是从原始社会末期氏族制度解体中诞生的。一般提到国家产生的条件是：出现金属工具（或礼器）、文字、城市、手工业作坊以及为统治者服务的军队（专业军）、监狱、刑具等专政措施，其社会已出现私有制、阶级对立和贫富分化等。按照马克思主义观点，这些都是文明起源的社会基础。

一个民族的形成和发展，往往因地而异，情况比较复杂，可见文化起源是多元的。应从实际出发，根据其不同条件、不同特点进行具体分析，而不能用单一模式（标准）去衡量。如我国夏、商文化（王朝）的研究中曾遇到一些问题：有学者认为夏是我国历史上第一个奴隶制国家，其都城——斟鄩，可能是今偃师二里头文化遗址。遗址中曾发掘出青铜工具和礼器（爵杯），也有宫殿遗迹，但是，尚未发现城墙和甲骨文字。还有商代晚期安阳小屯殷墟，至今尚未发现城墙，所发现的甲骨文都是武丁以后的，而没有发现武丁、盘庚以前的甲骨文字。

难道没有城墙和甲骨文就否认它是夏商时代的王都吗？至于城墙和甲骨文的出现是否必然作为国家形成的标志，尚可再进行研究。因为国家产生的初期，可能还没有甲骨文字，或者当时古人将文字刻划在竹片和木片上，现已不复存在；或者还未发掘出当时的文字，我认为前者可能性较大。迄今所悉，甲骨文字之前，我国诸文化在石、骨、陶遗物上曾发现过一些刻划的"符号""图画形象"等印记，它与甲骨文字有区别，不及甲骨文字成熟，都是人们用以表意的一种手段。所以，可把这些"符号"和"图画形象"称之为原始文字。可见甲骨文字的出现是该民族政权机构强大和成熟的表现，国家都城有无城墙与其自然环境、地理条件有直接关系，所以城墙不一定是国家产生的唯一标志。特别是人类社会在原始社会氏族制度末期首次建立的国家，其社会机构还只是一个雏形。我国夏、商国家的形成与发展也有一个演变过程，它们的产生与发展是由小到大、由弱到强、由低级向高级逐步形成和发展起来的。具

[1] 费孝通：《中华民族的多元一体格局》，《北京大学学报》1989年第4期。

体地说：

第一，夏、商文化的形成是多元的，它们是两个不同地区、不同的民族，但是，因历史上形成各种复杂的因素，它们很早就有文化迁徙与联系，互有影响，需要进行综合研究。所以研究夏、商文化，离不开与它们有关的遗物、遗迹的分析与思考；同时也要考虑它与其周围各族文化的交往关系。

第二，目前我国学术界对夏、商文化区系类型的划分，对于其族属的研究起了积极作用，今后还应选择一些典型遗址（如诸文化类型的交汇地区），在文化因素分析方面进行剖析。

第三，扩大研究范围，利用其他学科研究成果进行综合分析研究，以各学科之长为己所用。除哲学社会科学外，其他自然科学、动物学、地理生态学、气象、水系等，凡与本科目有关的学科均可合作，起到各专科知识互补的作用。

第四，学术问题研究应贯彻"双百方针"，发扬实事求是与理论联系实际的作风。首先是务实，其次是逻辑推理，防止主观、片面性；不唯上、不唯书、要唯实。坚持真理修正错误，以推动学科不断地向前发展。

从地下发掘出的考古遗存结合文献资料的研究证明黄河中、下游地区是夏、商文化的发源地，也是中华民族形成于中原的重要地区。特别是河南省伊洛地区，位居中华远古文明之中枢，有其独特的地理条件，尤其是洛阳位居"天中"，曾为九朝帝都，是中国古代政治、经济、文化交流的中心，为中华民族的形成和发展奠定了基础。

原载《洛阳考古四十年》，科学出版社，1996年

中国新石器时代有关课题的研究

传统的观点，往往将磨制石器和陶器的出现，作为新石器时代开始的标志。距今约一万年前，中国的史前文化过渡到新石器时代。这一时期的早期遗址目前发现的还不多，主要分布在华南地区，如广西柳州大龙潭鲤鱼嘴遗址和广东英德青塘圩洞穴。展品中缺少这一阶段的材料。

新石器时代中期（约公元前7000～前5000年）的遗址数量大大增加，全国各地区已形成不同的文化体系，如黄河流域的老官台文化、裴李岗文化、磁山文化和北辛文化；长江流域的城背溪文化、彭头山文化、河姆渡文化；北方长城地带的兴隆洼文化、辽河流域的新乐文化以及北京地区的上宅文化等。这一时期磨制石器显著增加，陶器种类虽比较单调，但有的文化中已出现了最早的彩陶和刻划符号。原始农业和家畜饲养已很普遍，并已初具规模，人们的生活趋于稳定。展品有老官台文化、裴李岗文化和彭头山文化的实物标本。

新石器时代晚期（约公元前5000～前2500年）的文化分布与内涵空前扩展，我国已发现的上万处新石器时代遗址的大部分都属于这一时期。在中期各种文化的基础上，黄河流域演变出仰韶文化、大汶口文化和马家窑文化；长江流域发展出大溪—屈家岭文化、马家浜—崧泽文化和薛家岗文化；北方长城地带为红山文化；华南一带有山背、筑卫城和石峡文化。此外，在边疆地区，相对于中原而言的还有一些地域色彩很浓的土著文化。这一时期的农业和饲养业进一步发展，人口增加，聚落规模扩大，出现了一些举行祭祀的礼仪活动场所和专业化经济生产中心，开始出现少量的小件铜器。石器制作更加精细，陶器种类多样，彩陶普遍产生，尤以黄河流域最发达，并形成地区性风格。展品中有相当一部分反映的是这一时期的内容。如仰韶文化、大汶口文化的陶器、石器、骨器、蚌器；马家窑文化半山类型、马厂类型的陶器和大溪文化的陶器等。

铜石并用时代（约公元前2500～前2000年），即龙山时代，广义仍属于新石器时代晚期。它包括黄河流域的客省庄文化、王湾三期文化、后岗二期文化、龙山文化以及西北地区的齐家文化；长江流域的石家河文化、良渚文化等。本阶段的文化特征是制作黄铜器具较为普遍，小型铜器日渐增多；制陶以普遍使用快轮和密封陶窑技术，陶器多呈灰、黑色，有质量极高的玉器制作，极其精美。人们的居落遗址密集，房屋建筑向多样化发展，各具特色，在一些经济文化发达地区出现了城市，社会中贫富分化日趋严重，出现了凌驾于一般氏族成员之上的贵族僧侣阶层，开始出现了一些具有特殊用途的礼仪用具和占卜器具。一些玉器和陶器上出现了图形符号与陶文。这一切都预示着中国古代已露出了文明的曙光。展品中反映这一阶段内容的主要有黄河流域龙山时代诸文化的陶器。

中国幅员辽阔，地形复杂，气候多变，这一地理格局使得中国新石器时代文化产生时便具有多元的色彩。由于生态环境的差异，不同经济文化区的发展极不平衡。中原地区处于核心的位置，文化发展水平总体来说比较高，具有强大的凝聚力各地区不同文化间的相互交流，使中国的史前文化呈现出多样性与统一性相结合的明显特色。这一局面为后来中国古代文明的产生与发展，为夏商周王朝的建立，为统一的多民族国家的最终形成奠定了基础。

北京大学考古系（专业）在历年教学实习中曾先后发掘了数十处新石器时代的遗址和墓地。重要的有陕西省华县元君庙、泉护村，河南省洛阳王湾、邓州八里岗，河北省邯郸涧沟，北京市昌平雪山，湖北省宜都红花套、天门石家河，山东省长岛北庄、诸城前寨以及江西、广东、四川、甘肃、青海、宁夏等广大地区。以上诸遗址和墓地的发掘资料对于中国新石器时代诸文化的学术研究以及推动本学科的发展，均有积极的作用。就研究的课题而言可概括为以下五个方面。

一　史前文化谱系与分区研究

从北大考古专业创设至今，我们对这一课题的研究，一直都在坚定不移地探索着。如关于仰韶文化的类型与分期、演进过程、社会性质及其与中原龙山文化遗存的关系等。我们除参加过陕西西安半坡村落遗址的大规模发掘外，还自己组队发掘了邯郸涧沟、华县元君庙、泉护、洛阳王湾等遗址。元君庙遗址的发掘，不但发现了仰韶文化早期的墓地而且在附近还发现了一些早于仰韶早期（即后来被命名"老官台文化"）的资料[1]。泉护村遗址仰韶文化[2]与元君庙的明显不同，二者可划分为不同的文化类型。

洛阳王湾遗址于1959～1960年进行过两次发掘[3]，为界定豫西地区仰韶文化与本

———————————————

[1]　北京大学历史系考古教研室：《元君庙仰韶墓地》，文物出版社，1983年。

[2]　黄河水库考古队华县队：《陕西华县柳子镇考古发掘简报》，《考古》1959年第2期。《陕县华县柳子镇第二次发掘的主要收获》，《考古》1959年第11期。

[3]　北京大学考古实习队：《洛阳王湾遗址发掘简报》，《考古》1961年第4期。

地区龙山时代文化的承继关系提供了重要依据。经室内整理研究，将出土遗物划分为仰韶文化（一期）、仰韶向王湾三期文化过渡（二期）、王湾三期文化（早、晚）。它们是一脉相承发展的同一文化体系，其中有些陶器的演变首尾连贯，发展脉络清楚，比如素面陶盆、陶鼎、彩陶盆（罐）和夹砂罐等，其演变规律明显。王湾一期文化陶器特征是：杯形口尖底瓶与重唇小口瓶并存，还有近似仰韶文化庙底沟类型彩陶花卉图案的陶盆等。值得注意的是本遗址内，有重唇小口瓶（作为小孩葬具）晚于杯形口尖底瓶（F15内）的地层关系，它为解决中原地区仰韶文化诸类型谱系提供了重要依据。王湾二期文化陶器特征是：彩陶罐从成熟型"花卉"图案（如六角星）急剧退化分解为"X""S"花纹。王湾三期文化陶器特征是：有圈足盘、单柄杯等陶器，新出现陶罐、陶鬲，已不见彩陶，盛行拍印方格纹、篮纹、绳纹夹砂罐。总之，本遗址出土新石器时代遗物、遗迹，具有豫西地区的文化风格。严文明先生曾将仰韶文化划分为前后相承接的四期，在此基础上再将每期的仰韶文化又区分成若干个地区类型[1]。

　　关于马家窑文化的嬗递过程及其与齐家文化的关系，我们先后发掘了甘肃兰州的青岗岔和青海乐都的柳湾[2]等遗址。在柳湾发掘的100多座半山期、马厂期和齐家文化时期的墓葬中，发现了齐家文化承继马家窑文化马厂期的新资料。对黄河下游地区大汶口—龙山文化系统的谱系与分区研究，我们陆续发掘了山东诸城县前寨、昌乐县邹家庄[3]、长岛县北庄[4]等遗址。在前寨遗址的发掘中，出土的90余座大汶口文化晚期墓葬，文化面貌与泰、沂山脉以南汶河、泗河流域的同期遗存有明显的差异，而且再次验证了龙山文化是大汶口文化的后继文化，还发现了岳石文化晚于龙山文化的地层关系。关于长江中游地区的新石器文化，继湖北宜都红花套、江陵毛家山等新石器时代遗址的发掘之后，1987年，我系同湖北省考古所、荆州地区博物馆合作，又开始对天门石家河新石器时代遗址群[5]展开了大规模的调查、发掘与研究，现已发掘的遗址有邓家湾、谭家岭、肖家屋脊和土城等，从而将该地区大溪文化—屈家岭文化—石家河文化共分为八期。目前该发掘资料的系统整理与报告编写工作正在进行中。

二　有关埋葬制度的研究

　　以陕西省华县元君庙墓地为例，该墓地位于华县柳子镇东南，保存较为完整，属

[1]　严文明：《略论仰韶文化的起源和发展阶段》，《仰韶文化研究》，文物出版社，1989年。
[2]　北京大学考古实习队：《青海乐都柳湾原始社会墓葬第一次发掘的初步收获》，《文物》1976年第1期。
[3]　北京大学考古实习队：《山东昌乐邹家庄遗址发掘简报》、《山东长岛北庄遗址发掘简报》，《考古》1987年第5期。
[4]　北京大学考古实习队：《山东昌乐邹家庄遗址发掘简报》、《山东长岛北庄遗址发掘简报》，《考古》1987年第5期。
[5]　石家河考古队：《湖北省石家河遗址群1987年发掘简报》，《文物》1990年第8期。

于仰韶文化半坡类型。我于1958～1959年进行过两次发掘，所发现的57座墓葬中，有45座分属东西两个同时并存的墓区。每个墓区的墓葬按年代先后又分为三期，由东向西排列成三行，同期的墓葬则是由北向南依次入葬的。两墓区各期墓葬中除一部分单人墓外，有28座是同时埋葬的多人合葬墓。合葬墓中的死者占墓地死者总数的92％。一墓中少则2人，多者25人，一般为4人以上。合葬墓多数为二次迁葬，其次是兼有一次葬二次葬，个别为一次葬。单人葬则一、二次葬的均有。人骨都是仰身直肢或被整齐的成堆摆放在一起，头皆向西。整个墓地除458号墓是用卵石垒砌"室"，和用红烧草泥土块铺棚墓底及填墓穴外，都是土坑竖穴墓。M458可能是一座酋长的墓穴。

元君庙墓地的埋葬制度，反映了当时存在家族、氏族、部落的社会组织情况。依本墓地诸葬式中人骨性别、年龄的分析比较，确知有些是不同辈份成员的合葬墓。例如405号墓合葬12人，可包括老少二代、三代人，这当属于一家族的合葬墓。而由若干家族合葬墓组成的墓区则是氏族墓区。说明以血缘为纽带的氏族组织还相当牢固。在元君庙同一墓地包括的两个氏族墓区，当为一完整的氏族部落墓地。元君庙墓地中尚未发现一夫一妻的合葬墓。合葬墓中成年男女人数往往不成比例，但是每个墓穴中随葬陶器的数量与器类大体接近，通常是七、八件，器类往往是小口尖底瓶、夹砂罐和陶钵三种。说明人们生前占有的生活资料基本相同，这大体反映了原始社会母系氏族晚期的情况。

这里顺便提及泉护村南台地仰韶遗址（庙底沟类型）出土的一件陶鸮面和太平庄一座、仰韶晚期墓葬中出土的一件陶鹰鼎，这两件陶器无论就其造型与艺术构思，均已达到技能娴熟和创新的境界。

三 史前聚落形态的研究

早在20世纪50年代，随着西安半坡史前村落遗址的发掘，这一研究课题实际上就已着手进行了。80年代以来，我们发掘规模较大的聚落遗址有长岛北庄（山东省）、天门石家河遗址群（湖北省）、邓州八里岗（河南省）等。现以长岛北庄和邓州八里岗遗址为例简介如下：

长岛北庄遗址：1981～1987年我校学生实习，先后作了五次发掘，揭露面积约4000平方米，共清理出北庄一期（相当于大汶口文化早期）房屋基址90余座，分南北两大群，每群各有40～50座，多半地穴式建筑。两群房屋之间是一片宽30米左右的空间地带，每群房屋都有早有晚，据其层位关系和伴出陶器的变化可划分为同步发展的四个不同的阶段。每段的房屋数量不等，大小不一，多数面积为15平方米左右，部分小型房屋面积不足10平方米，个别大房子面积达30平方米以上。房屋门道有斜坡式和台阶式两种[1]，方向多朝东或东南。基本同时的房屋，规模较小者的门道一般都朝向某大房子，表明在两排房屋中均存在着以大房子或较大房子为中心的群落。另外，遗址中还出土有带把纽的小口陶罐、鱼钩、鱼镖、石网坠和陶塑鸟图腾柱、鸟形鬶等器物，为研究地区史前居民的聚落特点、生产方式、精神文化诸方面，提供了实物资料。

邓州八里岗遗址：从1991～1994年已进行三次发掘，揭露面积约1500平方米，发现仰韶文化中、晚期的房屋建筑基址30多座和一处仰韶早期的墓[2]。房屋基址分南北两大排，均为平地起建（图五），两排房屋之间是一南北宽约20米的空地。两排房屋多系分间的长屋，有早的，也有晚的。两排房屋延续的时空范围虽然悠悠绵长，但每排由早及晚的相对位置却始终无大变化，表明新旧房屋的更迭一直都在遵循着村落的统一规划。每座长屋均由若干间、套组成，每套一大一小或一大二小间，大小间房屋界以隔墙，并且有门道相通。大间面积约16～18平方米，中部设一方形烧灶；小间面积6～8平方米，多数也设一方形灶，所有房屋的建筑方法基本相同。已探明本遗址在北排房屋以北还有另一排房屋。以上发掘材料，为研究当时房屋的营建、工艺、结构、布局、人口结构以及氏族社会的组织结构和人们经济生活的状况等，都有重要学术价值。

四　有关中国古代文明的探索

20世纪80年代后期，我系新石器时代考古发掘与研究的重心由北方移向长江中游地区，希望通过对石家河遗址群的调查和发掘，来寻找古城、古国、探寻五千年前后中国古代文明的起源和文明化过程。经过几年的连续工作，除已获取上述成果外，在几十处遗址分布不足10平方公里的范围内，还发现了一处大型聚落中心[3]。中心周围以土垣与环壕为纽带，将谭家岭、邓家湾、三房湾诸大型遗址结成一相对独立的单元，其范围呈长方形，总面积达百万平方米以上，经对调查与发掘资料作综合比较分析，初步确定这里当系古代的一处早期城址。据三房湾、邓家湾等遗址的层位关系判断，城垣始建年代应不晚于屈家岭文化时期。迄今所知，该城址面积之大，建筑年代之早，堪称中国古城之最。它对寻找我国古城、古国及研究文明的起源实属难得的珍贵资料。

为了使本课题的研究能在更大范围内展开，自1994年起，我系还与浙江省考古

---

[1]　北京大学考古实习队：《山东昌乐邹家庄遗址发掘简报》、《山东长岛北庄遗址发掘简报》，《考古》1987年第5期。

[2]　《八里岗史前聚落发掘又获重要成果》，《中国文物报》1994年12月25日。

[3]　石家河考古队：《石家河遗址调查报告》，《南方民族考古》第5辑，1992年。

所、日本上智大学量博满教授等合作，在浙北嘉兴地区进行考古调查，围绕良渚文化的文明化过程作深入的研究。

五 农业起源的探索

有关史前粮食的痕迹和各类物遗骨，是我们在田野发掘过程中每每必予关注的另一类遗存。我们常用浮选法将典型灰坑或房屋堆积土中的炭化粮食、果核等分离出来，加以收集，并有重点地采选土样标本以作孢粉或植硅石分析的材料。为探索万年前后中国稻作农业的起源，1993年我系严文明先生与美国安德沃基金研究会的马尼士博士等合作，曾在江西省万年县仙人洞及其附近的吊桶环作过一次专项发掘，采集了一大批孢粉和植硅石土样标本。目前，这一研究项目尚在进行中。

由上面的情况介绍可以看出，所有的研究课题在实际操作过程中往往都不是孤立进行的。我们的考古学研究正在趋向结合多学科，充分运用其他学科，特别是自然科学的研究成果和手段，把我国新石器时代考古教学与课题研究提高到一个新的水平，以求获得更快发展的新时期。

中国新石器時代の研究課題について

　伝統的な観点では　、磨製石器と土器の出現を持って新石器時代の指標としている。今から一万年ほど前に、中国の先史文化は新石器時代へと移行した。新石器時代早期の遺跡の発見数は希少し、主に華南地区に分布しており、広西省柳州大龍潭鯉魚嘴遺址や広東省英徳青塘圩洞穴等がこれにあたる。展示品にも、この時期の資料が欠けている。

　新石器時代中期（およそ紀元前7000‐前5000年）の遺跡数は大きく増加し、全国各地区で異なった文化体系が既に形成した。例として、黄河流域の老官台文化・裴李崗文化・磁山文化・北辛文化、長江流域の城背溪文化・彭頭山文化・河姆渡文化、北方長城地帯の興隆窪文化、遼河流域の新楽文化及び北京地区の上宅文化等が挙げられる。この時期に至って磨製石器が顕著に増加したが、土器の種類は未だ単純であり、ある文化では最も早い時期の彩陶と陰刻された符号が出現した。原始農業と家畜飼育　は既に一般化とし、ある一定の規模になり、人々の生活は安定へと向かっていた。展示品には、老官台文化・裴李崗文化・彭頭山文化の標本がある。「No.9-11」

　新石器時代晩期（およそ紀元前5000‐前2500年）の文化は、かつてなかったほどの拡大した分布が見られる。我が国で発見された数万の新石器時代遺跡において、大多数はこの時期に属する。中期の各種の文化を基礎として、黄河流域では仰韶文化・大汶口文化・馬家窯文化へと変遷し、長江流域では大溪‐屈家嶺文化・馬家浜‐崧澤文化・薛家崗文化へと発展した。北方長城地帯では紅山文化が、華南一帯では山背・筑衛城・石峡文化が現れた。このほか、辺境地区では中原文化から見れば地域色の濃い土着文化が存在した。この時期において、農業と家畜飼育はさらに発展し、人口の増加と集落規模の拡大が見られr、また祭祀儀礼を行う施設と専業化された経済生産の中核が出現し、少量の小型銅器が作られ始めた。石器製作には精細さが加わり、土器は器種が多様化して彩陶が普遍的に生産された。展示品のうちに、この時期の文化内容を示す遺物が非常に多い。例えば仰韶文化・大汶口文化の土器・石器・骨器・貝器のほか、馬家窯文化半山類型・馬廠類型の土器と大溪文化の土器などがこれにあたる。「No12-32」

　　銅・石併用時代（およそ紀元前 2500- 前 2000 年）、すなわち龍山時代は、広義的と言えばなお新石器時代晩期に属する。この時期には黄河流域の各省荘文化・王湾文化三期・后崗文化・山東龍山文化、および西北地区の斉家文化、さらに長江流域の石家河文化・良渚文化等が含まれる。この段階の特徴として、黄銅器の製作が普遍化し、小型の銅器がしだいに増加した。また土器製作の面では、回転の速い轆轤挽きと密封された陶窯の使用が普遍となり、多くの土器は灰・黒色を呈し、質が非常に高いものが現れた。きわめて精美な玉器も製作された。人々の集落遺跡は密集し、家屋建築も各々特色をもったものへと多様化し、経済・文化の発達した地区では都市が出現した。社会の貧富別はさらに拡大し、一般の氏族成員の上に立つ貴族・僧侶階級が出現し、特殊な用途をもった儀礼用具と卜占道具が現れ始めた。いくつかの玉器と土器には図形符号と陶文が現れた。これらは全て、すでに中国古代文明の曙が見られることを示している。展示品では、この時期の内容を主に黄河流域の龍山時代に属する諸文化の土器によって紹介されている。「No. 33-40」

　　中国は広大な上に地形も複雑であり、気候も変化に富んでいる。この地理的条件により中国新石器文化に多元的な発展傾向がもたらされた。また、自然環境の差により、それぞれの経済・文化区の発展程度はきわめて不均等であった。その中で、中原地区は中心的位置にあり、文化の発展水準も一貫して高く、そのため強い凝集力を備えていた。各地域の異文化間の相互交流により、中国先史文化に多様性と統一性を合わせもつ顕著な特色が生み出された。この一局面は、その後中国古代文明の発生と発展、夏・商・周王朝の成立、そして統一的多民族国家の最終的形成に対し、基礎を築いたのである。

　　これまで北京大学考古学系（専業）は、例年の実習において数十箇所の新石器時代の遺跡と墓群の発掘調査を行った。主なものに陝西省崋県元君廟・同泉護村・河南省洛陽王湾・同鄧州八里崗・河北省邯鄲澗溝・北京市昌平雪山・湖北省宜都紅化套・同天門石家河・山東省長島北荘・同諸城前寨等があり、ほかに江西省・広東省・四川省・甘粛省・青海省・寧夏回族自治区等多くの地域で調査を行っている。以上の諸遺跡と墓群の発掘資料は、中国新石器時代諸文化の学術研究及び本学科の発展へ積極的な貢献を与えている。研究課題は、次の五つ大きく要約できる。

1．先史考古文化の系譜と区分の研究

　　北京大学考古専攻が創設されて以来、我々はこの課題の研究に対し、ゆるぎなく不断に探求を続けてきた。仰韶文化の類型と編年、発展過程、その社会の性質および中原龍山文化との関係等の研究はその一例である。我々は陝西省西安半坡集落遺址で大規模な発掘に参加したほか、自らも発掘隊を組織し、邯鄲澗溝・華県元君

廟・泉護村・洛陽王湾等の遺跡を調査した。元君廟の遺跡の発掘では、仰韶文化早期の墓群を発見しただけでなく、付近から仰韶早期より早い時期（後に“老官台文化”と命名された）の資料を発見した。泉護村遺跡の仰韶文化と元君廟の資料は明らに異なっており、両者は別々の文化類型に分類が可能である。

　洛陽王湾遺跡は 1959 年から 60 年にかけて 2 度の発掘が行われ、その資料は豫西（河南省西部）地区の仰韶文化と同地域の龍山文化の継承関係に対し重要な根拠を与えた。室内での整理作業と研究を経て、出土遺物はまさに仰韶文化（一期）、仰韶文化から王湾三期文化への過渡期（二期）王湾文化（早・晩）に編年された。それらは継承発展してきた同一の文化体系であり、その中の数種類の土器における特徴の変化は首尾一貫しており、系統的発展の脈絡もはっきり示されている。無文の盆・鼎・彩陶盆（壺）・砂質壺等はその例であり（図 1）、変遷の法則は明らかである。王湾文化一期の土器の特徴点については、杯型口尖底瓶と重唇小口瓶の共存、仰韶文化廟底溝類型の彩陶に近似した花卉図案の盆等がある。注目すべきことは、この遺跡では重唇小口瓶（子供の埋葬具と考えられている）の方が杯型口尖底瓶（F15内）よりも新しいから層位関係が見られたことであり、このことが中原地区の仰韶文化諸類型の系譜問題に重要な根拠を与えたのである。王湾文化二期の土器の特徴は、彩陶壺の図案が成熟した“花卉”図案（六角花等）から急速に退化分解して“x”・“s”文に変化したことである。王湾文化三期の土器の特徴は、新たに斝と鬲が出現し、彩陶・圈足盤・単柄杯等が見られなくなり、叩きによる方格文・籃文、縄文砂質壺等が流行した。総じてこの遺跡の新石器時代遺物と遺構は、豫西地区の文化的特徴を有しているといえよう。厳文明氏は仰韶文化を前後 4 期に分けたが、それに基づいて各時期の仰韶文化はさらにいくつかの地方類型に分類が可能であろう。

　馬家窯文化の変遷過程および斉家文化との関係を解決するため、我々は甘粛省蘭州の青崗岔と青海省楽都の柳湾等の遺跡を相次いで発掘した。柳湾で発掘された 100 基余りの半山期・馬廠期・斉家文化の時期の墓により、斉家文化が馬家窯文化馬廠期を継承したものであることが分かった。黄河下流域の大汶口—龍山文化の系譜と区分の研究に関しては、我々は山東省諸城県前寨・昌楽都鄒家荘・長島県北荘等の遺跡を次々に発掘した。前寨遺址の発掘により検出された 90 基余りの大汶口文化晩期の墓については、その文化の様相が泰・沂山脈以南の汶河・泗河流域の同時期の文化と明らかに異なっており、また龍山文化が大汶口文化の後継文化であることが確認され、さらに層位関係により岳石文化が龍山文化よりも時代が下がることも明らかとなった。長江中流域の新石器文化に関しては、湖北省宜都紅花套・江陵毛家山等の新石器時代遺跡を発掘した後、1987 年、我が学科はまた湖北省考古研究所・

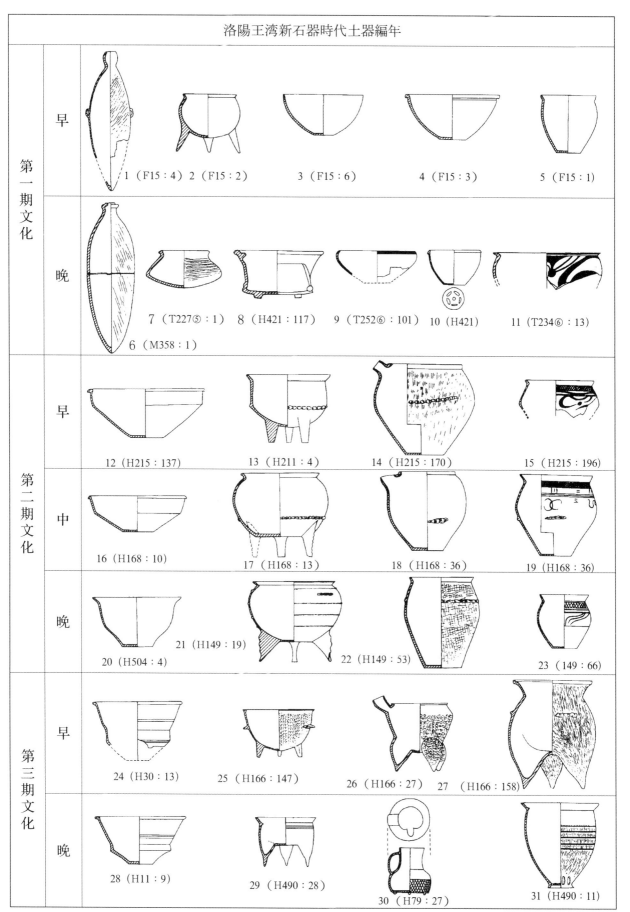

図1　王湾遺跡新石器時代土器編年表

図2　華県元君廟仰韶文化墓の配列情況（部分）　　図3　元君廟仰韶文化458号墓

荊州地区博物館と共同して、天門石家河新石器時代遺跡群の調査・発掘およびその研究を大規模に展開した。現在までに、すでに発掘した遺跡には鄧家湾・譚家湾・肖家の住居址や土城などがあり、当地区は大溪文化—屈家嶺文化—石家河文化と変遷し、計8期に編年　できることが明らかにされている。現在も発掘資料の系統的整理と報告の編集作業が進行中である。

2. 埋葬制度に関する研究

　陝西省華県元君廟墓群を例にとると、この墓群は華県柳子鎮南東に位置し、保存状態は比較的完全であり、仰韶文化半坡類型に属する。我が学科では1958年から59年にかけて2度発掘を行い、発見された57基の墓のうち、45基を東西二つの同時期並行の墓区に分けた。各墓区の墓は年代によって3期に分けられ、東から西へ（それぞれ南北方向に）3列に並び、同時期の墓は北から南へと順次埋葬されている。両墓区の各時期の墓のうち、一部の単人葬を除き28基は同時に埋葬された複数合葬墓である（図2）。合葬墓に埋葬された人数は墓群の全埋葬者の92％を占める。1墓中に少ないもので2人、多いものは25人で、一般に4人以上である。合葬墓の多くは二次埋葬であり、次に一次葬と二次葬を兼ねたものが多く、一次葬のみのものは少数である。単人葬には一次葬・二次葬の両方が見られる。人骨はすべて仰身直肢か整然と積み重ねてあり、頭部は全て西を向いていた。458号墓が丸石を積み重ねた"墓室"（図3）を有し、草泥土の焼土塊で墓底および墓穴を塞いでいる以外は、すべて竪穴式土坑墓である。M458号墓は首長墓であった可能性がある。

　元君廟墓群の埋葬制度には、当時の家族・氏族・集落の社会組織の情況が反映されている。この墓群における各埋葬様式の人骨の性別・年齢の比較分析から、異なる世代の合葬墓であることが確実に分かる。12人が合葬されている405号墓を例にとると、老人から幼年まで2世代あるいは3世代が含まれており、1家族に相当する合葬墓であろう。さらにいくつかの家族合葬墓によって構成される墓区は氏族墓区であろう。これは血縁を紐帯とする氏族組織がまだかなり堅固であったことを示している。元君廟は同一墓群中に二つの氏族墓区が含まれ、完全な氏族集落墓群と言えよう。元君廟墓群では、未だ一夫一妻の合葬墓は発見されていない。合葬墓中の成人男女の人数は往々にして一致しないが、各墓穴に副葬される土器の数量と機種は大体一致しており、通常7、8点で、器種も多くは小口尖底瓶・夾砂壺・鉢の3種類である。これは生前の人々の生活必需品が基本的に同じであることを示しており、おおよそ原始社会における母系氏族晩期の情況が反映されるのであろう。

　　ここで、泉護村南台地上の仰韶遺跡（廟底溝類型）出土の梟面「No13」と太平荘仰韶晩期墓葬より出土した鷹鼎（図4）についても触れておきたい。この2点の土器は造形と芸術構想もさることながら、すでに技能の習熟と創造性の新境地に達しているのである。

3.　先史集落遺跡の研究

　　早くも1950年代、西安半坡史前村落遺址の発掘に伴い、この研究課題は実際に研究が着手されていた。80年代以降、我々は長島北荘（山東省）・天門石家河遺址群（湖北省）、鄧州八里崗（河南省）等の比較的規模の大きい集落遺跡を発掘した。ここで長島北荘と鄧州八里崗遺址を例とし、以下に概略を説明したい。

　　長島北荘遺跡：1981年から87年にかけて、我が学科の学生実習は、計5回の発掘を行い、約4000㎡を調査し、北荘一期（大汶口文化早期に相当）の住居址90基余りを検出した。これらは南北二群に分けられ、それぞれ40－50基あり、多くは半地穴式〔竪穴式〕の建築であった（図5）。両群の住居址の間には幅約30mの空白地帯があり、各群の住居址には時期差が認められ、層位関係と伴出土器の変化から、

図4　鷹鼎（『陶磁大系33　古代中　　　　図5　長島北荘大汶口文化住居址全景
　　　国の土器』, 平凡社, 1978より）

図6　鄧州八里崗仰韶文化住居址全景

　互いに対応する4期の段階に識別できた。各段階の住居址の数量は異なり、大きさ
も均等ではないが、多くは15 ㎡ほどで、一部に10 ㎡に満たない小型住居や30 ㎡以
上に達する大型住居も存在する。住居址の入口部は傾斜式と段階式があり、方向は
東か南東を向いていることが多い。同時期の住居址において、基本的に小規模の住
居址の入口部をある大型住居址の方へ向けており、この両者が大型住居あるいは比
較的大型の住居を中心とする住居群であることを表している。また、遺跡から手付壺・
波形文彩陶壺・釣針・浮き・石錘・貝鏃・土製鳥形トーテム「No.28」・鳥形鬻等の
遺物が出土しており、この地域の先史住民の集落特色・生産方式・精神文化等の諸
方面の研究に対し、実物資料を提供している。
　　鄧州八里崗遺跡：1991年から94年にかけて3回の発掘が行われた。調査面積は
約1500 ㎡、仰韶文化中・晩期の住居址30基余りと一箇所の仰韶早期の墓群が検出
された。住居址は南北に分かれて排列され、皆平地に建てられており（図6）、2列
の住居址の間には南北幅約20 mの空き地がある。それぞれの住居址の多くは多室の
長方形住居で、時期差が認められる。2列の住居址が継続して存在した時期は長期間

に及んでいるが、両者の早期から晩期にかけての相対的配置は終始に大きな変化がなく、新旧の住居址の建て替えは一貫して集落の統一的計画に沿って行われたことが表されている。それぞれの方形住居の間取りは、皆一大一小室あるいは一大二小室の部屋の組み合わせより成り、大小部屋は壁によって隔てられ、門道により通じている。大部屋の面積は 16-18 ㎡で、中央部には方形の炉 1 基が設けられ、小部屋の面積は 6-8 ㎡で、同じ方形の炉 1 基が設けられるが多い。住居址の造営方法は基本的に同じである。現在、遺跡北側の住居址列のさらに北側に、もう 1 列の住居址が存在することがすでに確認されている。以上の発掘資料は、当時の家屋建築・構造・技術・配置、また家族構成および氏族社会の構成と人々の経済生活情況の研究に対し、重要な学術的価値をもつのである。

4. 中国古代文明の探求

　1980 年代後半、我が学科は新石器時代考古の発掘と研究の中心を、北方から長江中流域へと移し、石家河遺跡群の調査と発掘を通して古城・古国を探り、約 5000 年以前の中国古代文明の起源と文明化の過程を明らかにすることを目的とした。数年にわたる継続調査を経て、上述の成果をあげたほか、10k ㎡に満たない範囲に分布する数十箇所の遺跡の中に、大型集落中心地を検出した。中心地の周囲は土塁と環壕で囲まれ、潭家嶺・鄧家湾、三房湾の諸大型遺跡を結び、一つの独立したまとまりを形成している。その範囲は長方形を呈し、総面積は 5 万㎡以上に達する。調査および発掘資料の総合的な比較分析により、ここが古代の早期城址であることがひとまず確認された。三房湾・鄧家湾等いくつかの遺跡の層位関係より判断して、城壁を作り始めた年代は屈家嶺文化の時期を下がらないとすべきであろう。現在まで知られているところでは、この城址の面積の大きさ、建築年代の早さから、中国古城の最たるものと言えよう。それは我が国の古城・古国および文明起源の研究に対し、きわめて重要な資料である。

　この課題をさらに広範囲に展開するため、1994 年より、我が学科は浙江省考古研究所、日本上智大学の量博満教授らと協力し、浙江嘉興地区において考古調査を行い、良渚文化をめぐる文明化過程について研究を深めている。

5. 農業起源の探究

　先史農作物の痕跡と各種の動物骨は、我々が野外発掘を行う際に常に注目している遺物の一つである。我々は通常フローテーションによって土坑あるいは住居址の堆積土中の炭化農作物・果物の種子等を選別、採集し、あわせて重点的な土壌標本を採取して花粉分析あるいはプラント・オバール分析用の資料を作っている。約一万年以前の中国における稲作農業の起源を探るため、1993 年に、我が学科の厳文明氏とアメリカの An-dovor 基金研究会の Macneish(Richard. S) 博士等は共同で、江西省万年県仙人洞およびその付近の吊桶環において学術発掘を行い、まとまった花粉とプラント・オバールの土壌標本を採集した．現在もこの研究テーマは進行中である。

　　これまで紹介してきた情況より見出されるのは、全ての研究課題が実際はその研究過程において、それぞれ孤立して行われるものではないということである。我々の考古学研究はまさに多くの学問分野と結びつく趨勢にあり、それらを十分に活用する必要がある。とくに自然科学の研究成果およびその方法は、我が国の新石器時代考古の教育と課題研究を新たな水準に高め、さらに発展を加速する新段階を切り開くであろう。

对山东胶东新石器文化及其他有关问题的探讨

今天我们参加胶东考古座谈会，面对本地区新石器文化和商周时期的富有地方特色的文化遗物，大家共聚一堂讨论有关学术问题，感到十分高兴。首先，对于烟台市、文管会和博物馆各级领导同志对这次学术会议的支持表示感谢。

1980～1981年，我曾带领北大学生在潍坊地区诸城县前寨、昌乐县邹家庄遗址进行考古实习，并在所属各地区进行过一些考古调查与发掘工作，所以对于胶东地区的古文化遗迹、遗物也很感兴趣。我来过烟台市两次，对于烟台白石村遗址出土的文物标本、芝水的岳石文化标本、牟平县照格庄、乳山县南黄庄遗址的标本，以及长岛县大黑山北大历年考古实习发掘的那批考古资料，都曾去现场进行过观察。看了这些材料，给我留下的印象是：胶东地区（指山东胶莱河以东至荣城附近）的远古文化，自新石器时代至西周以前，都有各自的文化特点，可以说是自成体系，同时它也吸收了南北近邻诸文化的某些因素，下面谈几点具体意见：

一 胶东地区新石器文化序列

以烟台白石村遗址为例：这是本地区新石器文化最早的一处遗址，时代约在公元前5000年左右，它与山东滕县的北辛文化十分类似，但是二者又有明显的差别，譬如白石村遗址出土的尖足（细长）釜形鼎、蘑菇状把手的筒形罐（泥质红陶）、叠唇盆等，这在北辛文化中是见不到的。而北辛文化中最常见的尖底深腹鼎，在白石村遗址中也看不到，二者应是不同的源流。

另外，近年在胶东地区的蓬莱、长岛、威海等地都发现有旧石器时代打制石器和动物化石[1]，这说明远在白石村文化之前，就有原始人类生息在这块土地上。目前所知，白石村类型文化是胶东地区最早的新石器时代文化。

接下来是福山县邱家庄遗址下层文化，其陶器标本不及长岛县大黑山的资料丰富，但是从鼎、罐（壶）、钵等器物形态的特征也可看出它与白石村类型文化是有联

---

[1] 李步青、林仙庭：《胶东半岛发现的打制石器》，《考古》1987年第3期。

系的，二者应是先后承继关系。

若从长岛一、二期文化观察，其文化面貌则更为清晰，可以明显看出它与鲁西南的大汶口文化也有区别，譬如这里的陶鬶，通常多为实足，而鲁西南则多袋足；这里的彩陶花纹多呈卷浪纹、红衣黑彩，而鲁西南则多花瓣、几何图案。长岛黑山遗址也发现少许花瓣纹彩陶图案，它与苏北邳县刘林遗址出土的彩陶花纹十分类似，也是白、黑、红彩，我认为本地区的这类彩陶应是由鲁西南地区经东边黄海传入的。

长岛北庄一、二期文化之后是胶东龙山文化，这里（烟台）摆出的文物标本较少，我认为1984年北京社科院考古所在砣矶岛发掘的几座龙山文化墓葬，其出土陶器特征与胶莱河以西地区的龙山文化有明显差别，譬如墓葬中出土的小口鼓腹罐、泥质黑陶、轮制、表面有弦纹和乳丁纹（似海螺）、单耳杯（口小底大）、黑陶豆、通体数道凸弦纹等，这些都是鲁西、鲁南龙山文化中从未见过的。

二　胶东地区的青铜文化

山东龙山文化之后为岳石文化（相当于中原地区的"二里头文化"），从文化层的叠压关系看，岳石文化晚于山东龙山文化，它有可能是直接承袭山东龙山文化的后裔。近年考古调查，发现岳石文化的分布地区很广，南达苏北地区，西至豫东，北到辽东半岛。在这样广阔的地区内，其文化面貌也各有差异，譬如烟台地区芝水遗址发掘的岳石文化，以红陶为主，纹饰中以篮纹为主，很少绳纹。器形以舌形足尊较常见。而在鲁西地区，如益都县郝家庄遗址则以灰陶为主，陶器纹饰以绳纹为主，器形以短足鼎较常见，舌足尊形器较少，说明两地区文化的差异是存在的，可以划分不同的文化类型。在牟平县照格庄岳石文化中曾发现一件完整的铜锥，经鉴定是青铜器[1]。但是，人们仍使用大量的石器工具，尚未发现青铜容器，所以当时人们仍处于铜石并用时期。

岳石文化之后，在长岛县珍珠门遗址曾发现相当于早商时期的遗存，尽管该遗址出土陶器不多，但是它已显示出本地区的文化特征，如通常说的素面鬲，其外形似一深腹盆，下面连接袋足，一般多为红褐色，同时也出现绳纹鬲，其时代约为商代早期，与素面鬲共出的器物还有陶盆、敞口深腹碗等，均带有地方特点，显然它是属于本地区的土著文化。

在商之后，相当于西周时期，在乳山县南黄庄发掘出的一批墓葬，大体是属于西周时期的，特别是在圜底罐的肩部刻划有三角形纹饰，略带有我国中原地区周代的风格，其共存陶器多夹砂褐色，三足罐（短实足）多素面，颈部常附加小泥饼一周，它是地方土著文化富有特征的器物，这类器形在黄县也曾有出土。

---

[1]　参见《考古学报》1981年第3期。

总之，胶东地区白石村型文化至乳山南黄庄墓地遗存，本地区远古居民的物质文化都有自己的文化体系，它与中原地区或山东省邻近地区诸文化面貌是截然不同的。有说胶东古文化应是东夷人的一支，在青铜时代胶东有"齐东野人"之说，大体可信，今后可结合文献记载进行深入研究。

三 长岛县海域在远古是联系辽东半岛与胶东半岛的重要"桥梁"和来往的通道

长岛县旧石器文化以及新石器时代、商周时期的文化遗存都十分丰富，值得注意的是在长岛县各列岛的遗址中还发现了辽东半岛上当时居民的文化遗物，如"之"字纹筒形罐，刻划、压印纹陶器等。另外，还有类似刘林大汶口文化的彩陶盆，鲁中地区的蛋壳陶等，不论远古至今这里仍是南北两地人民经济文化交流的重要通道，其重要地位不亚于中西文化交流的"河西走廊"，从岛上的出土文物以及海底捞出的文物标本，足以证明这一通道在历史上所起的重要作用了。

在辽东半岛，很多遗址都出土有胶东地区的文化遗存，这种现象不是偶然的，说明自原始社会时期，山东的居民就是通过长山列岛迁居辽东半岛的。同时，辽东半岛的居民也经长山列岛迁入胶东半岛。

从目前地下发掘的古文化遗存看，辽东半岛地区保存了更多胶东地区的古文化遗存。也就是说，从新石器时代到青铜时代，辽东半岛的居民受胶东地区文化的影响较大，这是由于自远古（至少在七千年前）以来，胶东地区的居民就经常向辽东半岛迁徙，究其原因，是与当时黄河下游的水患有关，往往是胶东地区的居民向辽东半岛迁徙，鲁西南地区的居民向豫东、苏皖北部地区迁徙。因时间关系，这个问题可另行讨论。

至于胶东地区新石器时代至青铜时代古文化的编年序列，仅以烟台博物馆这个陈列室的标本来说明是不够的，譬如这里能反映胶东地区龙山文化，相当于早商时期的文物标本还很少，若是同志们昨天去长岛县博物馆，那里有砣矶岛龙山文化的发掘资料，有珍珠门遗址的发掘资料，将烟台和长岛两地的文物标本放在一起综合观察，胶东地区远古文化一直到商周石器的文化谱系就更清楚一些。

这是我看了长岛和烟台地区的文物标本后形成的一点意见，谈出来供同志们参考。我的观察还不够资料，可能又片面性，不对的地方请同志们指正。

原载《胶东考古研究文集》，齐鲁书社，2004年

在东山嘴遗址座谈会上的讲话

　　看到遗址南端用石块铺成的几个圆圈时，我马上联想到甘肃永靖大何庄遗址齐家文化墓地中石砌的圆圈，那是人们为葬在该墓地的死者祭祀的遗迹。但是，东山嘴遗址的石砌圆圈附近，据说没有墓葬；而有小型妇女陶塑像、大型人物坐像残件、小陶盅和形制特异的彩陶器等，说明它与大何庄墓地石圈遗迹是不同的。那么这个建筑群有何用处呢？按附近出土遗物，结合民族志材料考察，推测可能是当时人们举行祭祀活动的"祭坛"遗址。在云南省西盟佤族地区就有类似东西。当地佤族宗教信仰中有所谓"老母猪鬼"，崇拜这种精灵，目的是为驱除灾害，使谷子丰收，人畜兴旺。祭祀时，由巫师念咒语，剽猪、杀鸡看卦。祭毕，由巫师念咒语，剽猪、杀鸡看卦。祭毕，即在住室附近立一、两块青石，久而久之，青石成堆，主人再用小石块砌成一个圈，将这些立石围起来，那就是"老母猪石"，人们不能随便触动，佤语叫"吐斯"（禁忌的意思），其形状与东山嘴的立石十分相似。但是，东山嘴遗址的建筑群比佤族"老母猪石"的规模大几十倍，显然其祭祀活动范围是十分可观的，但其神圣之意，想必是相同的。

　　人们也许会问：这个祭坛远离居民区，建在一个小山顶上，既无围墙又无人看守，人们怎么在这里进行活动呢？是否会被人为地破坏呢？这里我可以介绍过去西盟佤族利用自然地理条件，在深山荒野"赶集"的情景。解放初期，他们那里还没有人民币，少数人还用银元，多行物物交换，譬如用谷子、水果、猪、牛、盐、茶等进行交换。集市地点设在各部落交界的一个山凹里，比较荒凉，但路途适中，距各村落约有五、六公里路程。赶集之日，人们于午前十时左右，持所需交换的物品，去到那里进行交换，出现一番热闹的景象。集毕，人们各自持所换物品离去，片时，那里依旧是一个野草丛生的荒山凹，没有房子，也无需留人看守。

　　我以为西盟佤族的"集市"情况，对于了解和复原东山嘴祭坛遗址很有启发。这个祭坛论其建筑规模，不会是一般的宗教活动场所，如群众日常生活中的婚、丧、病痛等，不会在此进行占卜、祭祀。个人或某一村落的人们，要建造这样大规模的祭坛也是无能为力的。它很可能是属于整个部落或若干个村寨居民的祭祀活动场所。专门于某特定时期在此举行宗教仪式。因为是高台建筑，上面就没有围墙，参加祭祀的人群可以从四面入场。因为是"圣地",也无需留人看守。这类地区,不但小孩不去,就是成年人也不敢去,对他们来说,这里平时属于"禁区"。

原载《文物》1984年第11期

新乐文化及其有关问题

一 前言

1973年，沈阳市文物管理办公室于沈阳市新乐遗址下层首次发现了新石器时代早期人类的遗迹、遗物，被命名为"新乐文化"，至今已是第九个年头了。近几年，省文物队和各地、县文物工作者经过文物普查，陆续又发现了一些类似新乐遗址下层的遗迹、遗物，这对进一步开展新乐文化的学术研究是很有帮助的。

20世纪70年代，我国考古工作者在黄河流域、长江中下游地区发现了新石器时代早期的遗址多处，从此，我国考古界对于探索新石器时代早期的遗迹、遗物特别重视，一些专业刊物常就此问题展开热烈讨论。新乐文化遗址的发表，更引起了国内外考古界的关注。

现在，我国新石器时代早期文化遗址的发现日益增多，在某种意义上说，它的发现，对于研究我国统一的多民族历史文化的形成和发展，提供了十分珍贵的实物资料。我国新石器时代遗迹、遗物的普遍发现，不是偶然的，它的前身就是旧石器时代。这里，我们先从辽宁省已经发掘的几处原始社会遗址谈起。

辽宁省近几年发现的原始社会遗址较多，属于旧石器时代早期的遗址有辽南营口的金牛山和本溪的庙后山遗址[1]；属于旧石器时代中期的有辽西喀左的鸽子洞遗址[2]；属于旧石器时代晚期的文化遗存更为丰富，如有建平县南地乡出土的"建平人"上臂骨化石[3]和凌源的八间房遗址[4]等。属于新石器时代诸文化遗址相当丰富，但是，新石器时代早期遗址目前还发现不多。经过发掘的遗址，有辽南长海县广鹿岛小珠山遗址下层文化[5]；下辽河流域沈阳地区的新乐遗址下层文化[6]；最近又在丹东市东沟县大孤

---

[1] 金牛山联合发掘队：《辽宁营口县金牛山旧石器文化的研究》，《古脊椎动物与古人类》第16卷，2期，庙后山遗址，1978年发掘资料正在整理中。

[2] 鸽子洞发掘队：《辽宁鸽子洞旧石器遗址发掘报告》，《古脊椎动物与古人类》第13卷，12期。

[3] 吴汝康：《辽宁建平人上臂骨化石》，《古脊椎动物与古人类》1961年第4期。

[4] 辽宁省博物馆：《凌源西八间房旧石器时代文化地点》，《古脊椎动物与古人类》第11卷，2期。

[5] 辽宁省博物馆等：《长海县广鹿岛大长山岛贝丘遗址》，《考古学报》1978年第4期。

[6] 沈阳市文物管理办公室：《沈阳新乐遗址试掘报告》，《考古学报》1978年第4期。

山公社和马家店公社等地也有发现[1]。从发现的遗迹、遗物观察，在辽宁，凡是有旧石器时代分布的地区，均发现有新石器时代的文化遗存，说明从很早的远古时代，我们中华民族的祖先就生活繁衍在这一广阔地区了，它对研究我国原始社会发展史，将占有很重要的地位。下面谈谈辽宁新乐文化与我国其他地区新石器时代早期诸文化之间的关系。

二 辽宁省新石器时代早期文化遗址

1. 新乐遗址下层文化

新乐遗址是1973年于辽宁省浑河中游辽河平原地区发现的一处新石器时代遗址。1973年与1978年曾进行过二次发掘。

新乐下层文化，经碳–14测定为B.P.6145±120年（树轮校正为6800±145年）～7245±165年，它是以沈阳为代表的我国东北地区新石器时代较早的遗址之一。

新乐下层文化的陶器以夹砂红褐陶为主，火候不高，陶质一般都比较松软，泥质陶甚少，不见彩陶。器形以深腹直筒罐为主，其残片约占出土器物的90%以上。其次是别具风格的斜口（簸箕形状）器等。各种器形的口或沿都比较简单，多直口斜敞口。器壁均匀，表面多压印平行的"之"字纹、弦纹等。有些器物口沿外侧饰有一、二道横行"人"字纹（呈附加堆纹）。陶器均为手制，造型规整，多使用泥条盘筑法。

陶器中值得注意的是一种敞口的"斜口罐"，器体扁圆，器口沿略似扁平，人们对此种陶器的用途有种种议论：多数同志认为它与当时人们的饮食器有关；也有的同志认为那是保存火种的器皿。根据此种器物的出土位置（一般多放置在火塘附近）我以为它可能是当时人们专为用火灰（碳）烤烧食物的一种器皿。这种器皿的使用，并不受火塘的限制，人们可以将它移置在需要放置的地方烧烤食物。推测这种器皿即是陶灶的雏形。

生产工具：打制石器（包括细石器）与磨制石器共存。如有打制的石铲、砍砸器、石叶（骨柄镶钳的刀刃）、石镞、尖状石器、刮削器、石网坠等。磨制石器有石斧、石凿、石磨盘、磨棒、沟磨石等。以打制石器为主，约占石器的三分之二，石料多用燧石、玉髓和玛瑙等。少见石核。

遗址中还出有用煤精制成的装饰品，造型复杂，工艺甚高，形状有圆珠形、耳铛形、圆泡形和锥形等。

---

[1] 许玉林等：《辽宁东沟县发现新石器时代文化遗址》，《辽宁日报》1981年11月30日。

最值得称赞的是在一座房址内出土一件木雕工艺品，长约35厘米，木器表面刻有多层雕饰，是一件夸张了的动物形象，有同志称它为"鸟形木雕"[1]，其用途有待进一步研究。这件雕刻器单就工艺水平看，可以说是当时我国辽河流域古代文化的代表佳作。新乐下层文化的房屋建筑多为半地穴式，深约40厘米，房屋中间有一凹坑形成火塘，房子周围有柱洞，地面上也有柱洞，灶坑的附近有生活用具和生产工具等。这种房屋建筑与西安半坡仰韶文化出土的房屋建筑相近似，但不及半坡遗址的房子进步。

2. 小珠山下层文化

小珠山下层文化是辽南地区一处贝丘遗址，1978年秋，由辽宁省博物馆、旅顺博物馆和长海县文化馆等单位联合进行发掘，以广鹿岛小珠山遗址为代表，文化层堆积2米多厚，出土遗物可分上、中、下三期，三个类型文化之间有继承关系，下层文化时代，经碳–14测定为B.P.5890±150年，距今约六千年左右（可能偏晚）。中层文化出土有类似红山文化和山东半岛烟台地区"紫荆山类型"的陶器，碳–14测定为B.P.5905±125年（校正），其时代大体为五千多年。上层文化出土有类似山东龙山文化的陶器，碳–14测定为B.P.4680±370年，其时代约为四千年左右[2]。

小珠山遗址下层文化遗存：出土陶器一般均含有滑石粉末，手制，陶器里表打磨光滑，胎壁均匀，陶系以黑褐陶为主，红褐陶次之，夹砂红陶较少，不见彩陶。器形以敞口深腹缸为主，其次是小口鼓腹缸。陶器纹饰以压印纹为主，另有刻划纹和附加堆纹等。压印纹主要是编织纹、"之"字纹、网纹、压点纹以及由上述几种纹饰组成的复合纹饰。该遗址的遗物中尚未发现斜口陶器和煤精制品，其时代比新乐文化下层文化略晚，或者还有地区的差别，待今后深入进行研究。

出土的生产工具，有打制和磨制两种。打制石器占生产工具总数的57%，器形有刮削器、磨状器、网坠和石球等。磨制石器约占27%，器形有石斧、磨盘、磨棒和沟磨石等。另外，还有骨锥和纺轮等，但是，尚未发现细石器。

小珠山下层文化的房屋遗迹，为方形圆角半地穴式，房屋面积较小。建筑结构简单，未发现柱洞，地面有一块近方形的红烧土硬面，上面有炭灰及烧过的兽骨和蛎壳，附近还有二件石磨棒、残磨盘、尖状器、刮削器和一件陶缸，这是当时人们生活居住的房屋。它比西安半坡仰韶文化房屋遗迹略为原始。

3. 其他地区

近年来，辽宁省各地区通过文物普查，又发现了不少类似小珠山下层文化的遗迹、遗物，如辽南新金县的塔寺屯遗址，丹东市东沟县大弧山公社黄土坎子和盐砣子[3]

[1] 刘伟：《沈阳地区考古发现记略》，《辽宁文物》1981年第1期。
[2] 辽宁省博物馆等：《长海县广鹿岛大长山岛贝丘遗址》，《考古学报》1978年第4期。
[3] 辽宁省博物馆等：《长海县广鹿岛大长山岛贝丘遗址》，《考古学报》1978年第4期。

以及东沟县马家店公社三家大队后洼遗址均有发现。

丹东东沟县马家店后洼遗址出土的陶器，主要是夹砂红褐陶，其次为灰陶，陶胎内均夹有滑石末，陶质较软。器形以直筒罐为主，其次是鼓腹罐、敞口盆（碗）之器类。陶器纹饰以压印纹为主，有平行弦纹、编织席纹、"之"字纹、"人"字纹等[1]。总观其陶器纹饰，它与辽南小珠山下层文化的比较近似。据悉丹东马家店后洼遗址也是一处贝丘遗址，从出土遗物看，它与小珠山下层文化有一定的文化联系，应属于同一个文化系统。

辽西地区，至今尚未发现类似新乐文化的典型器物，是考古工作少的关系，还是它本属该地区红山文化系统的另一支文化？目前还不清楚。

三　新乐文化与我国其他地区早期文化对比

辽宁省发现的几处新石器时代早期文化遗址（通常称压印"之"字纹陶）主要分布在辽河、浑河和辽东半岛广大地区，陶器器形都是以直筒深腹缸为主，不见彩陶，比较突出的器物是斜口器，与其共存的石器工具有磨制的石斧石器两刃器、玉凿、磨盘、磨棒和打制细石器等。

我国新石器早期文化除新乐文化外，分布在黄河流域的有北辛文化[2]、磁山文化[3]、裴李岗文化[4]、老官台文化[5]、李家村文化[6]和长江下游的河姆渡文化[7]等，这些文化都有相当长的发展过程，形成了各自的文化特征，代表了一个地区的文化（族体）。各地区的文化互有区别，也有某些共同的因素，通过这些实物资料的分析研究，可以了解这个时期人们的生产、生活习俗、社会性质、文化关系以及为深入研究中华民族的形成等重要课题创造了条件。这里试将诸文化中的共同性和差异性，作如下分析研究（表一）。

诸文化的共同性：从时代讲，它们大体都是距今七千年以前的文化，虽然其分布

[1] 参考辽宁丹东市文化局文物组采集陶片标本。

[2] 中国社会科学院考古研究所山东队等：《山东滕县古遗址调查简报》，《考古》1980年第1期。

[3] 河北省文物管理处等：《河北武安磁山遗址》，《考古学报》1981年第3期。

[4] 开封地区文管会等：《河南新郑裴李岗新石器时代遗址》，《考古》1978年第2期。开封地区文物管理委员会等：《裴李岗遗址一九七八年发掘简报》，《考古》1979年第3期。

[5] 苏秉琦：《关于仰韶文化的若干问题》，《考古学报》1965年第1期。北京大学考古教研室华县报告编写组：《华县、渭南古代遗址调查与试掘》，《考古学报》1980年第3期。

[6] 魏京武：《李家村新石器时代遗址的性质及文化命名问题》，《中国考古学会第一次年会论文集》（1979年），文物出版社，1980年。陕西省考古研究所汉水考古队：《陕西西乡何家湾新石器时代遗址首次发掘》，《考古与文物》1981年第4期。

[7] 浙江省文物管理委员会等：《河姆渡遗址第一期发掘报告》，《考古学报》1978年第1期。河姆渡遗址考古队：《浙江河姆渡遗址第二期发掘的主要收获》，《文物》1980年第5期。

表一 新乐文化与我国其他地区新石器时代早期文化对比表

对比文化	典型遗址	编 年	典型陶器		主要工具	参考文献
			器 形	纹 饰		
新乐文化	沈阳新乐遗址 长海小珠山遗址 丹东东沟马家店	B.P.6800±145 ～7245±165 年	直筒罐、鼓腹罐、斜口器（缸）、高足钵、碗	压印之字纹（弧线）、压印人字纹、条纹、刻划纹、窝点纹、弦纹、（无彩陶）	打制石器、磨光石器、刮削器、细石器、石磨盘（无足）、磨棒、石铲	《考古学报》1978 年 4 期；《考古学报》1981 年 1 期
北辛文化	滕县北辛遗址 兖州桑园遗址	B.C.5395	直筒罐、壶形鼎、钵、碗	压印纹、堆纹、划纹、锥刺纹	打制石器、磨光石器、石磨盘、磨棒、陶支座	《考古》1965年 1 期；《考古》1980 年 1 期
白石村类型	烟台白石村遗址	约 7000 年左右	直筒罐、壶、钵、钵鼎	压印纹、堆纹、划纹、锥刺纹	打制石器、磨光石器、石磨盘、磨棒、陶支座	《考古》1981年 2 期
磁山文化	武安磁山遗址	B.P7235±105 ～7235±100 年	直筒罐、壶、钵鼎、盂、钵、碗	压印纹（篦点）、绳纹、划纹、锥刺纹、人字纹	打制石器、磨光石器、石磨盘（有足）、磨棒、靴形陶支座	《考古学报》1981 年 3 期
裴李岗文化	新郑裴李岗遗址 密县莪沟遗址 巩县铁生沟遗址	B.P7240±140 ～7355±165 年	直筒罐、壶、钵鼎、钵	压印纹、堆纹、乳丁纹、篦纹、划纹（无彩陶）	打制石器、磨光石器、石磨盘（有足）、磨棒、锯齿石镰、大刀石铲（双弧刃）	《考古》1978年 2 期；《考古》1979 年 3 期
老官台文化	华县老官台遗址 宝鸡北首岭遗址（下层）	B.P7100±140 ～7355±165 年	直筒罐、缸（壶）、钵鼎、瓮、高足钵碗	交错绳纹、线纹、乳丁纹、堆纹、划纹、锥刺纹	打制石器、磨光石器、大刀石铲（双弧刃）、斧、凿	《考古学报》1965 年 1 期；《考古学报》1980 年 3 期；《考古》1979 年 2 期；《考古》1981 年 4 期
李家村文化	西乡李家村遗址 西乡何家村遗址	约 7000 多年	直筒罐（三足）、钵、高足钵、碗（三足）	交错绳纹、线纹、划纹（无彩陶）	打制石器、磨光石器、大长石铲（双弧刃）	《考古》1961年 7 期；《考古》1962 年 6 期；《考古与文物》1981 年 4 期
河姆渡文化	余姚河姆渡遗址 桐乡罗家角遗址	B.P.6960±100 ～7000 年	鞍形釜、带把钵、大平底罐、盘、碗、杯	压印纹、绳纹、刻划纹、锥刺纹、弦纹	打制石器、磨光石器、骨耜、木耜、陶支座	《考古学报》1978 年 1 期；《文物》1980 年 5 期；《浙江省文物考古所学刊》1981 年

的地区不同，有辽河流域、黄河流域和江南地区等，但是它们在生产、生活、习俗上仍有不少类似之处。如这个阶段，它们的生产工具都是打制石器与磨制石器共存，一般北方地区打制石器多一些，黄河流域和江南地区以磨制为主。石磨盘与石磨棒在我国黄河流域的裴李岗文化、磁山文化、北辛文化（类型）中均有发现，它是加工农作物（粮食）的工具。石磨盘底部有三足、四足，也有无足的。如新乐文化的石磨盘则无足。目前，老官台文化、李家村文化中尚未发现大型的石磨盘、磨棒、也许是因为考古工作没有充分开展的缘故。再从有足石磨盘与仰韶文化的无足石磨盘比较，说明无足磨盘比前者进步。

新石器时代早期文化中出土的陶器均为手制。一般都是火候低、陶质软、造型比较简单，器形多为直筒罐、釜、钵、碗、盘、壶等。陶色以红橙色为主，个别地区以黑色为主。烧制技术还不高，无彩陶，或是陶器上仅画有简单的一道彩带。陶器的纹饰多是压印纹（各地区略有差别）、刻划纹、剔划纹、绳纹、线纹、箆点纹、附加堆纹、弦纹、编织纹等。这些不同的器形和纹饰，几乎是本阶段诸文化中所共有的（见表一），它反映了当时人们的制陶技术是十分相似的。但是诸文化发展到以后的一个阶段，各地区文化发展的差异性就愈来愈大。

我国新石器时代早期诸文化中往往发现各种形状的陶质支座，有"窝头"形、猪嘴形、四方块和靴形等。其用途应是支垫圆底或小底陶器，多是与炊器合作使用，有些支座的表面还遗留火烧的斑痕。当时人们日常生活中使用的炊器是筒形缸和陶釜之类，在人们长期生活实践的基础上又创造了三足鼎形器。从我国发现的考古资料观察，陶质的鼎、豆、壶始终都是以山东、河南和东南沿海地区为最发达，器类型式也都是自成体系。看来，这些地区的生活器皿，必然有其发展的历史渊源。

诸文化的差异性：兹举诸文化中有代表性的器物为例，如新乐文化中的斜口器，北辛文化的高足圜底鼎；磁山文化的靴形支座；裴李岗文化的锯齿镰刀；老官台文化为小口鼓腹瓮；李家村文化的三足敞口碗；河姆渡文化的腰沿釜等。这些典型器物是该文化的代表作品，可能与同一社会发展阶段的不同地区的族属有一定的关系。从民族学的角度看，它是属于人们共同体的某一特点。它的出现与消失，是有一段发展过程的，是与人们当时的自然条件、生产水平、生活习俗、宗教信仰等，有密切的关系。

在生产工具方面，由于各地区的土壤、气候、耕作技术的差异，反映在生产工具的制造、使用上也有不同[1]。如我国东北、华北、西北一直到西藏广大地区的古文化遗址中，打制石器、细石器都占相当大的比例。我国江南广大地区、以打制石铲

---

[1]　李仰松：《中国原始社会生产工具试探》，《考古》1980年第6期。

（镬）、磨制有段石锛（锄）为主，部分地区同以骨耜为主，可能当时的木质工具也是比较发达的。我国中原地区，新石器时代早期的生产工具，发现有大型的扁长石铲，两端为弧刃，如磁山文化、裴李岗文化、李家村文化中均曾出土过。

至于江南地区新石器时代早期文化中是否有大型的石磨盘、磨棒？目前的考古资料中尚未发现，在大面积揭露的河姆渡遗址中也未发现。因为江南地区的竹、木器比较发达，当时人们可以木碓、木杵加工粮食。他们勿需要费力制造和使用那些粗糙笨重的石磨盘和磨棒。总而言之，他们是因地制宜，有利于发展本地区人们的生产、促进人们物质生活的提高而创造出各自不同的物质文化。

前面谈了我国新石器时代早期诸文化的共性与差别，我们认为在同一时期，诸文化之间的相互影响，即当时人们之间的相互往来是存在的，这种文化交流（影响），多限于邻近地区，并且是平原或山川河流（或海岸）交通比较方便的地区。否则，在原始社会人们生产力水平低下的条件下进行文化交流是不可能的。

从目前的考古资料看，我国黄河下游北辛文化"白石村类型"[1]，与新乐文化"小珠山类型"[2]的关系比较密切；磁山文化与裴李岗文化有一定的联系；李家村文化与老官台文化互有影响。但是，新乐文化的"小珠山类型"与新乐遗址下层文化的遗物，在陶器的纹饰和器形方面又有明显的差别；北辛文化的"白石村类型"与滕县北辛遗址出土的同类器物有明显差别；老官台文化中，甘肃秦安大地湾一期与老官台遗址（或北首岭下层文化）也有不少差别[3]。这些类同与差别，为我们研究该地区不同文化（类型）的来龙去脉和它们之间的相互关系，都提供了实物资料。

总之，我国新石器时代早期诸文化的关系是比较复杂的。目前我国各地区的考古工作很不平衡，有些地区还有一些空白点。我们应该注意各地区考古文化区系类型的划分，即注意本地区典型遗址的文化层叠压关系，同时加强考古遗物标型学的排比研究[4]。通过各地区考古文物工作者的努力，当前存在的一些疑难问题，在考古实践中是能够逐步解决的。

---

[1]　山东省大汶口文化的渊源是由滕县北辛文化发展来的，这从大汶口遗址第二次发掘和兖州王因遗址的地层发掘材料可以得到证明。在山东半岛烟台地区的白石村遗址（贝丘遗址）出土的遗物与北辛文化的相类似，但是，它又有本地区的文化特征。笔者认为白石村遗址是属于另一个文化系统，或是北辛文化的另一个分支。

[2]　"小珠山类型"即小珠山遗址下层文化。它是一处贝丘遗址，文化内涵与新乐文化相似，但是它更近似辽宁省丹东市东沟县马家店后洼贝丘遗址。笔者认为此遗址是属于另一种文化系统，或是新乐文化的另一个分支，暂名谓"小珠山类型"。

[3]　从现有资料看，甘肃秦安大地湾一期文化中的圈足钵和侈口深腹缸（罐）与陕西华县老官台遗址出土的钵（假圈足）和直口缸等，差异明显；二者分布地区的前者是渭河上流的葫芦河下游，后者是渭河的中下游。笔者认为，二者是否同属一个文化还是老官台文化的一个分支，尚待进一步研究。

[4]　苏秉琦等：《关于考古学文化的区系类型问题》，《文物》1981年第5期。又《地层学与器物形态学》，《文物》1982年第4期。

四　几点认识

1．辽宁省新石器时代早期文化的分布

根据本省的考古资料，新石器时代早期文化大体可分为平原、贝丘和草原三种类型。

平原地区：是以辽河、浑河流域的新乐遗址下层文化为代表。从出土的遗迹、遗物看，说明本地区的远古人类是以农业为主，畜牧狩猎为辅的定居生活。

贝丘地区：是以辽南半岛及沿海地区的贝丘遗址，典型遗址以长海县广鹿岛小珠山下层文化为代表。该遗址出土遗物还不甚丰富，打制石器有刮削器、盘状器、网坠和石球等。陶器有筒形罐、鼓腹罐以及陶纺轮、骨锥和石刀等。根据出土遗物，可知居住在岛上的居民是以农业兼渔猎为其生活来源。居住在半岛内陆和沿海地区的居民，大概也不例外。但是，其农业生产的比重可能要比海岛内的居民要大一些。

草原地区：是以西辽河上游，老哈河、西喇木伦河及其支流的广大地区，目前在这一地区尚未发现类似新乐下层文化的遗址，而是发现较多红山文化和富河文化的遗址。辽宁省的同志认为这两个文化可能是当地新石器文化发展过程中的两个分支[1]。

关于红山文化与富河文化的渊源，有同志根据1956年北大考古专业考古学习，在林西沙窝子遗址发掘资料[2]和近年凌源西七间房遗址材料[3]（旧石器晚期地层之上有红山文化陶片和细石器共存），认为可以沙窝子遗址为代表的细石器文化遗存，是探索红山和富河文化的前身，以确定这一地区新石器早期文化的重要材料[4]。可以通过考古调查和试探弄清它们的发展过程。

2．新乐文化的学术价值与分期问题

新乐文化（即新乐遗址下层文化）的绝对年代，经碳-14测定为距今6800±145～7245±165年，其最早年代在七千年以前，相当于中原地区的裴李岗文化、磁山文化；山东境内的北辛文化、"白石村类型"；陕西的老官台文化、李家村文化；渭河上游甘肃东部的大地湾一期文化；江南地区的河姆渡文化。

新乐文化的发现，是我国考古学中的一次重要发现。它的学术意义不亚于河姆渡文化，不亚于裴李岗、磁山文化，不亚于北辛文化。新乐文化的发现，补充了新石器早期我国东北地区的空白，对开展本地区新石器时代诸文化的研究以及为建立中国考古学体系的科学研究是有深远意义的。

新乐文化中出土的压印"之"字纹直筒罐、钵、碗和打制、磨制的生产工具等，

---

[1]　辽宁省博物馆文物工作队：《概述辽宁省考古新收获》，《文物考古工作三十年》，文物出版社，1979年。

[2]　吕遵谔：《内蒙林西考古调查》，《考古学报》1960年第1期。

[3]　参见《古脊椎动物与古人类学报》，第11卷，第2期。

[4]　郭大顺等：《以辽河流域为中心的新石器文化诸问题》（待刊稿）。

一般都是我国其他地区新石器早期文化中所常见到的器物。唯独与压印"之"字纹陶片（层）共存的一件木质雕刻品，制作十分精细，雕刻技术高超，若不是经碳-14的测定，谁能相信它就是七千年前的原始人类的工艺产品呢。

从该遗址中出土的陶器观察，其造型和制作技术也不能认为是最原始的器物，留给我们的印象是，新乐文化还不是新石器时代最早的文化，它与旧石器时代晚期或中石器时代（一般约为一万多年）之间，还有相当长的一段距离。同理，我国其他地区发现的所谓新石器时代早期文化，如裴李岗文化、磁山文化、老官台文化、李家村文化、河姆渡文化……等，尽管它们之间文化发展是不平衡的（这种现象始终是存在的），从其文化水平看，也不能是新石器时代最早的文化。

那么，怎样认识我国新石器时代最早的文化遗存呢？存在的困难是：

其一，目前我国的考古资料中，尚未发现新石器早期文化与中石器时代晚期的地层叠压关系。

其二，我们尚不知中石器时代的陶器是什么样子？更毋讲出新石器早期文化（陶器）与中石器时代陶器标型的演变规律。

其三，我国各地区已发现新石器时代早期文化遗址中，尚未发现它与中石器文化有承上启下密切联系的实物资料。

是否由中石器时代到新石器早期，人们社会生活、物质文化方面有一个突变（飞跃）呢？迄今还缺乏能给予解释的科学资料。

鉴于以上情况，有同志曾建议，是否可将中国新石器文化的分期作一些变更：除了现在早、中、晚三期之外，在早期之前加上"前期"，在晚期之后加上"末期"，即从三期改为五期。我认为我国考古工作者在尚未掌握足够的科学依据时，就急于由三期法变为五期法，是不可取的。因为目前我国新石器时代早中晚的分期法是由当前我国考古工作的现状决定的，大体符合今天考古工作的客观实际的。随着我国考古事业的向前发展，在占有足以使人信服的科学资料的基础上，不难作出反映客观实际的科学的分期法，那时，水到渠成，无需现在过早的去更改。

目前在现有的基础上，能够对现在的分期提出问题来，就是前进了一大步。能够解决问题，那是更上一层楼了。

3. 今后工作希望

新乐遗址发现后，通过两次发掘以及近几年全省地区的考古普查，对所获得的资料进行了初步的整理研究，取得了不少成绩，使我们对于新乐文化的认识也不断提高。但是，也要看到，对新乐文化的研究工作也仅是刚刚开始，大量的工作有待我们去探索。譬如：目前还没有揭露出一处较完整的居住遗址和墓葬群（区）；对于新乐文化的分布范围，文化编年以及区系类型的划分工作：正着手开始进行，准备研究的课题很多，需要我们有计划、有步骤地去弄清楚。

首先应搞好文物遗迹的保护工作。在此基础上，选择典型的遗址和墓葬进行发掘，注意在发掘现场对遗迹、遗物的研究工作。整理文物要亲自动手，注意其工艺及其制作技术的研究。如新乐文化压印"之"字纹陶器的研究，曾将陶土合成泥条，制成直筒缸，待陶胎未干时，用带弧度的骨片压印成"之"字纹，经过反复试验，弄清了新乐文化陶器各种纹饰的制作过程[1]，这种勤于实践的精神是值得发扬的。

新乐文化的发现，对于我国东北地区早期新石器时代遗址的分布、规模、文化特征等都提供了不少资料，我们还应该继续总结这方面的收获。同时，也要广开眼界，在现有基础上进行综合研究，这对于邻近省（区）早期新石器时代诸文化的研究工作也是有帮助的。

最后，谈谈对新乐遗址的保护问题。新乐遗址下层文化是辽宁省目前较早的新石器时代遗址，根据考古学文化命名的原则，已称为新乐文化，同样性质的遗址，在地区还有不少，但是，考虑到新乐遗址是最早发现的一处遗址，曾以此遗址命名，其位置正好坐落在沈阳市区内，这里自然条件优美，交通方便，建议成立沈阳市新乐遗址博物馆，将发掘的遗迹、遗物就地展出以教育子孙后代，是有深远意义的。

原载《新乐遗址学术讨论会文集》，沈阳市文物管理办公室，1983年

---

[1]　于崇源：《新乐下层陶器施纹方法的研究》，1982年沈阳新乐文化学术讨论会论文，待刊。

关于仰韶文化研究中的若干问题
——在纪念仰韶遗址发现65周年学术讨论会上的演讲

我有幸来渑池参加这次仰韶文化学术讨论会，与各位代表共聚一堂讨论有关仰韶文化的问题，心情非常高兴。近年来，仰韶文化的考古材料发现较多，有关的学术问题需要大家一块磋商研究，如文化命名、文化分区、仰韶文化的年代和社会性质等等，都需要讨论和交换意见，这对于我们统一思想提高认识是大有裨益的。

仰韶文化是1921年在河南渑池县仰韶村首次发现而命名的。我国考古学家也陆续作了一些考古调查和小规模的发掘工作，如山西省夏县西阴村遗址、万泉县（万荣）荆村遗址、河南省安阳后岗、高井台子遗址、广武县青台遗址等。那时，人们把带彩色的陶器称为"彩陶文化"。之后，类似仰韶文化的器物在陕西、甘肃、青海、宁夏、内蒙古、河北等地区都有发现，所以以不同地点命名的文化（或类型）就更多了。由于综合研究不够，各地的文化命名很难统一。关于这个问题，我国学术界不少文章曾就此展开过讨论，而问题并非轻易地就解决了。通过不同意见的相互交流，大家各抒己见，求同存异，终究会不断统一认识，促进本学科的发展。

过去把仰韶文化称为"彩陶文化"，非但不确切，而且弊病较多，所以，随着考古工作的发展，人们在文章和著作中一般都不再使用这个名称，而仍叫"仰韶文化"。但是现在所说的仰韶文化，已不是20世纪20年代时所包含的内容。在仰韶文化这个概念下又划分了很多地方类型的文化，如半坡类型、后岗类型、马家窑类型（文化）、王湾第一期文化、大河村类型……等等。这是由于考古田野工作多了，人们的认识也有所提高，20年代有20年代的学术水平，30年代、50年代、70年代……各个不同的时代都会有不同的学术水平。我认为这是正常的现象。

特别是在20世纪50年代半坡遗址的大面积发掘和70年代十一届三中全会以后，各地文物考古部门大发展，新成立了不少文物工作站、考古研究所、博物馆。还有全国性的文物普查工作，以及各地文物考古队伍的迅速成长，都曾发挥了很大的作用。

这次会议与会代表比较广泛，与仰韶文化有关的省区都有代表参加。昨天安金槐同志的讲话，把河南省的仰韶文化划分为四个地区：豫北、豫中、豫西和豫西南地区。我基本上同意他的分法，因为这几个地区的仰韶文化面貌是有区别的。豫东地区考古工作较少，我们了解的不够。

关于考古文化（类型）命名，现在有各种名称，纷繁错杂，不论仰韶文化还是龙山文化，今后还会遇到这方面的问题。至于考古文化命名的原则大家是清楚的，有不少文章也曾专门谈到过，那都是些原则性的意见。问题是如何结合具体古文化遗存恰如其分地给予命名，这不是件容易的事情。

就仰韶文化来说，是否各地区凡是发现有特点的古代遗物（主要指陶器）就命名为一个新的文化（类型）呢？不那么简单。首先，要考虑这个遗址的年代如何？它本身能否再分期？出土遗物的组合关系（指器物群）如何?它能否真正代表遗址文化（类型）的特征？要作大量的考古工作。尤其是小面积的考古发掘，出土的文物标本是有限的，很难说某件器物或陶片就能真实地反映该遗址的文化面貌。若是以不同时期的文物标本与其他文化进行对比作为划分文化（类型）的依据，那就更不妥当了。

近几年我国新成立了不少文物考古部门，有计划地对全国各地的文化遗址进行了普遍调查，发现不少古文化遗址，大体可粗分出是新石器时代或商周、秦汉……等时代的遗物。也发现了一些新的古文化遗存，对其文化性质缺乏认识。这些问题在目前是难免的，因为各地区的文物干部多熟悉本身所涉及的范围，地县级的文物干部只能负责本地区的文物普查和文物保护，他们大多数还没有考古发掘的任务。以后随着国家文化教育事业的发展和考古工作水平的提高，目前的这些不足是会逐步弥补的。

对于考古文化或类型的研究方面，我还谈几点具体意见：

第一，应选择典型遗址（当然典型也是相对的）。要强调同时期的宏观比较，同时还要注意原始社会人们对于自然条件的选择，所谓古文化的区系类型与当时的自然条件关系甚为密切。什么是自然条件？如山地、河流、湖泊、森林、草原等都是。我们搞文物考古普查时，往往沿着河流两岸的阶地步行或者在山坡脚下踏察，这对于熟悉当时人们相互交往（文化交流）很有启示。我国行政区划地图中的山河水系、省、地、县界的划分，对我们也有一定的参考价值。

第二，确定一个文化的中心地区，要看该地区占文化遗址（人口）的密度如何，古人选择居住，总是考虑有利于生产、生活、交通、安全、防御敌人等方面的条件。人口的密度和自然条件的优劣是相关的，往往自然条件好的地区，发现古遗址比较多，范围大。就豫西地区的仰韶文化说，渑池仰韶村遗址是仰韶文化命名地，但它的中心地区却不在仰韶村，而是伊、洛地区（洛阳附近），因伊、洛地区是一个小平原，土质肥沃，水利充分，适于农业生产，水陆交通方便。那里发现有丰富的新石器时代遗址、二里头遗址、偃师尸乡沟商城、周王城址、汉魏城、唐城等，还有伊阙著名的石窟艺术。可见历代人们在此建都不是偶然的，远在新石器时代已显示出其重要地位。

第三，从豫西地区仰韶文化至龙山文化的遗物观察，愈是中心地区（指洛阳）附近各遗址文化面貌愈近似，愈是边缘地区（如陕县、临汝等地区）的遗物，其差异愈大，很多遗址中还夹杂有别的文化（类型）的因素。如仰韶村以西陕县三门峡地区的新石器文化，往往夹杂陕西东部和晋南古文化的因素（指陶器特征），它是否可另划为一个文化类型呢？可以研究。在其他地区也有同样的现象，如豫东地区的仰韶文化遗址发现不多，这里往往发现有似大汶口文化的遗迹（墓葬）和文物，淅川地区常发现带有湖北屈家岭文化的因素等等，这些都是正常现象。

第四，划分文化类型的标准要实事求是，一切从实际出发，要求名称与内容基本相符。若是文化或类型的名不符实，会给今后的学术研究带来困难，因此，对于大型遗址或墓地的文化分期和综合研究是十分必要的。我想，名符其实的考古文化名称，读者是乐意接受的，一些名不符实的名称，随着考古研究的不断深入，最终将会纠正过来。

考古文化名称的确定，是个较复杂的问题。我倾向于先把各地区的文化系列搞清楚，最低限度把本地区新石器时代的文化编年搞出来，然后根据各地区文化编年的顺序再从宏观上进行分析比较，这样做，各个文化面目可能显示得更清楚些。

下面谈谈仰韶文化的年代和社会性质。这两个问题各位代表曾谈了些意见，但很难说大家的意见就都一致了。我认为由于考古资料不足，在缺乏深入的工作和研究以前，大家有不同的看法也是正常现象。因为考察一个文化的内涵，每个人所接触的材料和研究的角度不同，使用的"标尺"不一样；有的是从文化遗迹上观察的，有的是从埋葬习俗上论证的；有的是从某陶器的花纹变化考虑的，或是从生产工具的先进和落后方面论述。各方意见并非毫无根据，而重要的是缺乏全面的、综合的分析和研究。

对某文化时代的分期如何划分，也有持不同观点的，譬如同一个古代遗址，有的将二～四文化层合并为一期（或段），也有将四、五层合并为一期。尽管各人对文化分期、分段的认识（标准）不统一，但是对该遗址文化层次的先后顺序是一致的。遇到这种情况时，可以求同存异，只要将工作继续深入下去，大家看问题的标准统一了，意见也就一致了。

对于仰韶文化年代早晚和社会性质的问题，在20世纪60年代曾有过热烈讨论，事经二十余年，有关考古资料大大丰富了，人们对仰韶文化的编年和区系类型的认识也逐渐明确。现在我国多数学者认为仰韶文化延续二千多年，可将它划分为早晚不同的社会发展阶段。通常认为仰韶文化半坡类型属于母系氏族社会晚期阶段，约为公元前4000年左右，庙底沟和半坡类型晚期属于父系氏族社会初期阶段，约为公元前3000年左右。

也有学者认为北首岭下层文化和老官台遗址可划归仰韶文化早期。我认为尽管北首岭下层文化（老官台文化）与仰韶文化（半坡类型）可能有承袭关系，但是从一个文化的全貌观察，不论是生产力水平、埋葬习俗和日常生活用具（陶器）等等，二者的区别是主要的，因此，半坡类型应属于仰韶文化早期，而不能与老官台文化混淆起来。

许顺湛同志让我结合民族学的材料谈谈仰韶文化研究的问题，我在这方面研究得很不够，仅提供一点肤浅的看法：考古发掘出的遗迹和遗物，特别是新石器时代大面积的房屋遗迹、村落遗址、完整的墓地、陶窑作坊等，它们是静止的东西，发掘的目的不单是分期断代，最终还是为了复原其社会面目。所以利用民族学材料，包括外国的民族材料，还有其他学科研究的成果等，都可作为研究原始社会的借鉴。

我国的民族学材料是很丰富的，可分为游牧、渔猎、农业等不同的社会形态（或经济类型），各民族都有自己的文化特点。从原始社会晚期、奴隶社会到封建制（土司制度）不同社会发展阶段的民族都有，在他们的社会中仍然遗留着一些原始社会的风俗习惯，内容十分丰富，可作为研究原始社会的"活化石"。这里我举一个例子，用民族埋葬习俗的材料研究横阵仰韶文化墓地的社会性质。

陕西华阴县横阵村仰韶文化半坡型墓地是一处完整的墓地，其中有三个长方形的大坑（其中的MⅢ的一端残缺），大坑内又有若干个小坑墓穴（均为二次多人合墓葬）。值得注意的是MⅠ大坑与MⅡ大坑内埋葬习俗不同：MⅠ内的墓穴为长方形大墓，MⅡ内的墓穴为方形小墓。有人称横阵墓地是一处氏族墓地，长方形大坑为母系大家族，内之小坑为母系家族。也有称横阵墓地是一处父系氏族（或胞族）墓地，长方形大坑为父系家庭公社，内之小坑为父系家族等。

根据笔者于西盟佤族的调查材料：同一部落中，各氏族有各自的宗教信仰和各自的巫师，各氏族的咒语也是不同的。横阵墓地MⅠ内小坑与MⅡ内小坑的葬俗不同，反映了不同氏族信仰的差异，可确定它是不同的氏族。由此可见，横阵墓地是一个村落（部落）墓地，三个长方形大坑为不同的氏族成员，大坑内之小坑为若干个母系对偶家庭的成员。依云南纳西族对偶婚材料，可知横阵墓地小坑内对偶家庭死者应是不同辈分的兄弟姊妹。其埋葬习俗是"生为两家人，死为两家鬼"，男性成年去妻方偶居生活，死后务必埋回他生前的氏族内，而不能跟妻方氏族埋葬在一起。

再举一个实例：1982年7月我去辽宁省喀左东山咀参观一处红山文化遗址，遗址坐落在一个四面环山，中间突起的小山头上，正面对着大凌河山口，位置十分开阔宽敞。遗址正前方用大块河卵石和残石块砌成三个石圈，石圈内铺有小石块形成台面，遗址中部为一座长方形石建基址，其两侧有相互对称的石墙基。最引人注目的是这个长方形石建基址中竖立的大块长条石块，它与云南西盟佤族的"老母猪石"（宗教祭祀遗迹）完全相同，都是三、五个一堆成群地竖立在里面。佤族的宗教习俗，每年都要剽老母猪做"老母猪鬼"祭祀鬼神，目的是为驱邪除灾，使人畜兴旺，谷子丰收。东山咀遗址中在石圈旁还出土小型妇女塑像、小陶盅和供祭祀用的"异形"陶器等，大体可以确定这是五千年前当时人们举行祭祀活动的"祭坛"遗址。国家文物局十分重视这处原始社会的宗教祭祀古迹，已拨专款就地保护，可供大家参观研究。

　　总之，我们文物考古工作者，保护文物，发掘文物和古迹，其最终目的是为了复原和说明祖国历史的本来面目。在复原古代社会历史的工作中，需要大量的研究工作，单考古学本身是有限的，需要与历史学、人类学、民族学、语言学等有关学科的共同协作才能完成。研究新石器时代考古，民族学材料中的一些实例可以作为借鉴，它可以启示我们如何"消化"地下那些静止的史料，好为复原社会历史服务。从这个意义上说，民族学的材料真不愧是一把打开地下博物馆和图书馆的"金钥匙"。就谈这些，错误的地方请各位代表指正。

　　　　　　　　　　　　　原载《论仰韶文化》，《中原文物》1986年特刊

半坡遗址和我的民族与考古学研究

一

西安半坡遗址是1953年春先由陕西省西北文物清理队发现的。同年9月中国科学院考古研究所陕西调查发掘团进行了深入的调查，于1954年秋季开始发掘至1957年共发掘了5次。遗址的发掘工作由考古所石兴邦先生负责，先后参加工作的将近200人，时间延续3年多，共计发掘面积10000平方米左右，出土文化遗迹、遗物十分丰富。共发现较完整的房屋遗址40多处、各种墓葬200多座，获得生产工具及生活用具近万件[1]。

我于1955年秋～1956年2月带领北大历史系考古专业52级学生参加了半坡遗址的考古发掘实习。这是北京大学考古专业自1952年院校合并后，首次与科学院考古所合作进行考古教学实习田野发掘[2]。辅导工作除石兴邦先生外，还有我和我的同学刘观民、杨建芳和金学山等。这班学生文化程度整齐，专业思想牢固，事业心强，学习热情高。我与全班学生幸运地参加了这次难得的考古实践，受益匪浅，这为以后的治学奠定了坚实的基础。

石兴邦先生在《纪念半坡博物馆建立40周年忆事》一文中谈到的一段话，给我留下很深的印象。他说："半坡遗址的发掘，在我国考古学史上和博物馆建设事业上，都占有重要的地位。首先在这里揭示出我国氏族聚落文化具体而细微的一幅社会生活图景，开始了我国聚落文化的研究工作，并以博物馆的形式保留下来，生动具体地发挥了历史唯物主义教育功能。……它体现了时代效应的社会价值，起到了十分重大的历史作用。"[3]确实如此，我可以本人的学术历程作一些解读。

中国考古学作为一门学科，在我国诸学科中它起步较晚，以我国新石器时代考古为例，大概可划为中华人民共和国成立前、后两个阶段。中华人民共和国成立前，20

[1] 中国科学院考古研究所、陕西省西安半坡博物馆：《西安半坡——原始氏族公社聚落遗址》，文物出版社，1963年。

[2] 徐元邦在他的《忆在半坡实习发掘的日子》一文中，说我"在半坡实习开始不久即返回北京"。与事实不符。实习期间，我始终都与学生在一起。——李按，见《中国文物报》2003年12月26日第3版。

[3] 石兴邦：《纪念半坡博物馆建立40周年忆事》，《西安半坡博物馆成立四十周年纪念文集》（1958～1998年），三秦出版社，1998年，第380页。

世纪20年代初期，多为外国人在中国考古，如瑞典人安特生在河南、甘肃、青海地区的调查与发掘。1926年以后，部分中国学者陆续开展田野考古发掘工作。如1926年，李济邀袁复礼发掘山西省夏县西阴村仰韶文化遗址；1930~1931年，李济、梁思永、吴金鼎、刘跃发掘河南安阳高楼庄后岗遗址，即仰韶龙山—小屯（殷代）三叠层，初步弄清了三者的相对年代。这应是我国田野考古方法上的一大突破。但是由于发掘面积小，遗迹暴露甚少，遗物也很难进行文化间的对比研究。所以当时学术界对仰韶文化与龙山文化尚存在一些模糊和错误的认识，如称仰韶村遗址是仰韶和龙山两种"混合文化"。当时对仰韶文化和龙山文化的关系还没有真正搞清楚。以后随着我国新石器时代考古调查、发掘工作的不断深入，又按不同地区划分出"山东龙山文化""河南龙山文化"和"陕西龙山文化"（即客省庄二期文化）等。之后，随着这门学科研究工作的深入，在同一文化中又划分了若干不同的文化类型，这里就不多讲了。

西安半坡遗址的发掘，是中华人民共和国成立后我们首次进行大面积布方发掘的一座较完整的新石器时代聚落遗址，是我国史前人类古文化遗迹中的重大发现。陈毅元帅参观遗址后，与国家文物局领导决策建立半坡博物馆，就地保护遗迹，成为我国考古史上第一座考古遗址博物馆。这具有开创性的意义，其英明决策使我们永远铭记心中。

这处仰韶文化遗址，经碳-14测定，年代距今6000多年，出土遗迹、遗物丰富，典型器（环形口尖底瓶、圆底钵、蒜头壶等）特征显著，有明显的地域差别。可以将它作为一把"尺子"与周边文化作对比研究，有深远的学术价值。它的发掘，已成为此后我国新石器时代考古发掘的一种"模式"，或起了引导的作用。当然，我国各地区新石器时代遗址的内涵是各不相同的。但是半坡遗址出土资料，确实推动了我国新石器时代考古研究的深入发展。例如此后，宝鸡北首岭遗址的发掘[1]，华阴横阵遗址[2]，华县泉护村，元君庙，南台地遗址[3]和洛阳王湾遗址[4]的发掘等等。因为当年这些仰韶文化遗址（包括墓地）发掘的主持人，也多是半坡遗址田野考古的参与者。

1954年秋，我于北京大学历史系考古专业毕业留校任教。在读大学本科时，曾参加过两次考古工作人员训练班学习：第一届考古训练班的田野考古实习地点是郑州二里岗遗址[5]，第二届考古训练班，我是作为辅导员参加的，田野考古实习地点是洛阳西

[1] 中国社会科学院考古研究所编著：《宝鸡北首岭》，文物出版社，1983年。

[2] 中国社会科学院考古研究所陕西工作队：《陕西华阴横阵遗址发掘报告》，《考古学集刊》第4集，中国社会科学出版社，1984年。

[3] 《陕西华县柳子镇（泉护村、元君庙）考古发掘简报》，《考古》1959年第2期。《陕西华县柳子镇（泉护村、元君庙）第二次发掘主要收获》，《考古》1959年第11期。北京大学历史考古教研室等：《元君庙仰韶墓地》，文物出版社，1983年。

[4] 北京大学考古文博学院：《洛阳王湾——田野考古发掘报告》，北京大学出版社，2002年。

[5] 安志敏：《1952年秋季郑州二里岗发掘记》，《考古学报》1954年第8期。

关建校区的烧沟汉代墓地[1]。

1954年春，我又参加了科学院考古所郭宝钧先生主持的洛阳涧西汉河南县城遗址的发掘[2]。

最使我感慨的，还是在我毕业后参加了由石兴邦先生主持的西安半坡遗址的发掘。我完成学生田野考古教学任务的同时，在发掘实践中还思考了许多有关我国原始社会中有待研究的课题。

我在校担任《新石器时代考古》和《原始社会史与民族志》两门课的教学工作（助教），前者兼课主讲人是考古所安志敏先生；后者兼课主讲人是原中央民族学院林耀华教授。当时，林耀华先生曾多次指出："史前考古学与民族学是两个不同的学科。但是二者都是人文学科，它们有十分密切的关系。"他把两个学科喻为"人体"，"史前考古学如同肋骨，民族学调查资料如同皮肉，二者结合在一起才能形成一个完整的人，它才有生命力，二者缺一都是不完备的。"[3]两个学科在研究过程中可以起到互补的作用。

1956年春，千载难逢的民族社会调查机遇终于来了，经林耀华先生推荐，我参加了中央民委领导的少数民族社会历史调查组云南分组的佤族社会历史调查，深入云南西盟佤族村寨，与当时尚处在原始社会末期的佤族居民生活在一起，对他们的社会组织、历史传说、经济生产、婚、丧、宗教、习俗等，进行了全面的考察，收集了大量资料，编写出《云南省西盟佤族概况》[4]，出版了数卷《佤族社会历史调查》等实地考察的素材[5]。

这些调查资料以及平时所搜集的民族志材料，均对我的民族与考古学研究起到关键的作用。常言道：机会总是给那些有准备的人。未赴云南佤族社会历史调查之前，在我学习或田野考古发掘中，碰到许多问题，如陶器的产生；仰韶文化的篮纹陶器是怎样做成的；我国谷物酿酒的出现；半坡仰韶文化大房子的用途；"人面纹"彩陶盆；各种刻划符号以及仰韶文化的埋葬习俗、社会性质等等，都是需要搞清楚的课题。

尽管我国一些后进的少数民族，由于各种历史原因，社会发展较缓慢，在20世纪50年代还处在原始社会末期阶段，其社会文化发展进程比我国新石器时代的文化还晚

[1] 洛阳区考古发掘队编著：《洛阳烧沟汉墓》，科学出版社，1959年。

[2] 郭宝钧：《洛阳古城勘察简报》，《考古通讯》1955年第1期（创刊号）。

[3] 李仰松：《中国民族考古学及有关问题》，见马启成、白振声主编：《民族学与民族文化发展研究》，中国社会科学出版社，1995年。

[4] 李仰松：《云南省西盟佤族概况》，见李仰松著：《民族考古学论文集》附录一，科学出版社，1998年。

[5] 李仰松等编著：《佤族社会历史调查》（一）、（二），云南人民出版社，1983年。

了几千年，但是其社会性质、人们的生活方式、意识形态等许多方面仍保留有许多与我国史前人类相同或相类似的东西。这就需要我们相关学科的人员进行考察、识别、综合分析，寻觅出合理的答案。

<h1 style="text-align:center">二</h1>

我撰写的论文，多数是以"民族考古学"的论证方法完成的。其中与半坡遗址仰韶文化有关的文章有好几篇。如论证我国新石器时代陶器制作方法的两篇文章，是50年代发表在《考古通讯》[1]和《考古》[2]刊物上的。这两篇文稿中涉及的疑难问题，我在大学时期迷惑不解，而是通过赴云南科来寨亲自考察佤族的制陶过程才弄清楚的。

1988年带领研究生庞雅妮、刘凤芹赴云南省丽江、独龙江地区的纳西族（摩梭人）、普米族、独龙族、傈僳族进行社会历史调查。之后，又带领研究生赵春青、何嘉华赴海南省通什、白沙、乐东、三亚、万宁、临高等九县（市），对当地黎、苗族进行社会历史调查。以上民族调查中，重点对纳西族和黎族的制陶技术进行了实地考察。结合民族调查资料，我对西安半坡仰韶文化出土的"斜腹翻唇盘"（原名）重新进行分析研究，撰写成论文，确认此器为一种"帽式"陶转盘，它是陕西当地仰韶文化的慢轮制陶工具[3]。此外，还借鉴我国少数民族中有关制陶的原料（陶土）、制陶工具、制陶工艺、陶器纹饰和炉烧技术等方面的资料对我国石器时代的手制陶、慢轮制陶和快轮制陶工艺等诸方面作了类比和验证，也弄清了不少疑难问题[4]。

另一篇是《半坡仰韶文化婴首、鱼、蛙陶盆考释》，这是笔者为纪念西安半坡遗址发掘三十周年撰写的论文[5]。

关于半坡遗址出土"人面"、鱼、蛙纹陶盆的考释文章，大概已有20多种述评了。有各种不同观点解读。我撰写这篇论文时，既注意了器物上的图像花纹，又考虑到器物用途之功能。更重要的是后者，它是解读彩陶图像的关键。因为"人面"、鱼、蛙纹图案往往都是绘画在埋葬婴儿的"瓮棺葬"葬具的陶盆上（多为陶盆里面），可以确定它是作为巫师为夭折（凶死）的婴儿举行葬仪的"生殖巫术"祭奠活动的遗物。所以我称它为"婴首"、鱼、蛙纹陶盆。此观点与论证，请读原文，此不

---

[1]　李仰松：《云南省佤族制陶概况》，《考古通讯》1958年第2期。

[2]　李仰松：《从佤族制陶探讨古代陶器制作上的几个问题》，《考古》1959年第5期。

[3]　李仰松：《仰韶文化慢轮制陶的研究》，《考古》1990年第12期，第55页。

[4]　李仰松：《原始制陶工艺的研究》，见李仰松著：《民族考古学论文集》，科学出版社，1998年，第55页。

[5]　李仰松：《仰韶文化婴首、鱼、蛙的陶盆考释》，《北京大学学报》（哲学社会科学版）1991年第2期。此为笔者为纪念西安半坡遗址发掘30周年撰写的论文，1998年5月4日，曾在北京大学考古系"五四"科学学术讨论会上宣读并讨论。

赘述。

　　还有几篇论文，其内容、资料都与半坡遗址仰韶文化的遗迹、遗物有密切关系。如《仰韶文化半坡类型的编年与社会性质》《内蒙古、宁夏岩画生殖巫术析》《仰韶文化的瓮棺葬》《佤族葬俗对研究史前人类葬俗的启示》以及《西盟马散佤族村落对研究姜寨遗址村落的启示》等。这些论文中，我均应用民族考古学类比、演绎、论证的方法进行分析研究。此研究方法已得到学界的广泛认可。需要向大家交流的是：根据我多年的实践经验，选择好研究课题后，熟悉有关的资料，类比时务必全面地综合考察，分析问题，要反复核对资料，切忌主观性和片面性。首先得很有把握地掌握一个典型遗址，确实是一个有代表性的遗址。以西安半坡仰韶文化遗址为例：确知其年代距今是6000多年；其社会性质为原始社会晚期的母系氏族社会。通过民族志资料综合研究，知道它相当于原始社会对偶婚家族社会发展阶段。这就是所掌握的一把标尺。再以此与其他相关的资料去类比，可用考古学中同类文化材料相类比；也可用同类民族志材料相类比；或是用考古学文化中同类资料与有关的同类民族志资料相类比。经过分析、研究，都可以归纳出合乎情理的结论。

　　我曾将考古学与民族志有关材料的类比总结出四点意见，作为民族考古学可类比验证的规范例证：1. 社会性质相同或同一社会发展阶段；2. 生产、生活相同或相似的同类物质文化；3. 生产、生活相同或相似的同类精神文化；4. 生产、生活相同或相似的文化功能（人类生存方式）[1]。也就是说，地下埋藏的人类古代文化遗迹、遗物与民族志相关资料的类比应有一定的规范，通过这些规范的类比、分析，相互验证，得出的结论才是最有说服力的。

　　又如我撰写的《内蒙古、宁夏岩画生殖巫术析》论文中，以半坡仰韶文化"婴首、鱼、蛙纹"生殖巫画的研究成果，应用到宁夏贺兰山岩画的研究里，通过半坡、姜寨仰韶文化瓮棺上刻划图像符号相类比分析，认为贺兰山的一幅岩画图像与半坡、姜寨仰韶文化刻划图像符号基本相同，可知其作画动机和含意是完全相同的。它们都是与"生殖巫术"有关的实物资料[2]，以此相互验证、类比，确认岩画的年代应是距今6000多年的文化遗迹。

　　再用同样的研究方法，将江苏省连云港将军岩的岩刻（即岩画）与贺兰山同类岩画图像符号相类比，我们发现二者图像喻意是一致的，它们都是"生殖巫画"。但是将军岩的岩刻图像与贺兰山的略有差别。贺兰山岩刻生殖巫画的"人面纹"（婴首）是在女阴刻符的下边，而将军岩岩刻的"人面形"（婴首）是在女阴刻符的上边。更

　　[1]　李仰松：《中国民族考古学及有关问题》，见马启成、白振声主编：《民族学与民族文化发展研究》，中国社会科学出版社，1995年。又李仰松著《民族考古学论文集》，科学出版社，1998年。
　　[2]　李仰松：《内蒙古、宁夏岩画生殖巫术析》，《宁夏社会科学》1992年第2期。

耐人寻味的是将军岩有些"人面形"图像的下面还刻划一条线从女阴符号中引申出来。还有往往在女阴刻符附近均雕刻有一些三点状的男根图像……。笔者依据云南佤族曾对男根符号的显示为三点形，即前面是阴茎，后面是两个睾丸。据悉，世界上很多民族都曾以此图像表示男性生殖器官[1]。我国内蒙古阴山和宁夏贺兰山的岩画中也有三点状图像，但往往都是其外边有圆圈圈住，似一婴首"人面形"的变体。

以上这些"人面形"与三点状岩画图像，都是新石器时代的生殖巫画遗迹，其相对年代，大体是距今6000年。

关于半坡遗址仰韶文化的社会性质以及房屋建筑、聚落、社会组织等课题的研究，我也作过一些分析和探讨。由于半坡仰韶房屋遗迹暴露面积较小，我曾与其相类同的房屋遗迹——姜寨仰韶文化遗迹为例[2]进行研究。

我以西盟佤族村落素材对姜寨遗址作对比研究，论证结果，同样也适于半坡仰韶文化遗址的现象。可参考《西盟马散佤族村落对研究姜寨遗址村落的启示》一文[3]。通过西盟大马散佤族村落"大房子"和"木鼓房"的研究，得出结论是姜寨、半坡遗址的"大房子"应是村落氏族酋长的居室，其他中、小型房子是以"大房子"氏族为纽带的母系对偶家庭的居室。

姜寨遗址F103大型房室是何用途呢？其内部结构与同聚落内的四座大型房屋（F1、F47、F74、F53）有明显的差异。未发现烧灶和两旁高出居住的平台；房屋内有相互对称的6个大型柱洞，当是支撑房顶的木柱遗存；房子东、西两边有密集的数十个柱洞遗存[4]。另外，可参考祁国琴先生撰文《姜寨新石器时代遗址动物群的分析》（参见《姜寨》上册，附录三）及姜寨第一期文化层动物骨骼的分布图（《姜寨》上册，图一，第510页），动物骨骼多集中分布在"大房子"的周围，唯有F103大型房屋的周围的动物骨骼特别密集。根据西盟佤族的调查情况，可确定姜寨仰韶一期文化F103大型房屋应是该村落的一处公共建筑——原始宗教祭奠场所[5]。

我所研究的课题中，若涉及仰韶文化的经济生产、社会生活、文化习俗、社会性

---

[1]　李仰松：《岩画与人类社会早期历史》，见《2000宁夏国际岩画研讨会文集》，宁夏人民出版社，2001年。

[2]　因为姜寨仰韶文化遗址与半坡遗址是属同一文化，地点相同，年代相同，文化特征所反映的现象均属同一人群共同体，可归纳在一起进行分析、研究。

[3]　李仰松：《西盟马散佤族村落对研究姜寨遗址村落的启示》，见《纪念北京大学考古专业30周年论文集》，文物出版社，1990年。

[4]　西安半坡博物馆、陕西省考古研究所、临潼县博物馆：《姜寨——新石器时代遗址发掘报告》（上），文物出版社，1988年，第27页。

[5]　西盟佤族没有公共祭奠的房屋，但是作为部落酋长"窝朗"的"大房子"（窝朗也是"大鬼"的首领）。他们"做鬼"祭祀时，仅是把做"鸡卦"的股骨收存，而把食用过的其他动物骨骼丢弃在原地。由此可演绎出姜寨仰韶一期文化"大房子"F103周围动物遗骨的分布状况，正是反映了其主要用途，是一座与原始宗教祭奠有关的公共建筑。

质等方面的问题，首先使用的一把"标尺"[1]即是西安半坡遗址。其他有关仰韶文化的课题、如文化编年、谱系等，还可使用第二把"标尺"，是陕西泉护（南台地）、元君庙遗址等。

若涉及甘、青地区齐家文化的有关课题，我就使用青海贵德尔马台墓地这把"标尺"；若涉及我国长江中游地区新石器文化有关课题，我使用江西省清江筑卫城遗址（即樊城堆文化）这把"标尺"；若涉及我国黄河下游山东境内大汶口文化，龙山文化方面的有关课题，就使用诸城前寨、昌乐邹家庄遗址这把"标尺"。

因为我曾参加和主持过这些新石器时代遗址（包括墓地）的考古调查和发掘工作，熟悉这些遗址的情况，掌握第一手资料，心中有底。将这些遗址的文化与有关其他文化类比时，不会是纸上谈兵，更不会太离谱。总之，我认为经自己亲手发掘、整理、研究过的遗迹、遗物，其印象最深刻，相互类比时心里踏实，同时也容易发现其中的薄弱环节或存在的问题。

在科研中借鉴民族志有关资料时，要对该族社会历史全面了解，融会贯通，首先看它与考古材料是否有类比性。在使用民族志资料时，防止简单和片面性，取材要特别谨慎。

总结我半个世纪以来的学术历程，可以坦率地说，它是与我国考古学的成长和发展有密不可分的关系。具体地说，它是在我国新石器时代考古的发展中逐渐形成的，没有新石器时代重要遗址的发现，是形成不了民族考古学的。也可以说它是在我国新石器时代考古学发展的基础上产生的。

西安半坡遗址的发掘是我国新石器时代考古的重大发现，在研究我国原始社会史中具有里程碑的作用。之后，发掘的重要遗址有宝鸡北首岭遗址、陕县庙底沟遗址、华阴横阵遗址、华县泉护村、元君庙和洛阳王湾遗址等。

这一时期学术界对新石器时代所关注的问题，是仰韶文化半坡类型与庙底沟类型年代的早晚和仰韶文化的社会性质问题。由于陕西彬县下孟村[2]和洛阳王湾[3]等遗址发现了两个文化类型的地层叠压关系，证明其相对年代是半坡仰韶文化与庙底沟仰韶文化是平行发展的两种文化的意见。

对于仰韶文化社会性质的讨论，在20世纪60年代初有母系说和父系说两种意见。当时的讨论十分热烈，这时的文章中各家多借鉴民族学的有关资料作为论证的依据。同时，我国科技的发展，考古学中普遍采用碳-14测定年代，促使仰韶文化社会性质的

[1]　"标尺"——指笔者亲自参加过考古发掘的遗址，对该遗址内涵有比较深入的了解，以此遗址内涵资料为"模式"，而对其他有关文化相类比、分析、研究的一种手段。

[2]　陕西省社会科学院考古研究所泾水队：《陕西彬县下孟村仰韶文化遗址发掘简报》，《考古》1962年第6期。

[3]　北京大学考古文博学院：《洛阳王湾——田野考古发掘报告》，北京大学出版社，2002年。

讨论更进了一步。

到20世纪80年代，尽管讨论中还有不同的意见，但是我国学界一般都认为半坡遗址仰韶文化为母系氏族社会；庙底沟型仰韶文化已开始进入父系氏族社会了。这时，由于我国新石器时代距今8000年以前的文化陆续发现（习惯称为我国新石器时代早期文化），基本上按不同地区形成了不同的文化谱系。如黄河中游渭河流域的老官台—白家文化和磁山—裴李岗文化；黄河下游的后李—北辛文化；东北地区的兴隆洼—新乐文化；长江中游地区的城背溪文化；东南沿海地区的河姆渡文化等等。这些不同文化的延续，均已形成了不同地区各自的文化体系。

到20世纪90年代，随着我国经济实力的发展，全国发现的新石器时代遗址更加丰富，不同文化遗迹、遗物遍地开花，学术界也热衷于原始聚落文化和中国古代文明形成的探讨，并把它列入国家重点项目扶持。如"夏商周断代工程""中华文明探源工程"，至今工作仍在进行中。已发表的有关图书资料也在本学科占据领先位置。这是半个世纪以来，我国文史界进步最突出的一门学科，具体表现在它为我国史前史弥补了很多空白，或者说，依据这些资料正在重建我国的史前历史。

写到这里，我记得美籍华人考古学家张光直先生在一篇文章中谈到，20世纪60年代初，他在香港买到一本《西安半坡》田野发掘报告，当天就看完一遍，认为是他看过的中国考古报告中写得最好的一本。原因是在这本书里的遗迹、遗物是当时20世纪40年代至50年代英美青年考古学者所提倡的所谓"人类学"的研究方法。也就是说，他认为《半坡》有"物"也有"人"[1]。这本书的出版已有50多年了，到今天仍是一本很有影响的好书。

也有人说这本书的文化分期还有不尽如人意之处。我认为每一部考古发掘报告都有其局限性，一处遗址出土的资料不可能解决所有的问题，而要看它是否已为读者阐释其应说明的重要部分，足矣。其不足之处，可以其同类有关遗址的发掘材料来补充。另外，也应考虑当时的学术水平。多数情况是随着时代的发展进步和不断的考古实践，逐渐地去解决，用今天的话说是"与时俱进"优胜劣汰。认识客观真理需要有个过程，各个学科的成长与发展都不例外。

半坡遗址发掘距今已50年了，回头看看这段历史，基本情况是清楚的，譬如它是6000年前分布在我国陕西关中地区的一支古代母系氏族部落文化。当时人们的经济文化水平、埋葬习俗、制陶工艺等均已展示在我们面前，再现我国原始社会晚期的真实面目。但是，它与其周边诸原始部落的关系以及它距我国古代文明的雏形有多远，至今还是我国学界所关注的研究课题。

---

[1]　张光直：《建议文物考古工作者熟读民族学》，《中国文物报》1993年10月31日。

有时学生问我，怎样提高考古学研究的水平?

我的回答是：考古工作和学术研究是无止境的，每代人有每代人的研究课题。考古工作，年年都有新的发现，每代人都有各自不同的学术任务，也有不同的机遇，一定要抓住时机，出色完成自己所肩负的各项任务。相信我国的考古水平每年都会有进步，积少成多，水到渠成。中国考古学作为一门学科，和其他学科一样，水涨船高，它也是随着时代的发展而发展，每年都有新的研究课题，创新就是进步，不断的创新就是提高考古学的研究水平。

我还告诉青年教师，搞中国考古学，其前途是无量的，务必树立自信心，选定目标后，只要自己肯努力，坚持下去，"成功"二字就在眼前。

另外，对创建我国原始社会史，谈些个人心得。这门学科的基本材料是考古学，特别是旧石器时代和新石器时代的资料。除此之外，还应有与其他相关的各种知识，如地质学、古生物学、古人类学、生态地理、史书传说、古文字和民族志（包括外国民族志）等。这对复原我国原始社会史都是不可缺少的。其中借鉴民族志有关资料（即"活化石"）尤为重要。

最后，引用张光直先生的一句话结束我这篇纪念文章，"念考古不是挖挖死人骨头就完成了，它是很复杂的社会人文科学。它的难在此，它的乐也在此。"[1]

原载《史前研究》，三秦出版社，2005年

---

[1]　张光直：《要是有个青年考古工作者来问道》，《中国文物报》1993年11月7日。

岩画与人类社会早期历史
——我对岩画学的研究

  岩画也称"石刻艺术"，在我国发现已有数千年的历史。公元前3世纪战国时的《韩非子》，汉代司马迁的《史纪》和北魏郦道元的《水经注》中，都有关于岩画的许多记载。现在中国岩画分布之广、数量之多，已成为世界岩画的重要组成部分。据不完全统计，岩画分布在全国19个省区，遍及100多个县（旗）。我国已成为亚洲最丰富的岩画国家之一。

  岩画研究已发展成为世界性的一门学科——岩画学。联合国已成立有专门机构——国际岩画委员会。中国自20世纪80年代也加入了这一国际学术组织。近数十年岩画学发展很快，出版了一些岩画考察报告、论文和专著等。随着我国的改革开放，与各国间经济、文化交流日益频繁，相信不久的将来，这门学科会更加迅速地成长起来。

  笔者1954年于北京大学历史系考古专业毕业，留校任教至今，主攻新石器时代考古学、原始社会史与民族志，曾参加和主持过多次新石器时代文化遗址、墓葬（大面积的工地如西安半坡、华县元君庙、洛阳王湾）的考古发掘，以及若干次少数民族社会历史调查（主要有佤族、独龙族、摩梭人和黎族等）。在校一直从事教学与科研工作。曾撰写过有关调查报告、发掘报告、简报和学术论著。但涉及岩画的考察与研究，是从20世纪80年代才开始的。

  1985年1月笔者应邀参加广西壮族自治区人民政府组织的"广西左江流域崖壁画考察暨学术讨论会"，曾发表论文：《广西左江宁明花山崖壁画试探》（载《广西民族研究》1986年第3期）；又曾考察过甘肃祁连山岩画、宁夏贺兰山岩画。1991年10月参加在宁夏银川市召开的"91国际岩画委员会年会暨宁夏国际岩画研讨会"，曾发表论文：《内蒙古、宁夏岩画生殖巫术析》（载《宁夏社会科学》1992年第2期）。1998年笔者赴美，曾考察过新墨西哥州阿布柯克、班德利尔、参卡威、圣塔克拉拉等几处岩画遗址。下面结合个人数十年的考察与研究，谈谈个人的一些认识：如岩画研究什么？如何断定岩画的年代？岩画研究内容以及岩画研究措施等。

一　岩画研究什么

要了解岩画研究什么，首先应知道岩画是如何形成的。最早的岩画是些什么内容，刻画此类图像之目的何在，以及它与人类生产、生活、社会发展等又有什么关系。

笔者认为用恩格斯"两种生产理论"作指导来分析观察问题，早期岩画中反映的现象就比较容易解决。因为岩画中的各种图像多是文字产生以前原始人类最珍贵的史料，也可说它是人类最原始的一种"石壁文化"。

所谓"直接生活的生产和再生产"就是恩格斯所说的物质资料生产和人类自身的生产，这两种生产都是历史中的决定性因素。因为社会中有劳动能力的人是物质资料生产的主体，没有人，就没有生产活动，也就没有人类社会。物质生活资料的生产、生产工具等生产资料的生产和人的生产，是人类社会活动的三个方面，而不是三个阶段。这三个方面，也可以归结为物质资料的生产和人的生产（繁衍）两种不同性质的生产。恩格斯指出："从历史的最初时期起，从第一批人出现时，三者就同时存在着，而且就是现在也还在历史上起着作用。"[1]可见没有两种生产或社会生活的三个方面，就没有人类社会的发展，就没有人类社会的历史。

另外，两种生产和社会制度之间存在着一定程度的制约和被制约的关系。首先，物质资料生产水平越低，社会制度越是受血族关系的制约。正如恩格斯讲的："劳动愈不发展，劳动产品的数量从而社会的财富愈受限制，社会制度就愈在较大程度上受血族关系的支配。"[2]

在"两种生产"理论的指导下，结合对岩画资料的剖析，世界各地原始社会早期人类社会生产发展的两个方面是一种什么情况呢？

目前所知，从全球古代岩画遗迹中，能辨认出反映最多、最清晰的画面，是人类生活（狩猎）和繁衍（生殖）之类的图像。它们是大量存在的。但是，由于地区（国别）的差异、时代早晚不同、族别文化的不同等，这些岩画图像也是大同小异或各有特色。这就需要各国岩画的专业人员做具体分析研究，用正确理论和科学方法进行分类比较研究，得出合理的解释，这是我们共同追求的目标。可见今天"岩画学"已发展成为全球国际性学科，需要同类学科的专家们共同协作，出谋献策，不断推进这门学科的创新与发展。从这个意义上说，岩画已成为全球人类共同的文化遗产，应得到全人类的关注和保护。

下面举两个例子：如法国诺克斯洞穴内，画有一万多年前的野牛壁画，在其身

---

[1]　《马克思恩格斯选集》，人民出版社，1972年，第一卷第34页。

[2]　《家庭、私有制和国家的起源》，人民出版社，1954年。

体侧面还画出了刺人的矛头或带有长杆的箭。此绘画与当时巫术信仰有关，目的是猎人希望狩猎时得到成功。类似的生产活动，已在国内外有关民族志材料中得到验证。如中国一些少数民族中（鄂温克族、独龙族、怒族等）于20世纪50年代，他们进行狩猎前，往往先举行"比拟巫术"仪式，请萨满（巫师）用柳条做成鹿、犴狉等动物模型，或是用面粉塑成各种野兽模型，然后用弓箭瞄准对其进行射击，作为猎获丰收的象征。[1]中国北方、南方各省（区）发现的岩画中，多数是猎人手持弓箭，射击野兽的图像，也有一些是动物繁衍图像，其时代多为新石器时代早期。南方云南沧源崖画晚于新石器时代。但是此画面作为人类谋求生活的狩猎意识是十分明显的。

另一种是作为人类自身繁衍（生殖）的岩画，从图像外形看，谓"人面形"或"兽面形"。此岩画图像释意，国内外学者尚持不同意见，有将其称"面具""太阳神""祖先神"等等。笔者根据考古与民族志资料，论证其为"生殖巫术"的图像[2]。

此岩画图像多发现于新石器时代，公元前4000年前后。之后，此图像多为整个人体形象所替代，类似中国汉代画像石中的人物像。笔者在研究中发现"生殖巫画"是人类社会发展到某一时期中特有的一种表现形式。是否全球各地岩画中均是如此，有待继续研究[3]。岩画"生殖巫画"人（兽）面形图像的消失，可能反映由于生产力的发展，私有制产生，人类婚姻关系及社会制度产生新的变化，或者是人类由群婚向一夫一妻制婚姻过渡的一种表现。

二　如何判定岩画的年代

岩画是史前远古人类生存活动的历史记录，或称原始社会的"百科全书"。它揭示了原始人类生产、生活、哲学思想（巫教）等社会实践的历史篇章。由于当时还没有文字，所以辨释那些古老的画面不得不依据其他相关学科的互证，觅寻其合理的答案。

首先遇到的问题是年代问题，目前能做到的，也只是很粗略的相对年代。

关于中国岩画的断代方法，已有学者总结介绍了各种研究手段：如采用考古学放射性碳素（碳–14）和孢子粉化验断代；以辨认岩画动物种属的兴灭来推测岩画年代；

[1]　李仰松:《民族考古学论文集》，科学出版社，1998年。

[2]　李仰松:《民族考古学论文集》，科学出版社，1998年。

[5]　目前发现中国岩画分布之广、数量之多应为东亚之首，它是研究中国古史十分重要而又为其他学科所无法替代的珍贵史料。中国最真实的文字史料是商代甲骨文字；往下是刻铸在青铜器上的金文；春秋战国时的竹（木）简册（一直延续到汉代），不久又出现纸；改革开放的现代又为计算机（电脑），之后将为光谱所替代。商代往上，夏代的文字（符号）曾发现在陶片上，再往前刻划在陶片上的符号在龙山文化、仰韶文化、裴李岗文化等都有发现，再往上推，应是中国岩石上的动物图像（符号）了。笔者认为中国最早的文字是多源的，它的前身就是岩画图像或称"石壁文化"。

岩画与出土文物相对照来推测岩画年代；通过古文献史料以及分析岩画制作手法、岩画内容题材、艺术风格以及民俗民族学等有关材料来判断其相对年代[1]。目前我国学者多系采用以上研究方法。

断定岩画的年代，还需要注意岩画图像的完整性。以图像资料丰富、清晰为最佳，否则会给研究者带来更大难度。若是岩画图像辨别不清，再多的论证也是无用的。因此，要求岩画工作者在搜集岩画资料时，务必真实可信，尽量将岩画拓片拓印清晰和做好文字记录。但是往往由于岩画的石质较差，天然腐蚀严重，拓片的效果肯定不好。研究者使用此类资料时应特别慎重。需要做大量核实工作，即首先对该图像考证属实后再做综合研究。

对于图像模糊的岩画，需要参考大量有关图像资料，材料愈多愈好。因为远古人类作画的技术一般都不甚规范，只有通过大量同类资料的对比，才能比较准确地掌握其图像内涵。

三　岩画研究内容

文章前面在"岩画研究什么"一节，笔者曾引用恩格斯"两种生产"理论作指导，并注意国内岩画的分区研究、岩画内容题材、制作技术以及结合该地区的生态环境、社会发展背景等有关材料进行综合分析验证。

在辨认岩画图像画面时，一般反映生活资料（狩猎及各类动物）方面的图像是比较清楚的。但是，反映人类自身繁衍（生殖）方面的图像就不那么容易辨认。

反映人类早期自身繁衍方面的岩画是以男女生殖器图像符号显示的，仍是以具体形象为主，但往往由于该图像不甚规范或有变形（特别是两性复合体图像），则不易辨别，需要参考大量同类资料方可确定。

另外，在岩画图像群中还有一些与两性符号相似的图像（所谓"太阳神"之类），若出现在同一片画面中，则更增大辨别的难度。不过经反复辨认，多参考其他有关图像，那些难辨认的图像是仍然可以辨认出来的。

通常岩画报告中提到的人（兽）面形岩画，笔者认为此类图像约95%以上都是反映人类自身繁衍的图像。例如盖山林先生在其著作中有一段详实的记录：

"这种人（兽）面题材在阴山地区的分布，几乎遍布于所有其他岩画分布的地方，从现在调查的范围看，东自乌拉特中旗，中经乌拉特后旗、磴口县，西至阿拉善左旗，可以看到单个或成群分布的人（兽）面纹样。这些图画在分布上，若与其他岩

---

[1]　盖山林：《阴山岩画》，文物出版社，1986年。李福顺：《中国岩画断代方法概论》，中国岩画研究中心编：《岩画》第一辑，中央民族大学出版社，1995年。

画题材相比，亦有其特点：它不像动物岩画一样，随意敲凿在任何适于作画的石面上，而往往只分布于沟畔悬崖或沟口崖畔上，除此之外，则极难见到。在制作方法上，不是制作岩画通用的'点状技术'，而是采用的比之费事甚多的磨刻技术，磨痕甚深，用手触之，有光滑如砥的感。从磨痕看，它绝不是随意顺便磨刻的，而是当作严肃、庄严的神圣的事业，经成年累月磨刻的，制作非常认真，一丝不苟……这种人面题材，往往只重复地出现几种形象，但它们彼此也不是绝对重复，按照总的轮廓，至少可以分成六个基本类型：正圆形、椭圆形、心形、方形、颅骨形（或猴头形）、上圆下直形，还有的只有面部五官，即只用窝点表示眼或嘴，而没有外圈轮廓线。当然，实际情况还要比此复杂得多，各种形象千变万化……但其基本要素，还是以人面或兽面为其基本特征，只是有无头形轮廓或无穷地变幻其五官形象而已。这种类人面纹样，绝大多数只是一个头形，没有耳朵，而很少连着身躯，也仅是随意画出，只有象征性的意义而已。"[1]值得注意的是"见于阴山的人面（兽）纹样，一般不与其他内容的岩画混刻于一处，而是单独存在。有时与一簇簇的星星刻于同一画面上。"[2]

　　另据盖山林该书介绍，在俄罗斯"乌苏里江流域舍列缅捷也沃村和黑龙江沿岸的萨卡奇——阿果附近（以上两地均在前苏联境内），也都发现了同样形象的人面形。对于乌苏里江流域的人面形，早在一百多年前，就被P·马克发现了……"[3]并且他所发现的那些岩画图像特征，与盖山林先生总结的内蒙古阴山地区的人（兽）面形的岩画特征大体相同。

　　在分析、探讨以上岩画图像之前，笔者首先对岩画中的人（兽）面形纹样作一解析：从外形直观，它似人面或兽面形状，但仔细分析此"人面"，一般都没有耳朵和眉毛，并且眼睛都是两个大黑点（窝）。笔者依据云南省佤族曾对男根符号的显示是三点形"∴"，即前面是阴茎，后面是两个睾丸；女阴符号是"丨"字形。据知世界很多民族都曾以此符号表示男女性别。"兽面形"纹样岩画，多系男根与女阴的上下复合体符号"❀"所形成的。有的再将其外边画一圆圈，即成为人面或兽面。有的在其周围刻划上阴毛（释为光芒纹不妥）。此类图像一般都不甚规整，或与混杂的窝点一起（有称星辰图像不妥），应释生育之血迹图。根据这些特征，笔者释此类人（兽）面图像谓"生殖巫术"图像。

　　可见盖山林先生总结的阴山岩画人（兽）面形的若干特征，正好是反映了远古人类在公元前4000年前有过历史上特定的"生殖巫术"的习俗。

　　譬如谈到人（兽）面形岩画，不是随意敲凿在任何适于作画的石面上，而往往只

[1]　盖山林：《阴山岩画》，内蒙古人民出版社，1985年，第127、28、136页。
[2]　盖山林：《阴山岩画》，内蒙古人民出版社，1985年，第127、28、136页。
[3]　盖山林：《阴山岩画》，内蒙古人民出版社，1985年，第127、28、136页。

分布在沟畔悬崖或沟口崖畔上，正说明这种地貌环境，便于人们在这里举行"生殖巫术"的仪式。

谈到制作人（兽）面形图像非常认真，采用比较费事的磨刻技术，磨痕较深，手触有光滑感。说明人们确实对此类图像作为庄重、严肃和神圣的事业看待。

谈到人（兽）面形图像，往往只重点的出现几种形象，即只用窝点表示"眼睛"或"嘴"，而没有外圈轮廓线，或绝大多数只一个头形（没有耳朵）而很少连着身躯。它恰好说明此类图像即是男根或女阴构成的图像。

谈到这些人（兽）面形图像一般不与其他内容的岩画混刻在一处，而是单独的存在。这也说明他们对"生殖巫术"十分重视，有专门的活动场地。

这里顺便提及江苏连云港将军崖岩刻，其中有一组"人面形"图像，有大有小，其外面还有一些零星的男根图像和分散的女阴符号，更耐人寻味的是有些"人面形"图像的下面刻划一条线从女阴符号中引生出来，这无疑是原始社会的一幅"生殖巫画"。也有称是"祭礼谷物神的形象记录，谓'稷神崇拜图'。"[1]

四 岩画研究的措施

至今岩画学已发展成为一门国际性的学科。目前所知，世界各大洲均发现有远古人类创作的岩画遗迹，这是符合客观实际的，因为凡有人类生存的地方，都曾经历过那段原始社会形态艰辛的历史。虽然当时世界各地区的生态、社会条件不同，但当时初民的思维意识、生理特征、谋求生存的方式等等大体是一致的。所以百年前，马克思、恩格斯早已提出研究人类历史的唯物主义观点——即物质资料的生产和人类自身繁衍（增殖）的理论。

时至今日，世界各地所发现的岩画遗迹，特别是人类早期的岩画题材，正好反映了人们猎取动物和人类自身繁衍（性器官）的图像，这不能不说是一种"巧合"。

顺便再举一个例子，1998年笔者赴美于新墨西哥州阿布柯克地区考察一个岩画点，曾发现一幅岩画图像，也是男根与女阴符号刻画在一起，其图像为"♂▼"与中国内蒙古阴山岩画中的男根女阴图像十分雷同。该岩画点还有一些动物图像，人的手、足图像等，也都是世界各地区所常见到的纹样，并且制作技术、方法也十分相似。

看到这些雷同的岩画图像感到非常惊奇，这些图像是同时代的呢？还是由甲地传播到乙地？一时还说不清楚。若是传播，在近距离应是可能的。然而在远古时代，交

---

[1] 李福顺：《将军崖岩画试探》，载《美术史论》1984年第4期。

通工具十分简陋，距离这么遥远……其艰辛程度实在难以想像。

弄清岩画雷同问题，是否可有以下措施：

第一，成立各省（区）的岩画研究机构，如研究中心或研究院（所）定期组织有关学术研究会议，会后及时出版《岩画研讨文集》。

第二，研究中心或岩画省（区）研究院（所），包括岩画博物馆，按计划完成本区岩画考察报告及有关通讯和文集等。

第三，岩画研究中心定期召开全国岩画工作及学术研讨会议，会后出版岩画工作纪要及文集。

第四，有条件的省（区），可申请成立岩画博物馆，以正常开展业务工作。

第五，中国岩画研究中心或研究院（所）根据需要，与联合国国际岩画委员会联系，定期在中国召开岩画国际会议，共同协作与交流，促进岩画学水平的提高与发展。

通过以上努力，笔者认为"岩画学"在世界同类学科中会有飞跃式的发展，它不但可以搞清楚本省（区）岩画的编年图谱（应是与世界各国历史文化发展的过程相一致的），并且还为全球"岩画学"的综合研究创造了必要的条件和缩短了研究的过程。

中国岩画分布广，发现数量较多，但对岩画学的研究工作起步较晚，随着国家改革开放和经济建设的深入发展，文化发展、环保卫生、旅游等各个部门均飞速发展，促使岩画这门学科也广为国人关注。总的说，这门学科还很年轻，需要政府各级领导部门的大力扶持，以及同行们的努力开拓，不断进取。希望不久的将来，中国的岩画学一定能够成为东亚人类初期"石壁文化"遗迹保存最完整的文化教育基地，同时也为世界岩画学作出应有的贡献。

原载《2000宁夏国际岩画研讨会文集》，宁夏人民出版社，2001年

岩画学是多学科综合研究的一门新兴学科
——对中国岩画研究的反思

岩画研究目前已成为全球人类学界所共同关注的一门新兴学科——岩画学。中国早在公元前3世纪的《韩非子》中就有岩画的记载。但是中国岩画的研究工作则起步较晚。大概开始于20世纪中期。到80年代，由于新发现岩画点的逐年递增，改革开放政策的深入发展，以及中外岩画学者间频繁的学术交流，国际岩画界对中国岩画的逐渐了解，中国岩画研究在国际岩画学界才占有了一席之地。

中国岩画学在起步中取得了不少成绩。1991和2000年两届国际岩画委员会暨宁夏国际岩画研讨会在中国宁夏银川举行。两届国际岩画盛会的召开，大大推动了我国各地区有关岩画研究事业的发展。在我国岩画重点地区成立了岩画博物馆及岩画研究院；创办了《岩画研究》专刊；有关部门还成立了中国岩画研究中心等。中国文化出版部门出版了不少岩画考察报告和有关的岩画专辑，成绩斐然。正如中国首创《岩画研究》专刊的主编王邦秀先生在卷首语中所说：毫无疑问，中国岩画丰富了世界岩画，它是世界岩画中的一株"奇葩"。

再从这门学科的出版信息看，无论是数量和质量，每年都有进步。我相信随着中国国力的不断增强，中外岩画信息的交流与合作，各学科的进步与发展，以及我国岩画研究水平的进一步提高，在不久的将来，我国岩画研究将对全球岩画研究作出应有的贡献。

一　岩画研究中的困惑

我国岩画学教授陈兆复先生在谈到岩画研究的意义时说"岩画的意义在于研究。从旧石器时代晚期的狩猎者到现代的部落民族，人们都在岩石上记录着人类长期活动的历史性篇章，它的内容包括早期人类的社会实践、哲学思想、宗教信仰和美学观念。只有对岩画研究得越深，它的文化内涵揭发得越充分，它的意义也就越大"[1]。

目前在岩画研究这门学科的实践中，通常在其年代、内容、喻意等各方面遇到不

---

[1]　陈兆复：《20世纪中国岩画研究之回顾》，见《2000宁夏国际岩画研究研讨会文集》，宁夏人民出版社，2001年，第9页。

少困惑。问题出在哪里？很值得人们思考。我反思多年，谈一些体会，不当之处请读者指正。

岩画是远古人类社会实践的历史记录，也可以说它是人类原始文字（或符号）出现之前的一种特殊的符号。其鼎盛时期（相对年代）应在旧石器时代晚期至新石器时代中晚期。由于人类社会发展的多元化，其社会历史发展的先后不等和不平衡性[1]，各地区形成不同的文化特征和文化体系。就是这些远离人们久远的特殊符号（岩画），记录了当时最珍贵的历史现实，留给后人去研究和解读。

笔者认为正因为当时还没有发明文字，而单靠人类口述难以传递后世。即便是传说下来的一些信息，如春秋战国时代（《山海经》）也都演绎为神话故事了。它仅作为后世的参考史料。

即使文字出现时期，人们对远古遗留下来的那些特殊符号（岩画）也缺乏认识。可能他们仅能依当时社会习俗，任意附会的解释。这些现象需要后人另作考证与核定。

二　对岩画解读的体会

岩画是远离人类久远的一种"特殊符号"，当时还没有发明文字。即使人类社会发展到产生文字的时候，他们也难以理解其真正含义。应当说，他们比起今天我们的条件，更难以论证岩画的内涵。

笔者体会到半个世纪以来，社会发展变化及先进科学技术的飞速发展，是前人所不能想象的。它给我们的启示是：人类社会文明只有发展到较高的程度，由于社会分工和科学的不断进步，才会产生专门人才从事各项事物的深入研究。从人类社会历史发展的轨迹看，人类社会诸多的发明创造，都是从无到有，从小到大。50年前，我们从未想过人类能登上月球，而20世纪竟成了现实。可见人类社会的进步与发展是无限的，人类的智慧才能也是无限的。随着社会的进步与发展，相信在本世纪末还会有更新奇的理想成为现实。

在对岩画研究的困惑中，有人认为岩画是"天书"，可能今后将永远无法解读。我们持否定意见。认为岩画是可以解读的。

人类社会的进步与发展，促使社会各个学科的成长逐渐走向成熟。随着人类社会的不断进步，还可以产生出另一种新兴的学科。新兴学科的产生，也是根据人类

---

[1]　人类社会多元化，发展不平衡性，自古就存在。又如中国解放初期（1949～1956年）我国边疆地区的少数民族仍保留有原始社会、奴隶制、封建制等各种社会制度的文化习俗。留给我们的启示是：人类社会的进步是绝对的。但同一时期，由于各种原因，某些民族或群体的后进是相对的。所以同一社会发展过程中，各人群间的文化差异是客观存在的。

社会文化的进步、学科拓展的需要产生的。中国岩画学的形成与成长，已经很说明问题了。

通常岩画都分布在深山荒坡上，难以辨别，而岩画研究比发现岩画更困难。首先对岩画符号的识别，它是何物？由于时代久远，又是凿绘于野外露天或残破山洞里，原本画面简朴、遗址模糊不清，再经天然破损，更是难以辨认。同类图像的制作，多大同小异；有单一的或成组的在一起；图像的内容各不相同。至于弄清岩画的年代更是一大难题。

如何解决这些困难？对一个非专业的人员来说，根本就无从着手。一般多是按今天"看图识字"的模式去识别。如它给人的第一印象是人面、手、足、太阳、星辰、牛、羊、鹿、虎、蛇、圆圈……等等。这按图谱对照也无大错，但是对岩画图像更深层的含义就说不清了。

我认为解读岩画，首先需要弄清它的时代和历史背景[1]。目前岩画断代的方法也有不少，如有碳-14测定年代、对工具的分析、分析岩画内容、与同类考古遗物对比、早晚画面叠压关系分析等等。这些方法，都离不开对当时人类社会历史背景的认识。只有了解原始人类社会历史的基本知识、哲学思想、信仰和行为规范等，才有解读岩画内涵的可能。

所以研究岩画务必学习原始社会史和考古学、民族志等有关史料，以及了解与岩画学有关的其他学科的知识，才有可能解开研究岩画所遇到的困惑。

例如笔者在研究内蒙古阴山岩画[2]和宁夏贺兰山岩画[3]时，先是从岩画的年代考证作起。岩画刻雕在岩壁上，其年代难以确定，只能借鉴于其他有关学科的研究成果来解决[4]。当时借鉴陕西姜寨遗址仰韶文化（与半坡仰韶文化相同）婴儿瓮棺葬的彩陶图案符号"非"与贺兰山岩画的同类符号"非"相比较，二者图像外形与巫术喻意均相同，半坡仰韶文化的年代，据测定及文化对比应是距今6000年以前，从而解开了贺兰山的岩画哑谜。

再用同样的研究（类比）方法，对江苏连云港将军崖岩画内涵也作出合理的解读。它是一幅"生殖巫画"[5]，时代约距今6000年。

---

[1] 岩画是远古人类社会实践所遗留下来的作品，也称"巫画"。它是研究当时人类生产、生活实践以及哲学信仰等最直接的史料。

[2] 盖山林：《阴山岩画》，文物出版社，1986年。

[3] 王系松、许成、李文杰、卫忠：《贺兰山岩画》，宁夏人民出版社，1990年。

[4] 李仰松：《仰韶文化婴首、鱼、蛙纹陶盆考释》，《北京大学学报（哲学社会科学版）》1991年第2期。李仰松：《贺兰山岩画生殖巫术画新证》，《中国文物报》1992年2月16日。

[5] 李仰松：《寻找解开考古学中哑谜的钥匙》，见《考古人和他们的故事》第2辑，学苑出版社，2006年，第206页。

另有学者把将军崖岩画解释为稷神崇拜图，是祭祀谷物神的形象记录[1]。此解读是把岩画主题与当时的农业生产联系起来，也有一定道理。或许之后，人们对原先岩画图像又会作新的解释。但是，我们对这幅岩画内容（诸个图像）的整体观察，特别是将它与远古人类的"生殖巫画"相类比则更符合实际情况，所以确认它是一幅生殖巫画图。

这如同我国人民对龙图像认识的轨迹：最初是龙图腾崇拜→阶级权力的象征→把龙文化作为中华民族团结喜庆的象征。它留给我们的启示是：早期人类的岩画在社会历史发展过程中，不同时代人们也会有不同社会意识形态（文化内涵）的解读，人类社会变革和文化演变是客观存在的，应是社会发展的正常现象。

如同田野考古中，文化遗物分期断代的原则：晚期文化层（指地层）中可以出现早期人类留下来的东西，而早期文化层中绝对不会（也不可能）出现人类晚期遗留下来的东西。用通俗的话来说："子孙爷爷不能倒置"。这对我们研究岩画年代的早晚关系，也是适用的。所以我们在解读岩画图像时，务必对图像的内涵与时代作具体分析。

三　江苏将军崖的"岩石地画"

王伯敏教授曾在《"地画"释略》[2]一文中对江苏连云港将军崖岩画释为"地画"。我认为按岩画的资料称"岩石地画"更为适宜。此外，我再提供一处与此岩画有关的资料。它就是宁夏贺兰山的一处"岩石地画"。具体地点是从贺兰山口往里走，约二公里处的右侧，在一大块岩石的平台上，刻凿一幅高约1米的女人仰卧岩画[3]，其对面还有一扇面形坡地。此岩画像与将军崖岩画图像的内容不同。将军崖岩画是属于男、女性器官图像。而贺兰山口那幅则是女人仰卧图像。但是二者喻意都是一致的，无疑均是与人类生殖繁衍有关的巫画，所以它或许还是将军崖生殖巫画的佐证。

但是，江苏将军崖与宁夏贺兰山口的两处"岩石地画"与甘肃大地湾仰韶文化F411房内的"地画"[4]有本质的不同。前者两处岩画均是刻凿在岩石上，属于永久性的遗址。而大地湾仰韶文化F411房内的"地画"是用黑炭涂画在地面上的，其画面痕迹

[1]　李福顺：《中国岩画断代方法概论》，中国岩画研究中心编：《岩画》第一辑，中央民族大学出版社，1995年，第27页。
[2]　王伯敏：《"地画"释略》，《2000宁夏国际岩画研究研讨会文集》，宁夏人民出版社，2001年，第13页。
[3]　王系松等：《贺兰山岩画》，宁夏人民出版社，1990年，（拓本）016母子图，第13页。
[4]　甘肃省文物工作队：《大地湾遗址仰韶晚期地画的发现》，《文物》1986年第2期。

是暂时的，随时可以抹掉，它们虽然都是"巫画"，笔者曾作过考证[1]，但是它与"岩石地画"有本质的区别，其喻意从略，读者可作对比。

目前用民族志资料考证"岩石地画"的例子还不多。民俗学家宋兆麟在谈到远古人类的"繁殖巫术"时，提到"节日野合"的习俗。他说："男女在野外结合本是远古人类的婚配形式，起源于遥远的乱婚（杂交——李按）时代，并且是氏族群婚初期的基本婚配形式，具有群对群的集体婚配特征，交媾是在野外进行的"[2]。另外，国外一些土著民族和部落的婚俗，对我们解读岩画中的"生殖巫术"，也可作为参考，如美拉尼西亚所罗门群岛土人年轻人只能到树林里发生性关系，绝不允许在村内发生性行为。在斐济群岛、新喀里多尼亚群岛、新几内亚的某些部落，在印度的冈德人和南非的乌托人的部落里，甚至禁忌夫妻在住宅里发生性关系而要到森林里媾和[3]。在我国古籍文献、汉画像砖和民族志中还有不少有关人类野合的资料，因篇幅所限从略。

总之，这些史料对我们研讨和解读岩画内涵中的各种现象，都是活生生的素材，也称"活化石"。它对解读以上"岩石地画"，也是最珍贵的史料。

四　余论

早期岩画距人类文明社会（指出现文字）已有相当长的一段时间。当时刻画在自然山洞和岩壁上的各种图像，客观上就是当时人类生产、生活、信仰的真实写照。即便是人类到商代已发明了甲骨文，但人们也无法了解比他们出现更早的那些图像的内容。当时人们对天体的一些自然现象的认识，可能也还是一片朦胧状态。自然界的很多现象，对他们来说，仍是不可知的。

由此可见，对远古人类社会历史的研究，单靠古史文献的记载是远远不够的，而务必借助有关其他学科（包括自然学科）作综合研究，才能较客观的反映出事实的本来面目。因为人类社会历史的进步与发展，会涉及到社会生活的诸多方面，岩画仅是当时人类社会实践遗留下的一个侧面。

我们可以把人类社会历史的进步与发展喻为体育场上的田径"接力赛"，承前启后，代代传递，把人类社会实践的智慧与文化不断推向前进。所以研究岩画这门学科时，借鉴其他有关学科的配合特别重要。如一百多年前马克思、恩格斯对远古人类社会历史研究的论著，其研究方法和论证材料，通过后人借鉴时再行验证与思考。还有

---

[1]　李仰松：《秦安大地湾仰韶晚期地画》，《考古》1986年第11期。李仰松著：《解读岩画》，《考古人和他们的故事》第2辑，学苑出版社，2006年，第208～212页。

[2]　宋兆麟：《巫与民族信仰》，中国华侨出版公司，1990年，第139页。

[3]　（苏）谢苗诺夫：《婚姻和家庭的起源》，蔡俊生译，中国社会科学出版社，1983年，第89～90页。

其他有关的考古学、人类学、生态地理、史书传说、古文字、中外民族志以及国外的岩画信息等等，所有能够借鉴的诸多知识，都可充分加以利用。

总而言之，对研究岩画有关的资料均可参考，不要放弃。但对诸多材料的选择与取舍，在一定程度上反映了个人的实践经验与研究水平。取材要特别慎重，要从实际出发，实事求是、宁缺毋滥，尽量使岩画解读符合实际，经得起时间的考验。

还要强调的是岩画研究今天已成为一门世界性学科——岩画学，所以更需要与国际岩画学者的交流与合作，才能把岩画学的研究引向深入。1998年笔者赴美去新墨西哥州阿布柯克地区考察一个岩画点，发现一幅岩画是男根与女阴符号刻凿在一起[1]，此图像与中国内蒙古岩画中的男根女阴符号图像十分雷同[2]。另外，岩画中人的手印、脚印及各种动物图像也无大差别。若是双方共同进行分析研究，便可不断推进同类岩画内涵的探讨取得共识，并且大大缩短岩画学研究的进程。

我们深信通过世界岩画学者的共同努力，"用蚂蚁啃骨头的精神"全力以赴地钻研下去，未来总有一天会把岩画哑谜破解清楚，关键是需要智慧与时间。

原载《史前研究》，三秦出版社，2006年

---

[1]　李仰松：《寻找解开考古学中哑谜的钥匙》，见《考古人和他们的故事》，学苑出版社，2006年，第207页。

[2]　盖山林：《阴山岩画》，文物出版社，1986年，第244页。

对青海贵南县齐家文化墓地无头墓穴的解读[1]

　　青海省贵南县尕马台齐家文化墓地是北京大学历史系考古专业学生1977年考古实习发掘较完整的一处新石器时代墓地。共发现单人墓与合葬墓43座（图一），墓穴排列有序，墓与墓之间有一定间距，没有相互打破关系，说明这个墓地应是一处人们关系十分密切的人群——部落墓地。

　　这个墓地共发现30余座"俯身葬"，此种集中一起的葬俗，目前所知，是全国首例。"俯身葬"式又分为四种情况：

　　1. 葬在墓地中部的第25号墓，全身骨骼完整，随葬品较多，还发现一件铜镜，说明墓主人的社会地位较高；

　　2. 墓地东部边缘埋葬6座无头人骨骼；

　　3. 二次葬死者的骨骼经不同程度的扰乱，有的下肢完整，上肢扰乱，有的除主要骨骼保持俯身姿态外，其余被扰乱，均无随葬品；

　　4. 为迁葬墓，有迁出，也有迁入的。从此墓地埋葬的不同葬式和随葬品的多少，可知这个村落的居民已有明显的阶级分化。

　　值得注意的是这一墓地中的6座无头墓葬，有单人的，也有双人合葬的。其中有成人男女合葬2座，成人男性单人葬2座，成人男性合葬墓1座及成人女性与小孩（2人）合葬墓1座。他（她）们均被埋在墓地东北角的边缘，诸墓穴中除主人随身携带的装饰品（如骨珠、小石片）外，再无其他物品。这种无头葬者的身份如何？是异族还是本族人？死亡原因等诸多疑问，需要作深入的研究。

　　首先，需要弄清埋葬在尕马台墓地的六座无头墓葬的人与本墓地有头正常死亡的人是什么关系？

　　从其埋葬习俗看，都一样，他（她）们应是同族人。如他们埋葬的头向，都是女性向西，男性向东；另外，墓穴中男性通常是俯身右手下垂，左手举起，被砍头的男性也是相同。可见他（她）们信仰、思维意识并无差异。

　　那么，他（她）的区别如何？又是什么原因呢？

---

[1] 发掘简介见《青海日报》1978年2月18日。

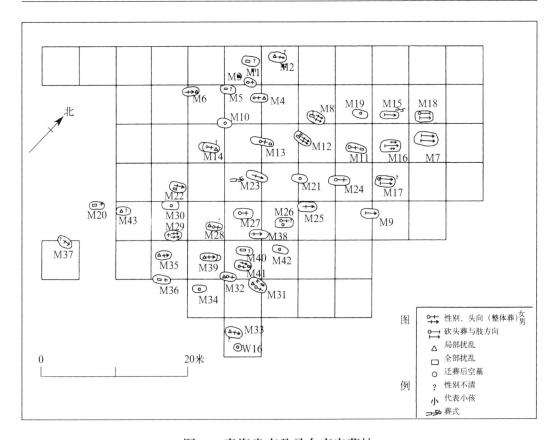

图一　青海贵南尕马台齐家墓地

　　其区别是被砍去人头的人（六座墓），均埋葬在整个墓地的东北边缘，而不能埋在正常死亡人群中。另外，无头的墓穴内，均无随葬品。

　　还有，为何无头墓穴中有成人男女合葬、成人男性合葬、单人葬和一成年女性与两个小孩的合葬？人们也许会问这些无头者是否为本族内"酋长"所为？或者说，那些无头者就是"酋长"的奴隶？

　　我认为青海贵南尕马台齐家文化墓地的情况与云南省西盟佤族20世纪50年代以前的"猎首"习俗十分相似。虽然二者人群的文化不同，具体行为可能也不完全相同。但是，作为人类社会发展过程中的一段历程应是相通的。因为根据世界欧、亚、美、非、澳及大洋洲等地土著（原始人类群体）的社会历史考察，发现在他们发展到原始社会末期，多数都有过（但还不能肯定为所有的人群）部落之间的械斗——血族复仇。通常把这一段人类历史称为"军事民主制"社会发展阶段。至于有没有，或是不是肯定是要依据客观实物资料去分析研究。

　　20世纪50年代的社会历史调查表明当时的西盟佤族属于原始家长奴隶制社会阶

段，其"猎首"习俗就保存有浓厚的"军事民主制"的特点[1]。他们在与敌对部落发生械斗时，往往是按自然区分和历史上友好的村寨结成部落联盟，以对付敌对的氏族部落。他们部落与部落之间的械斗极为频繁，通常以血族复仇（"猎首"）的形式出现；同时，又与农业生产收获的好坏联系起来。他们认为要使谷子丰收，就得砍人头祭祀。砍什么人的头祭谷？通常都是他们敌对部落的人头。

每年农历三月和七八月间，正逢播种和收获谷子的季节时，也就是他们砍人头祭谷子的时候，他们不论是在村寨内或是下地搞生产，对方都戒备森严，人们不能单独外出，下地生产时，也有部分人专作警戒，以御防敌对部落来砍头、拉人、拉牛等报复行为。一般在非砍头季节，双方的戒备和警惕性就松弛一些。出击对方时，先行看鸡卦，卦好则出击；不好，缓行或不出击。当械斗发生时，部落内所有成年男子均需参加，械斗中直接指挥者（"军事首领"）一般是不固定的，往往是临时推选，械斗结束，其职责随之解除。

西盟佤族之间的械斗多是些小规模的袭击，即使有些规模较大的械斗，也为时很短。使用的武器，大都是自制，有长刀、镖子、弓箭、扎脚竹签和火枪（由外地交换来的）等。

由于佤族部落间的械斗频繁，他们利用熟悉的地形常打伏击战。善于突袭，特别是夜袭。战斗起来是很残酷的，有时对待敌对村寨的人民、牲畜、猪、牛，烧、杀、抢掠，造成严重的破坏。但是，他们决不去占领这个村寨。主要是砍取对方村寨的人头，掠走他们的猪牛等牲畜，甚至抢走他们的小孩做家庭"奴隶"。在他们心目中，进行掠夺是比进行创造的劳动更为容易的事情，这是原始社会晚期军事民主制时期较为突出的特征。

佤族把砍回来的人头，经全寨人数天歌舞欢祭后，把它供在木鼓房里。再把以前砍来的人头从木鼓房取出，安置在村寨后面的山林中。被砍去人头的尸体，由该村寨人民负责处理，他们把砍去头的人认为是"凶死"，已经失去灵魂，不能将他与该村落的家人葬在一起，而是在村外用树干搭一个木架，将尸体放置上面，不久即埋在附近山林中，没有任何随葬品。

而青海尕马台齐家文化墓地的情况，是将埋葬在本村寨（部落）公共墓地的东北部边缘，其布局的位置显而易见，也是因为"凶死"而不能埋在正常死亡人群里。但是，从死者（无头者）的葬俗看，均俯身葬，男、女头向方位（男性头向东北，女性头向西南）。男性左手举起等习俗，与公共墓地中正常死亡的人完全相同，证明他（她）们均该村寨的平民。

[1] 李仰松：《民族考古学论文集》，科学出版社，1998年，图版壹陆至壹捌佤族"猎首"活动之一至三。

　　从尕马台齐家文化六座无头墓中的葬俗看，与西盟佤族的"猎首"习俗十分相似，那些被砍去人头的尸体，有成年夫妇或是一个家庭（包括其子女），或是单体个人，他们去掉人头留下尸体，虽然没有与本族人墓地分开埋葬，而是集中埋葬在本村落墓地的边缘，以示关怀。这也许是新石器时代晚期，人们处理因械斗对"凶死"者的另一种埋葬习俗。因为他们的头颅已被敌人砍去而失掉灵魂，所以同族人也不能按一般正常死亡人的葬俗来埋葬一定数目的随葬品。但是死者生前随身携带的装饰物，则仍然随其尸体埋在墓穴里，这些均反映了军事民主制时期，本族人对因械斗被猎首死者埋葬的真实情况。

　　依民族考古学的基本原理，通过西盟佤族"猎首"习俗的类比、验证、推理，具体解读青海尕马台齐家文化"猎首"墓地的情况，在我国学界尚属首例。但是，有关原始社会晚期军事民主制社会发展阶段，我国新石器时代有关资料还有不少，都值得我们密切关注和认真思考。

原载《考古人和他们的故事》第二辑，学苑出版社，2008年

华南和西南地区新石器文化

中国华南和西南地区，包括江西、福建、台湾、广东、广西、贵州、云南、四川和西藏等省、区。这里的新石器遗址一般坐落在河湖或海边的山岗、台地、沙丘和洞穴内。自20世纪30年代起，在这一地区便开始了考古工作，但当时多限于调查，数量有限。广西武鸣和桂林发现的4处洞穴遗址，因打制石器和磨制石器共存，不见陶片，曾被推定为中石器时代遗存。对广泛分布于华南地区、以几何印纹陶和有段石锛为代表的遗存，都被统称为"几何印纹陶文化"，并一概归属新石器时代晚期。从50年代后期开始，通过考古普查并经重点发掘，逐渐揭示出各地区新石器遗存的文化面貌。目前一般认为，华南地区较早期的新石器文化，大体以打制石器、磨制石器和简单的绳纹粗红陶等为基本内涵；新石器晚期遗存被大量发现，并开始细加区分，有些已被命名为不同的考古学文化，如江西的山背文化、福建的昙石山文化、广东的石峡文化等。同时，明确了不能把"几何印纹陶文化"视为统一的考古学文化。作为一种独特的制陶工艺和重要文化特征因素的"几何印纹陶"，自新石器时代晚期萌芽发生，至商周时期兴盛发展，到战国时期才日益衰退，在中国古代文化史上占有重要的地位。至于西南地区，70年代以来，对云南宾川白羊村、西藏昌都卡若等遗址的发掘，也有不少新的发现。对华南、西南的一系列遗址还作过年代测定，但由于华南石灰岩地质条件对放射性碳素断代标本的影响，误差往往较大，因此，有关的年代数据只能供参考。

一　分区和内涵

根据目前的考古发现及文化概貌的差别，暂分下列6个地区叙述。

1. 鄱阳湖—赣江地区

这一地区较早期的新石器文化为江西万年仙人洞一期文化遗存，晚期主要有山背文化。

仙人洞遗址的下层和上层即一、二期，是有较大差别的两个阶段的文化遗存。一期的放射性碳素断代年代，为公元前6800年左右（未校正），在南方较早期的新石器遗存中具有代表性。打制石器多于磨制石器，骨、角、蚌器丰富，陶器均为低火候的粗砂红陶，主要是一种绳纹圆底罐形器。文化堆积中夹杂大量的兽、禽、蚌、螺、鱼、鳖类遗骸。经济生活以渔猎和采集为主。仙人洞二期文化遗存陶器变化较大，除有与一期相同的大量绳纹粗砂红陶外，出现了新的陶系、纹饰和器形。仙人洞的一、二期文化经历了较长时期的发展，它们都远早于山背文化。

山背文化以江西修水山背村跑马岭遗址、杨家坪遗址为代表，经发掘的遗址还有清江营盘里、筑卫城、樊城堆等。主要分布在鄱阳湖周围和赣江中下游。据放射性碳素断代并经校正的年代，约为公元前2800年。在跑马岭和

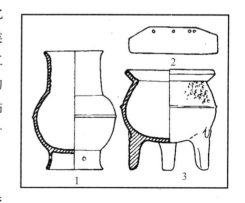

图一　山背文化的遗物
1. 圈足壶　2. 石刀　3. 鼎

杨家坪分别发现有圆角长方形和近圆形的地面房屋基址。石器以大型厚重的长条形有段石锛、带孔的半月形、梳形、长方形石刀为代表。陶器中夹砂红陶最多，纹饰以凹凸弦纹为主。出现了少量的几何印纹陶，拍印的方格纹、曲折纹、圆圈纹、漩涡纹等比较粗浅凌乱，是华南地区发生期几何印纹陶的一种。主要器形有罐形鼎、直壁盘形鼎、瘦高袋足鬶、圆底罐、圈足壶、豆、簋等（图一）。从草拌泥中的稻壳、稻秆痕迹，表明主要从事稻作农业生产。由山背文化的筑卫城下层遗存，发展为筑卫城中层文化，陶器以灰褐陶为主，增加了叶脉纹、席纹、云雷纹等几何纹样，特别是新出现少量的几何印纹硬陶。有人认为它处于新石器时代末期，而不归属山背文化，也有人认为仍可考虑归属山背文化而作为其晚期遗存。

2. 闽台地区

福建地区发现了许多新石器遗存，目前比较清楚的是昙石山文化。台湾及其附近的澎湖、兰屿等岛屿，重要的原始文化有台东县长滨八仙洞遗存、大坌坑文化、圆山文化和凤鼻头文化。此外，在金门岛上还发现有以饰弧线篦点纹、贝齿纹的陶器为特点的蚵壳墩贝丘遗址。

昙石山文化以闽侯昙石山遗址中、下层为代表，同类遗址有闽侯庄边山贝丘下层和溪头贝丘、福清东张下层等。主要分布在闽江下游一带。石器以锛为最多，除扁平常型锛、有段石锛外，以带人字形纵脊的石锛最具特色。当时经营农业并有较发达的渔猎经济。陶器有釜、鼎、壶、罐、豆、簋、杯等（图二）。存在少量饰曲尺纹、圆圈纹、叶脉纹等纹样的几何印纹陶和绘红色条带、卵点的彩陶是其文化特征之一。昙石山有5座横穴式陶窑，集中分布在一起，表面烧窑已具有一定规模。在溪头遗址发现一座成年男女的同坑合葬墓，男性仰卧直肢，女性侧身屈肢依附于男性的身旁，当是原始父权制时期

的一种葬俗。昙石山文化的发展去向，是青铜时代的昙石山上层一类遗存。

台东八仙洞在含陶片的新石器时代层下面，还发现3000多件打制石器和少量骨器，无陶器共存。一般将其下层遗存称为长滨文化，定为旧石器时代晚期。但放射性碳素断代的数据除1个稍早外，其他4个的年代都在公元前三、四千年左右。对其时代和内涵尚需再作研究。

大坌坑文化因台北县大坌坑遗址而得名。同类遗址有台北市圆山贝丘下层、台南县八甲村、高雄县凤鼻头贝丘下层等（图三）。集中分布在台湾北部淡水河下游和西海岸一带。据放射性碳素断代并经校正的年代，约为公元前4400年。石器类型比较简单。陶器多为红褐色砂陶。当时渔猎经济比较发达，甚至可能占主要地位。

圆山文化以台北市圆山遗址上层为代表，同类遗址台北县大坌坑贝丘遗址上层、土地公山遗址等。主要分布在台北盆地，延伸到北部沿海一带。据放射性碳素断代并经校正，年代约为公元前2400～前1100年，下限还当更晚。石器主要有锄、铲、有段石斧、双肩石斧、镞等。也有鱼镖、箭头一类骨器。陶器以棕灰色细砂陶为主。有红彩而未见绳纹。晚期已出现少许青铜器，如大坌坑上层的一件两翼式青铜镞，与商周时代的同类器近似。

大坌坑文化结束之后，以台湾西海岸中南部地区为中心，先后持续存在着3种类型的文化遗存，目前暂都归属凤鼻头文化。最初的是红陶文化类型，主要遗址有高雄县凤鼻头中层、屏东县垦丁寮和鹅銮鼻、台中县牛骂头下层等。据放射性断代，年代为公元前2000年左右。估计其起迄年代为公元前2500～前1500年。石器主要有锄、靴形刀、长方形和半月形穿孔石刀、磨盘、矛、镞等，一般磨制。红陶上印有绳纹、席纹并偶见红彩。器形有圆柱形足鼎、小口宽肩罐、镂孔豆、细长颈瓶、盆、碗等。在台南市牛稠子贝丘遗址发现了粟粒遗迹。经济生活以农业为主，兼营渔猎。墓葬中存在石棺墓。从垦丁寮、鹅銮鼻的墓葬人骨上见有拔牙习俗。约自公元前1500年～公元初期，发展成为素面和刻纹黑陶文化类型，主要遗址有高雄县凤鼻头上层、台中县营埔

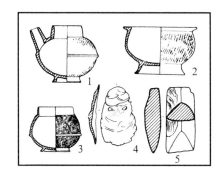 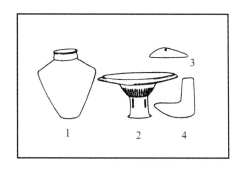

图二　昙石山文化的遗物　　　　　图三　凤鼻头文化的遗物
1.盉　2.簋　3.席纹陶壶　4.穿孔牡蛎器　5.石锛　　1.罐　2.豆　3.半月形石刀　4.靴形石刀

等。营埔出土陶片上发现有稻壳印痕。最后是印纹和刻划纹灰黑陶文化类型，已属铁器时代遗存。

3. 广东地区

地处岭南的广东新石器文化，几个时期均有代表性的遗存，但其中尚有缺环。

以阳春独石仔、封开黄岩洞等洞穴遗址为代表的遗存，打制石器远多于磨制石器，或兼有少量骨器，未发现陶片，文化层中包含丰富的兽骨和螺蚌壳。两地贝壳标本的放射性碳素断代未经校正的年代，为公元前12000～前9000年。有人认为这属于新石器时代最初阶段的遗存。以英德青塘、潮安陈桥等遗址为代表的遗存，打制石器与磨制石器共存，有比较简单的夹砂或夹贝壳末粗红陶，文化年代也较早。青塘洞穴遗址的石器绝大多数是仅打出厚刃的砍砸器。文化堆积中夹杂大量田螺、河蚌和兽类遗骸，当以经营渔猎为主。陈桥贞丘遗址大量的打制石器中，以用尖端敲取海生牡蛎（蚝蛎）的蚝蛎啄最具特色。带肩斧形器、有铤骨镞等各种骨器比较丰富。粗红陶除饰划纹、绳纹、篮纹和蚶壳压印纹外，有的在口颈部涂赭红色宽带，可视为彩陶的萌芽。

以增城金兰寺贝丘下层、东莞万福庵贝丘、深圳小梅沙等遗址为代表的遗存，粗砂黑陶多于粗砂红陶，突出的是出现了少量典型彩陶，一般是在泥质红陶上画出赭红色条形、叶脉状等花纹。这是广东地区含有彩陶的一种文化遗存。

石峡文化以曲江石峡遗址下层为代表，同类遗址有曲江圯岭、河源上莞墟、龙川坑子里等，主要分布在北江、东江流域。据放射性碳素断代并经校正，年代约为公元前2900～前2700年。石器中，长身弓背两端有刃的石镰是重要的农用翻土工具，还有少量的有段石锛和有肩石锛，都具鲜明特征。稻作农业是主要生产部门。陶器多呈灰褐色或灰黄色。绳纹、镂孔、凸弦纹等纹饰较多。特别是出现了少量饰方格纹、曲尺纹、漩涡纹等纹样的几何印纹陶，具有华南地区早期几何印纹陶的共同特征。主要器形有鼎、小口釜、鬶、三足盘、圈足盘、圈足壶、豆、罐等（图四）。在石峡发现60多座土坑墓，以单人二次葬为主。多数墓坑经过烧烤，有的在墓底涂抹草泥土。在二次葬的墓里普遍存在放置两套随葬品的特殊习俗。较晚期的墓随葬品多寡悬殊，明显地

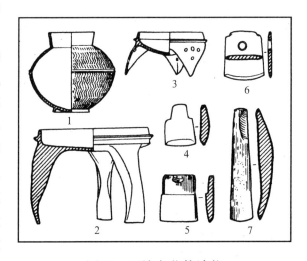

图四　石峡文化的遗物

1. 印纹陶罐　2. 盘形鼎　3. 三足盘　4. 有肩石锛
5. 有段石锛　6. 石钺　7. 石镰

反映了原始社会走向解体的迹象。继石峡文化之后，几何印纹陶发达起来，有段、有肩类石器比较普遍，这时当跨入了青铜时代。

此外，南海西樵山遗址的石器地点群，是华南地区目前唯一发现的以新石器时代为主的大型采石场和石器制作地。当时人们从四面八方来此短期住宿，直接从基岩中开采石材并就地制作石器。少部分遗存可能属中石器时代，主要是新石器时代后一阶段的遗存，下限还当延续到青铜时代。

4. 广西地区

这一地区的新石器文化面貌比较复杂，早、晚也有大的变化。以东兴县（今名防城县）亚菩山、南宁市豹子头、横县西津、柳州市兰家村为代表的一类遗存，年代可能稍早。豹子头6件螺壳标本的放射性碳素断代未经校正的年代，为公元前8700～前7600年，1件兽骨标本的放射性碳素断代并经校正的年代为公元前3800年，二者相差较多，其真实年代尚待进一步研讨。其中，东兴贝丘遗址包含较多的打制石器、少量磨制石器和单纯的粗陶。打制石器中有代表性的是蚝蛎啄，基本特征与粤东潮安陈桥的相同，石网坠的形式比较多样。磨制石器中有带双肩的斧、锛和磨盘。陶器都是以细绳纹为主的夹砂或夹蚌末的红陶和灰黑陶。南宁地区的贝丘遗址，位于邕江及其上游左江、右江流域的扶绥、武鸣、南宁、邕宁、横县等地。石器多经不同程度的磨制，内有少量的宽双肩石斧。蚌器、骨器比较丰富，三角形穿孔蚌刀、蚌勺、两端有刃的骨锛、长方形或梯形的鳖甲刀等都颇具特色。陶器全属夹砂或夹蚌末的粗陶，多为灰褐色或红褐色，也有外红里黑和外灰里红的。纹饰以绳纹为主，次为篮纹。器形多为圆底的罐、钵，釜之类。在横县西津遗址等处还发现了以蹲葬为特点的墓葬，一般都未见墓坑，仅个别的用石子或螺壳垒成墓圹，绝大多数无随葬品。根据对出土物的分析，南宁地区和东兴的贝丘遗址，经济生活似都以渔猎和采集为主，但渔捞的对象则不相同，文化面貌也有一定区别。

在桂林市郊发现60多处洞穴遗址。其中，甑皮岩遗址上层的出土物中，打制石器和磨制石器大约各半，陶器绝大多数是夹砂陶，出现了极少的泥质陶，特别是已有了少量三足器。还发现蹲葬式的人骨架，与南宁地区的墓葬具有共同的地方特点。从陶器观察，甑皮岩上层的文化发展程度有了提高，相对年代应晚于前一类遗存。

钦州独料是桂南地区新石器时代晚期的重点遗址。两件木炭标本的放射性碳素断代测定并经校正的年代，约为公元前2600～前2400年。石器一般都经过磨制，但大部仍保留天然岩面或打击痕迹，主要有长条梯形斧、双肩斧、铲、锄、刀、磨盘、磨棒等，多属农业生产工具。陶器夹砂，以红陶为主，有绳纹、篮纹、曲折纹等纹饰，多为圆底釜、罐类。这时广西地区的新石器文化有了较大的发展，原始农业已成为主要的生产部门。

5．川南、云贵高原地区

云南的新石器晚期文化，各个地区呈现出不同的面貌。目前了解较多的是洱海、滇池地区的新石器文化。

洱海地区以宾川白羊村遗址为代表，发现有多座长方形地面房屋建筑遗迹。有较多的新月形和圆角长条形的穿孔石刀（图五）。陶器夹砂，褐陶最多，灰陶次之，由单线或复线篦点组成的几何图案花纹颇具特色。原始稻作农业已有相当程度的发展。还存在无头葬的特殊葬俗。滇池、抚仙湖地区的遗址，出有少量双肩石斧和有段石锛。陶器以红陶为主，器形简单。在陶器上经常发现稻壳印痕，渔猎也占有重要地位。

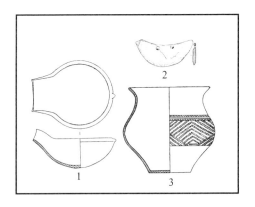

图五　白羊村遗址的遗物
1．陶匜　2．石刀　3．罐

滇北、川南新石器文化的特征比较接近。有些文化年代已较晚，如金沙江中游地区的云南元谋大墩子遗址和四川西昌礼州遗址，年代大体为公元前1400年。

在贵州的盘县、水城、威宁等地零星发现的磨制石器中，都存在一定数量的双肩石斧和有段石锛，向西直到云南都有发现。这类石器广泛分布于中国东南沿海的新石器时代和早期铜器时代文化中，通过进一步发掘可探讨各地区文化之间的关系。

6．西藏地区

昌都卡若遗址是西藏新石器时代晚期的重要遗址。发现多种形式的房屋建筑，其中有方形或长方形的半地穴式石墙建筑，显示了较进步的建筑技术和新颖独特的建筑形式。打制石器多，同时有细石器和磨制石器，其中磨制穿孔石刀具有特征。陶器多数夹砂，偶见彩陶。当时主要从事粟作农业，狩猎仍占重要地位。

经济生活华南地处热带和亚热带，气候湿润，远古时期森林茂密、禽兽繁多。新石器遗址多临河或滨海，附近水产资源丰富。因此在相当一部分遗址中，文化堆积夹杂有大量淡水（螺蚌为主）或海产（牡蛎等为主）的贝壳，有的甚至形成贝丘，同时往往还有许多野生动物骨骼。这是本地区新石器遗址堆积的显著特点。

在较早期的含有大量贝壳、兽骨的洞穴或贝丘遗址中，经常出土鱼镖、网坠、矛、镞等渔猎工具。在这些地方也发现了扁圆形穿孔石器，可能是套在带尖掘土棒上的附件，以供踏脚之用；还有可以用来加工植物的石磨盘。但迄今尚未发现种植谷类作物的直接证据。目前一般认为，这种较早期的遗存所反映的，是以渔猎和采集为主的经济类型。有人根据自然环境和生态系统，认为中国华南地区与东南亚相同，人工栽培的食用作物可能是芋头和薯蓣等块茎植物，其种植远较谷类作物为早；最初的作物栽培，可能只是渔猎、采集活动的一种补充。但也有人认为，中国长江两岸及其以南的广大地区都是栽培稻的起源地。总之，华南地区农业的产生及其特点，是一个有待探讨的课题。

由于在跑马岭、石峡、白羊村等地都发现稻谷遗存，说明在新石器时代晚期，华南和西南的部分地区存在较高水平的稻作农业，谷物种植成了主要生产部门。至于在西藏高原，从卡若的发现可知，至少在公元前3000年左右已栽培了耐旱的粟。

二　文化关系

广大的华南和西南地区，存在着复杂多样的新石器文化，相互之间以至远及华北，都发生了不同程度的交流和相互影响。

在广东南海西樵山、云南元谋大那乌和西藏聂拉木、申扎等地，都发现有不与陶片、磨制石器共生的细石器遗存，大部分可能早到中石器时代。它们都与广泛分布于中国北方的细石器特征相一致，同属于细石叶细石器的文化传统。

在华南地区，大约在公元前六、七千年前后相当长的一段时期内，广泛分布着一类新石器遗存，打制石器与磨制石器普遍共存，陶器主要是简单的绳纹粗红陶，渔猎经济的特征明显，在文化性质和经济类型方面表现出一定程度的共性，同时各地又有自身的特点。

大约不迟于公元前3000年左右，华南各地新石器文化的特征更加明晰，文化交流和相互影响的迹象也比较清楚。北起长江鄱阳湖滨，沿赣江而行，越大庾岭至广东境内，大致是华南新石器文化联系的中轴通途。最为明显的，如在山背文化中，就发现有与石峡文化的盘形鼎相似的器形。另外，石峡的贯耳圈足壶，又与太湖地区良渚文化的典型器大同小异；并且两者都存在玉琮、扁平穿孔石钺等器物。石峡和山背都有少量陶鬶，其源盖出于山东沿海地区。地处中国南疆的新石器文化，同长江、黄河流域的文化，都有直接或间接联系的踪迹可寻。值得注意的是，福建昙石山中层与台湾凤鼻头中层的绳纹红陶和彩陶等，颇多相似之处，是昙石山文化后期与凤鼻头文化红陶文化类型之间存在密切联系的例证。在更新世冰河时期，海水下降，台湾西北端还曾同祖国大陆相连。自石器时代起，台湾与大陆间的文化联系便十分紧密，始终连绵不断。

原载《中国大百科全书·考古学》，中国大百科全书出版社，1984年

李仰松学术历程（教学、科研）年谱纪要

一 专科与本科时期

1950年（十八岁）

专科与本科时期，8月，李仰松由陕西省华县咸林高中毕业考入北京大学文学院博物馆专科（美术组）。当时北京大学校址在北京城内五四大街沙滩红楼（北大校址）。任课教师是著名专家：裴文中讲授《史前考古》；启功、徐邦达讲授《书画鉴定》；韩寿萱讲授《博物馆学》；沈从文讲授《古代服饰与刺绣》；胡先晋讲授《人类学》；郑天挺讲授《中国史》；雷海宗讲授《古代汉语》等课程。

1951年（十九岁）

春季，裴文中带领李仰松、陈慧等5人（50级）赴山西省大同云冈石窟对岸与高山镇附近进行田野考古调查，采集若干新石器时代文化遗物及细石器。参见裴文中先生文章，载《雁北文物勘查团报告》（1951年）。

7月，国家教育部建议将博物馆专修科置于北大历史系内。年底北大文科研究所取消并入历史系成立考古专业。

1952年（二十岁）

京津高校调整，原城内北京大学迁出与西郊燕京大学合并（燕京大学取消）谓今北大校址。博物管专科5名学生（陈慧、李仰松、郑振香、俞伟超、刘观民）编入历史系考古专业。

开设专业科：（1）考古学通论、田野考古方法——夏鼐主讲；（2）人类学通论——林耀华主讲；（3）中国历史考古学——郭宝钧主讲；（4）史前考古学——裴文中主讲；博物馆通论——韩寿萱主讲。

秋冬，原北京大学转专李仰松、郑振香等5名同学参加第一届考古工作人员训练班，赴河南省郑州二里岗遗址发掘出商代前期的文化遗存（考古发掘报告见《考古学报》第八册，1954年）。

1953年（二十一岁）

9月27日～10月30日，第二届考古工作人员训练班开学，实习地点在河南省洛阳西关建校区（现名烧沟）发掘现代墓葬。裴文中任发掘团团长，发掘团将学员分八组进行，考古专业50级本科生李仰松等5人与研究生1人（邹衡）担任辅导员。

11月中旬，李仰松、杨建芳、陈慧等4人在安志敏、钟少林等的辅导下，赴河南陕县、灵宝县进行田野考古调查，发现了一些仰韶、龙山、商周和汉代的遗址，12月初结束调查。

12月中旬，李仰松、杨建芳等四人在科学院考古所安志敏辅导下，整理第一届考古工作人员训练班1952年秋在郑州二里岗发掘的全部遗物并编写发掘报告。

1954年（二十二岁）

4月初，北京大学考古专业50级本科生李仰松、刘观民等5人，研究生1人（邹衡），参加了科学院考古所郭宝钧先生主持的洛阳古城勘察发掘工作。这次考古发掘的重要成果，是在东周王城范围内发现了汉河南县城（参见《考古通讯》报刊号，科学出版社，1955年）。

二　留校任教时期

1954年（二十二岁）

7月下旬，李仰松于北大历史系考古专业本科毕业留校任教，担任《新石器时代考古》和《人类学通论》两课的助教（1954年后，《人类学通论》改为《原始社会史与民族志》）。

1955年（二十三岁）

9月初，李仰松带领考古专业52级本科生，赴陕西省西安半坡进行田野考古实习。参加了科学院考古所石兴邦先生主持的西安半坡遗址的发掘工作（1956年2月结束）。

这是新中国成立后首次大面积考古发掘揭露新石器时代的村落遗址，发掘出许多房屋、窖穴、墓葬和陶窑遗迹，以及当时的生产工具和生活用具。该遗迹、遗物为研究我国新石器时代的考古及历史提供了重要实物资料。

1956年（二十四岁）

李仰松参加中央民委领导的少数民族社会历史调查云南分组的佤族社会历史调查（1957年夏季结束）。调查材料见李仰松等编著：《佤族社会历史调查》（一）、

（二），云南人民出版社，1983年。部分参见李仰松撰文《考古人和他们的故事》第二辑，学苑出版社，2006年。又见，徐志远著：《佤山行——云南西盟佤族社会调查纪实（1956～1957）》，云南大学出版社，2009年。

1957年（二十五岁）

9月初，历史系考古专门化53级本科生在宿白、邹衡等带领下，赴河北邯郸进行田野考古实习（1958年1月结束）。李仰松与研究生俞伟超分别参加了平山百家村和赵玉城的调查和辅导工作。

1958年（二十六岁）

发表云南西盟佤族制陶全部过程，见《云南省佤族制陶概况》，《考古通讯》1958年第2期。它对我国新石器时代诸文化的制陶方法，成形、纹饰和火候等均有借鉴作用，引起学术界的关注。

1959年（二十七岁）

3～5月，考古专业56级、58级本科生和越南留学生叶挺花、张黄珠2人、进修教师1人，在李仰松、白瑢基和研究生张忠培等带领下，赴陕西华县柳子镇泉护村元君庙进行田野考古实习（56级本科生）。两班学生在一个工地实习，其区别是58级本科生为考古"认识实习"，不写考古实习报告。两班学生发掘了泉护村南台地、太平庄等遗址。并继续发掘元君庙墓地。

这次田野考古实习，在元君庙仰韶文化半坡类型遗物填土中发现了老官台文化陶片，找到了老官台文化早于仰韶文化的地层关系。发掘简报见《考古》1959年第11期（李仰松执笔）。

下半年，李仰松和研究生杨建芳、张忠培全面整理两个年度（1958～1959年）的田野考古实习发掘资料。具体分工：李仰松整理1959年泉护村南台地第Ⅱ工区遗址探方的遗迹、遗物、文化分期和有关图表；杨建芳整理泉护村遗址其他诸工区遗址，遗物及分期图表填写；张忠培整理元君庙1958～1959年两次发掘的仰韶文化墓葬。发掘成果《元君庙仰韶墓地》，文物出版社，1983年；《华县泉护村》，科学出版社，2003年。

发表《从佤族制陶探讨古代陶器制作上的几个问题》，《考古》1959年第5期。

1960年（二十八岁）

春夏季，考古专业57级本科生在李仰松、严文明、夏超雄的带领下，赴河南洛阳进行田野考古实习，继续发掘洛阳王湾遗址。又沿偃师伊河南岸进行了考古调查与试掘。

9月初～1961年1月底，《原始社会史与民族志》课改由李仰松讲授。

李仰松由助教晋升为讲师。

1961年（二十九岁）

春季，李仰松赴洛阳科学院考古所洛阳工作站整理1959～1960两年度的洛阳王湾新石器时代考古发掘资料，并指导考古专业57级杨虎、郭大顺等部分本科生进行毕业专题实习。

发表《洛阳王湾遗址发掘简报》（李仰松、严文明执笔），《考古》1961年第4期。又《佤族的葬俗对研究我国远古人类葬俗的一些启示》，《考古》1961年第7期。

1962年（三十岁）

春季，李仰松、邹衡赴考古所洛阳工作站整理编写《洛阳王湾》报告。

发表《对我国酿酒起源的探讨》，《考古》1962年第1期。

1963年（三十一岁）

9月，李仰松赴考古所洛阳工作站整理编写《洛阳王湾》报告；又带领考古专业59级陈振裕、胡美州等部分本科生赴洛宁、伊川、水寨等地调查新石器时代遗址及试掘。

1964年（三十二岁）

8月14日～9月末，李仰松带领越南留学生阮文宁、阮维占、阮文好、陈玉4人赴河南省安阳进行田野考古实习，参加科学院考古所安阳队在殷墟苗圃北地的考古发掘。安阳队郑振香、杨锡璋参加了辅导工作。

发表《河南偃师伊河南岸考古调查试掘报告》，《考古》1964年第11期。

1965年（三十三岁）

开专业课，李仰松为考古专业64级本科生讲授《新石器时代考古》。

夏季，李仰松回陕西临潼闫良家乡探亲，对附近康桥义和村仰韶文化遗址进行了调查。

发表《陕西临潼康桥义和村新石器时代遗址调查记》，《考古》1965年第9期。

1970年（三十八岁）

8月，李仰松与考古专业部分教师下放去江西省鲤鱼洲劳动。

1971年（三十九岁）

春季，在江西鲤鱼洲劳动的教师撤回学校。

7月，"文化大革命"期间出土文物展在故宫开幕。宿白、邹衡、李仰松、俞伟超、高明、夏超雄、李伯谦等先后参加筹备工作。

冬季，为给考古专业恢复招生做准备，开始在1960年编写的《中国考古学》教材的基础上，重新组织编写适应新要求的教材。

1972年（四十岁）

7月，北京大学印刷厂铅印《新石器时代考古》试用讲义（李仰松、严文明执笔），1974年2月又油印了补充教材，增加了新石器时代各章有关的器物插图。

10～11月，考古专业72级本科生在教师邹衡、李仰松、李伯谦等的带领下，赴北京房山县与北京市文管处合作，发掘了刘李店、董家林遗址，为探索西周时期的燕国始封地提供了重要线索。

1973年（四十一岁）

李仰松编写《原始社会史与民族志》试用讲义。

1974年（四十二岁）

2月，《原始社会史与民族志》试用讲义，由北京大学印刷厂铅印。

春夏，李仰松与邹衡赴洛阳科学院考古所工作站编写《洛阳王湾》发掘报告。

6月，邹衡与李仰松由洛阳去湖北宜都红花套帮助实习学生整理发掘资料。

9月初，李仰松、李伯谦、贾梅仙等带领72级部分本科生与江西省博物馆合作，发掘了清江筑卫城新石器时代和吴城商代遗址。

1975年（四十三岁）

3～7月，李仰松与邹衡赴考古所洛阳考古工作站整理编写《洛阳王湾》发掘报告，绘图员王翔配合插图工作。

1976年（四十四岁）

发表《江西清江筑卫城遗址发掘简报》（李仰松、余家栋执笔），《考古》1976

年第6期。又《谈谈仰韶文化的瓮棺葬》，《考古》1976年第6期。

1977年（四十五岁）

4～8月，李仰松、赵朝洪、高崇文、钱江初等带领考古专业76级本科生，赴青海省海南省自治州进行田野考古实习，与青海省文化局考古队合作，发掘了贵南县尕马台遗址，清理了一处齐家文化墓地。该墓地葬式多种多样，M25中出土了一面铜镜。这是迄今为止我国发现最早的铜镜。北大实习队还发掘了贵南县高渠遗址和加土乎遗址，出土了一批马家窑、齐家、卡约三种文化的遗存。

北大发掘队在工地与青海文化局共同举办了"青海省文物干部考古训练班"。发掘结束后撰写了发掘简报，见《青海日报》1978年2月18日。

9月，李仰松为考古专业77级讲授《新石器时代考古》。

1978年（四十六岁）

发表《柳湾出土人像彩陶壶新解》，《文物》1978年第4期。

8月13～20日，李仰松、邹衡、李伯谦等出席在江西省庐山举行的"中国南方地区几何形印纹陶学术讨论会"。会上，李仰松就我国南方几何形印纹陶的技术与我国云南佤族制陶技术对比作了发言。会后，与邹衡等同去福建、广东、湖南、湖北等地博物馆参观。

9月，李仰松讲授《原始社会史与民族志》。

1979年（四十七岁）

春夏，李仰松讲授《原始社会史与民族志》。

发表《从河南龙山文化的几个类型谈夏文化的若干问题》，《中国考古学会第一次年会论文集》，文物出版社，1979年。

1980年（四十八岁）

春夏，李仰松讲授《原始社会史与民族志》。

秋冬，教研专业78级本科生佟伟华、杨群、安家瑶及1名进修生，在李仰松、赵朝洪带领下，赴山东诸城县进行田野考古实习（1981年1月结束）。与诸城县博物馆合作，发掘了诸城县前寨和凤凰岭遗址。在前寨遗址发现了大批大汶口文化晚期墓葬及龙山文化和岳石文化遗存。同时发现岳石文化在上，龙山文化在下的地层叠压关系，从而确定了岳石文化的相对年代。

发掘结束，李仰松，赵朝洪等又带领学生分赴山东省高密、平度、昌邑、安邱、潍县、益都、寿光、临朐、五莲、日照及诸城境内进行考古调查。昌潍博物馆杜在忠和山东省考古所张江凯等参加了辅导工作。

发表《中国原始生产工具试探》，《考古》1980年第6期；及《试谈我国新石器时出土的"双连杯"及其有关问题》，《河南文博通讯》1980年第4期。

本年，李仰松晋升副教授。

1981年（四十九岁）

春夏，李仰松讲授《原始社会史与民族志》。

秋冬，部分77级本科生与杨群（研究生）在李仰松、赵朝洪带领下，继续发掘了山东诸城县前秦和凤凰岭新石器时代遗址，之后，赴山东海阳、福山、文登、烟台等地进行教学参观学习。

1982年（五十岁）

3～6月，李仰松讲授《原始社会史与民族志》。

7月4～9日，李仰松出席在沈阳市举行的"新乐遗址学术讨论会"，提交了题为《新乐文化及其有关问题》的论文。

8月，李仰松出席了山东省荣城县石岛召开的"第一次山东史前教研学术讨论会"，提交了《关于我国新石器时代考古学文化区系类型的研究》的论文。

9月，考古专业80级本科生及研究生3人，79级部分毕业生和进修干部1人在邹衡、李仰松、王树林、吉发习（特邀）、刘绪（研究生）、蒋祖棣（助教）带领下，与山西省考古研究所合作，在山西省翼城县及曲沃县间的"天马—曲村遗址"进行田野考古实习（1983年1月结束）。获得仰韶、龙山、东下冯、西周、东周，秦汉及元明的大量遗迹、遗物，基本上弄清了该遗址的发展变迁及遗存分布情况，加深了对"晋文化"认识。

发表《云南西盟佤族的鸡骨卜》，《民族学研究》第三辑，1982年。

1983年（五十一岁）

3～6月，李仰松讲授《原始社会史与民族志》。

夏季，北京大学第125次校长办公会议决定，在历史系原考古专业基础上建立考古系。

7月26～29日，李仰松出席在辽宁省朝阳市举行的"燕山南北、长城地带考古座谈会"，会上对新发现东山嘴遗址的学术意义发表个人意见，《文物》1984年第11期。

9月初，考古系80级本科生在李仰松带领下，赴山东省昌乐县进行田野考古实习，与昌乐图书馆合作发掘了昌乐邹家庄遗址（1984年1月结束）。获得一批龙山文化的遗物。本次实习成果见《中国考古学年鉴·1984》（李仰松执笔），文物出版社，1984年。

本年，李仰松1956～1957年赴云南省佤族调查报告《佤族社会历史调查》（合编者）（一）、（二）两册由云南省人民出版社出版。

1984年（五十二岁）

1月底，全系会议上宣布本月13日第145次校长办公会议决定，同意考古系成立新石器商周考古教研室，任命邹衡、李仰松为教研室正副主任。

3～6月，李仰松讲授《原始社会史与民族志》。

10月26～30日，李仰松出席广西南宁召开的"中国民族学第二届年会"。闭幕会安排李仰松有关民族考古学的演讲。

发表《试论中国古代的军事民主制》，《考古》1984年第5期；又《谈起源对我国新石器时代研究的指导作用》，《史前研究》1984年第4期。

1985年（五十三岁）

春夏，李仰松讲授《原始社会史与民族志》。

1月，李仰松参加在福建省福州市召开的全国配合基本建设考古工作座谈会。会后，参观附近考古工地。

3月1～6日，李仰松出席在北京大学召开的"中国考古学会第五次年会"。

11月4～10日，李仰松出席在河南省渑池县召开的"仰韶文化发现六十周年大会"。提交了《关于仰韶文化研究中的若干问题》，并向大会作了演讲。

11月9～25日，李仰松出席在广西南宁召开的"广西左江流域崖壁画考查团暨岩画学术讨论会"，提交题为《广西左江花山崖壁画试探》的论文。

秋冬，考古系研究生王辉及考古系82级本科生何长风等数人，在李仰松带领下，与甘肃省博物馆合作，发掘了庆阳县王家咀（疙瘩渠）遗址，发现了新石器时代仰韶晚期的文化遗存。

发表《试论仰韶文化半坡类型的编年与社会性质》，《史前研究》1985年第4期。

1986年（五十四岁）

3～6月，李仰松讲授《考古与民族学研究》（即《民族考古学》）。

8月1～4日，李仰松出席在兰州召开的"大地湾考古座谈会"，提交了题为《秦安大地湾仰韶晚期地画的研究》的论文，《考古》1986年第11期。

9月，考古系研究生王辉在李仰松指导下，与宁夏固原县博物馆合作。发掘了宁夏海源曹洼遗址和隆真河子遗址。发现了新石器时代马家窑文化和齐家文化的遗存。对该地区这一时期的文化面貌及分布有了新的认识。

宁夏隆德页河子新石器时代遗址发掘报告，发表在北京大学考古系编：《考古学研究》（三），科学出版社，1997年。

发表《广西左江流域花山崖画试探》，《广西民族研究》1986年第3期；《关于我国新石器时代考古系文化区类型研究的若干问题》，《山东史前文化论文集》齐鲁出版社，1986年；《关于仰韶文化研究中的若干问题》，《论仰韶文化》（中原文物特刊）1986年。

本年，《试论中国古代的军事民主制》荣获北京大学首届科学研究成果二等奖。

1987年（五十五岁）

5月中旬，李仰松参加考古系与山东烟台市博物馆联合召开的"胶东地区考古座谈会"（即第一次环渤海考古学术讨论会）。发言内容：胶东新石器文化序列；胶东的青铜文化；长岛县海域是联系辽东半岛的主要"桥梁"。

秋季，李仰松讲授《考古与民族学研究》。

1988年（五十六岁）

春季，考古学系研究生1人及84级本科生数人在李仰松、张驰带领下，参加河南省文化研究所等单位对濮阳市西水坡仰韶文化遗址的发掘。

田野发掘期间，应邀为郑州大学考古本科生（当时在同一工地实习），讲授云南佤族1956～1957年社会调查概况。

8月至年底，考古系研究生庞雅妮、刘凤芹在李仰松、吕文渊（摄影教师）带领下，赴云南省丽江、怒江、独龙江地区考察，了解纳西族、摩梭人、普米族、独龙族、傈僳族和怒族的物质文化与社会习俗。

8月，北京大学学术委员会批准李仰松晋升教授。

同年，考古系更名为"北京大学考古学系"。

1989年（五十七岁）

3月2日，美国肯塔基大学人类学系主任威廉·亚当斯教授及夫人应邀来考古学系讲课，历时13周，授课内容：《北美洲土著印第安居民》《古埃及文明》和《美国人类学的理论和实践》等。我随堂听课，并多次与教授交流有关美国新考古学（New Archaeology）这门学科的内容和研究情况。个人心得曾撰文《新考古学与国情》，原载《中国文物报》1990年1月4日。

5月15～20日，李仰松出席在湖南省长沙市举行的"中国考古学会第七次年会"。会后，我与邹衡赴常德，津市、澧县以及湖北省武汉等地参观交流。

10月13～20日，李仰松参加在北京大学召开的"中国民族学第四届年会"。

秋季，李仰松讲授《考古与民族学研究》。

本年，指导意大利进修生洪玛录，讲授《中国民族学研究》等课题。

发表《谈民族社会调查与考古学研究的关系》，《文物工作》1989年第5期。

1990年（五十八岁）

第三批文科博士点转向科研基金项目公布，考古系有四项，其中李仰松立项是《滇西地区民族考察与考古学研究》。

本年李仰松与李卫东为本科生开课《马克思、恩格斯原著选读》。

秋季，带领考古系研究生何嘉华（香港）赴山西天马—曲村考古实习基地进行田野考古认识实习。

发表《西盟马散佤族村落对研究姜寨遗址村落的启示》，《纪念北大考古专业三十周年论文集》，文物出版社，1990年。

1991年（五十九岁）

李仰松讲授《考古与民族学研究》。

李仰松与李卫东为本科生讲授《马克思、恩格斯原著选读》。

春夏季，考古系研究生赵春青、何嘉华在李仰松的带领下，赴海南省通什、保亭、白沙、昌江，东方、乐东、三亚、陵水、石宁、临高等县市，考察黎族、苗族的社会物质文化及生活习俗等。获得大量调查资料。

10月4～11日，李仰松出席在宁夏银川市召开的91国际岩画年会暨宁夏国际岩画讨论会，并提交了题为《内蒙古宁夏岩画生殖巫术析》的论文。

发表《仰韶文化婴首、鱼、蛙纹陶盆考释》，《北京大学学报（哲学社会科学版）》1991年第2期；又《田野考古调查概述》，《文博》1991年第3期。

1992年（六十岁）

李仰松为考古系本科生讲授《马克思、恩格斯原著选读》。

4月5～10日，李仰松等出席在河南省洛阳市召开的"洛阳考古四十年学术讨论会"提交了题为《王湾遗址有关学术问题的探索》的论文。

夏季，李仰松应聘为本校博士论文答辩委员会主席，主持了法国阿弗里尔·埃韦丽娜和原西德曹碧琴两人博士的论文答辩会。诸委员的提问与答辩，全票通过2人的论文答辩，提交本校研究生院予以批准。

发表《内蒙古宁夏岩画生殖巫术析》，《宁夏社会科学》1992年第2期。

本年考古学系电教室方月妹为李仰松制作完成了中华文化讲座《中国远古制陶技术》的录像片。

秋季，指导考古系研究生杨学祥赴四川省凉山彝族地区社会考察（1993年1月结束）。

10月荣获国务院颁发有突出贡献专家政府特殊津贴证书。

1993年（六十一岁）

李仰松为考古系研究生讲授《考古与民族学研究》。

发表《我国谷物酿酒起源新论》，《考古》1993年第6期。

《二十世纪中国学术要籍大辞典》，中共中央党校出版社，1993年。荣获1994年第五届中国图书奖。

1994年（六十二岁）

李仰松为考古学系研究生讲授《考古与民族学研究》。

发表《谈考古学与有关人文科学的关系》，《人类学与民俗研究》1994年第4期。

1995年（六十三岁）

李仰松为考古学系研究生讲授《考古与民族学研究》。

6月21日，李仰松参加北京大学社会学研究所人类与民俗学中心举办的"社会文化人类学高级研讨班"，历时3周。并与台湾蒋斌等有关专家进行业务交流。

10月8～11日，李仰松出席河南濮阳市举行的"龙文化与中华民族"学术讨论会。作大会发言，介绍了考古工地发掘情况。并提交了题为《濮阳蚌塑龙虎墓的发现与研究》的论文。

10月22～28日，由日本东京出光美术馆和北京大学考古学系联合举办的"中国考古发掘成果展"在东京出光美术馆举行。北大校党委书记任彦申和考古学系李伯谦、李仰松、张江凯等7人赴日本出席开幕式。李伯谦作了题为《前进中的北京大学考古学系》的主旨演讲。其他人均作了有关学术报告。李仰松作了佤族、黎族、纳西族制陶技术的演讲。详见日本《出光美术馆》馆报号94，1996年。

本年，李仰松《仰韶文化婴首、鱼、蛙纹陶盆考释》荣获第二届北京大学学报优秀论文奖。

发表论文《中国民族考古学及有关问题》，《民族学与民族文化发展研究》，中国社会科学出版社，1995年；又《中国岩画探秘》，《中华文化讲座丛书》第二辑，北京大学出版社，1995年；又《夏鼐先生的一封复信——纪念夏鼐先生逝世十周年》，《文物天地》1995年第4期，此文2009年又收入《夏鼐先生纪念文集》。

李仰松、张江凯合著：《中国新石器时代の研究课题について——北京大学考古学系发掘成果》（日文），（日本）《出光美术馆》发行，平凡社，1995年。

1996年（六十四岁）

李仰松为考古学系研究生讲授《考古与民族学研究》。

发表《王湾遗址有关学术问题的探索》，《洛阳考古四十年》，科学出版社，1996年。

1997年（六十五岁）

李仰松为考古学系研究生讲授《考古与民族学研究》。

发表《研究我国文明起源问题的一些思考》，《考古与文物》1997年第1期。

12月，李仰松退休。

与科学出版社合作整理李仰松《民族考古学》论文书稿。

三　退休后至今

1998年（六十六岁）

3月，李仰松赴美国探亲一年。

4月，李仰松著《民族考古学论文集》，科学出版社，1998年。

1999年（六十七岁）

应学校返聘为考古文博院研究生讲授《考古与民族学研究》。

7月，李仰松应国家文物之邀，赴黑龙江省度假10天，随队在黑龙江省博物馆作《我与民族考古学》的学术演讲。

2000年（六十八岁）

应学校返聘为考古文博院研究生讲授《考古与民族学研究》。

李仰松著《民族考古学论文集》荣获北京市第六届哲学社会科学优秀成果二等奖。

2001年（六十九岁）

发表《岩画与人类社会早期历史——我对岩画学的研究》，《2000宁夏国际岩画研讨会文集》，宁夏人民出版社，2001年。

2004年（七十二岁）

发表李仰松在"胶东考古座谈会"上的发言，《胶东考古研究文集》，齐鲁书社，2004年。

2005年（七十三岁）

发表《半坡遗址和我的民族与考古学研究》，《史前研究》，三秦出版社，2005年。

2007年（七十五岁）

发表《岩画学是多学科研究的一门新兴学科——对中国岩画研究的反思》，《史前研究》，陕西师范大学出版社，2007年。

2008年（七十六岁）

5月，李仰松著《民族考古学论文集》荣获改革开放三十年北京大学人文社会科学研究"百项精品成果奖"提名奖。

发表《老龄大学是我们的精神家园》，《枫林》（北京市海淀老龄大学校刊）2008年11月。

2009年（七十七岁）

发表《王心昌老师指导我的国画创作》，《枫林》2009年12月。

2010年（七十八岁）

发表《弘扬祖国传统文化——谈对养生保健与绘画艺术的感悟》，北京市海淀老龄大学老年教育理论研究会创编：《海淀老年教育研究》第一期，2010年12月。

又接受访谈，发表《筚路蓝缕，开拓创新——李仰松先生访谈录》（《南方文物》特约稿），《南方文物》2010年第2期。

2013年（八十一岁）

发表《人类健康是一个系统工程——再谈心理健康与身体健康》，北京市海淀老龄大学老年教育理论研究会：《海淀老年教育研究》第三期，2013年6月。

2017年（八十五岁）

因年龄关系，从海淀老龄大学休学后又转向其他单位，学习绘画同时一直关注老年身体健康问题的研究。

李仰松论文专著等目录

一　论文

1958年

《云南省佤族制陶概况》，《考古通讯》1958年第2期。

1959年

《从佤族制陶谈古代陶器制作上的几个问题》，《考古》1959年第5期。

《陕西华县柳子镇（泉护村、元君庙）第二次发掘的主要收获》，《考古》1959年第11期。

1961年

《洛阳王湾遗址发掘简报》（李仰松、严文明执笔），《考古》1961年第4期。

《佤族的葬俗对研究我国远古人类葬俗的启示》，《考古》1961年第7期。

1962年

《对我国酿酒起源的探讨》，《考古》1962年第1期。

1964年

《河南偃师伊河南岸考古调查试掘报告》，《考古》1964年第11期。

1965年

《陕西临潼康桥义和村新石器时代遗址调查记》《考古》1965年第9期。

1976年

《江西清江筑卫城遗址发掘简报》（李仰松，余家栋执笔），《考古》1976年第6期。

1978年

《青海贵南尕马台齐家文化墓地简报》，《青海日报》1978年2月18日。

《柳湾出土人像彩陶壶新解》，《文物》1978年第4期。

1979年

《从河南龙山文化的几个类型谈夏文化的若干问题》，《中国考古学会第一次年会论文集》，文物出版社，1979年。

1980年

《中国原始社会生产工具试探》，《考古》1980年第6期。

《谈我国新石器时代出土的"双连杯"及其有关问题》，《河南文化通讯》1980年第4期。

1982年

《云南西盟佤族的鸡骨卜》，《民族学研究》第三辑，民族出版社，1982年。

《新乐文化及其有关问题》，《新乐遗址学术讨论文集》，1982年。

1983年

《田野考古教学札记》，《考古与文物》1983年第5期。

《西盟大马佤族社会经济调查》《西盟县瓮戛科佤族社会经济调查》《西盟县瓮戛科佤族社会经济调查》《西盟县宛不弄茶佤族的鸡骨卜》（李仰松等执笔），均见《佤族社会历史调查》（一）、（二），云南人民出版社，1983年。

1984年

《试论中国古代的军事民主制》，《考古》1984年第5期。

《学习家庭私有制和国家的起源——实事求是的科学态度》，《史前研究》1984年第4期。

1985年

《试论仰韶文化半坡类型的编年与社会性质》，《史前研究》1985年第4期。

1986年

《华南和西南地区新石器文化》，《中国大百科书》考古卷，1986年。

《关于仰韶文化研究中的若干问题——在纪念仰韶村遗址发现的周年学术讨论会上的演讲》，《中原文物》1986年特刊。

《广西左江流域花山崖画试探》，《广西民族研究》1986年第3期。

《关于我国新石器时代考古学文化区系类型研究的若干问题》，《山东史前文化论文集》，齐鲁书社，1986年。

《秦安大地湾仰韶晚期地画研究》，《考古》1986年第11期。

1988年

《我国新石器时代泡菜罐和封闭式陶瓶》，《史前研究》1988年（辑刊）。

1989年

《谈民族社会调查与考古研究的关系》，《文物工作》1989年第5期。

1990年

《西盟马散佤族村落对研究姜寨遗址村落的启示》，《纪念北京大学考古专业三十周年论文集》，文物出版社，1990年。

《田野考古发掘工作》，《文物工作》1990年第4、5期连载。

《仰韶文化慢轮制陶技术的研究》，《考古》1990年第12期。

《"新考古学"与国情》，《中国文物版》1990年1月4日；又载李仰松著《民族考古学论文集》，科学出版社，1998年。

1991年

《仰韶文化婴首画、蛙纹陶盆考释》，《北京大学学报（哲学社会科学版）》1991年第2期。

《田野考古调查概述》，《文博》1991年第3期。

《田野考古室内整理》（见《李仰松考古文集》）。

1992年

《内蒙古宁夏岩画生殖巫术析》，《宁夏社会科学》1992年第2期。

《贺兰山岩画生殖巫术画新证》，《中国文物报》1992年2月16日。

1993年

《我国谷物酿酒新论》，《考古》1993年第6期。

1994年

《谈考古学与有关人文科学的关系》，《人类学与发俗研究通讯》1994年第4期；又载李仰松著：《民族考古学论文集》，科学出版社，1998年。

1995年

《中国岩画探秘》，《中华文化讲座丛书》第二辑，1995年。

《中国民族考古学及有关问题》，《民族学与民族文化发展研究》，中国社会科学出版社，又载李仰松著：《民族考古学论文集》，科学出版社，1998年。

《夏鼐先生的一封信——纪念夏鼐先生逝世十周年》，《文物天地》1995年第4期；又载《夏鼐先生纪念文集》（诞辰一百周年），科学出版社，2009年。

李仰松、张江凯合著：《中国新石器时代の研究课题について——北京大学考古学系发掘成果》（中国新石器时代有关研究课题），日本《出光美术馆》发行，平凡社，1995年。

1996年

《王湾遗址有关学术问题的探索》，《洛阳考古四十年》，科学出版社，1996年。

1997年

《研究我国文明起原问题的一些思考》，《考古与文物》1997年第1期。

1998年

《原始制陶工艺的研究》，李仰松著：《民族考古学论文集》，科学出版社，1998年。

2000年

《濮阳蚌塑龙虎墓的发现与研究》，《中华第一龙》，《95濮阳"龙文化与中华民族"学术讨论会文集》，中州古籍出版社，2000年。

2005年

《西坡遗址和我的民族与考古学研究》，《史前研究》，三秦出版社，2005年。

2007年

《岩画学是多学科研究的一门新兴学科——对中国岩画研究的反思》，《史前研究》，陕西师范大学出版社，2007年。

2010年

李仰松、梦古：《筚路蓝缕，开拓创新——李仰松先生访谈录》，《南方文物》2010年第2期。

二　专著、编著及科教片

1. 李仰松著：《民族考古学论文集》，科学出版社，1998年（2000年荣获北京市第六届哲学社会科学优秀成果二等奖）。

2. 李仰松著：《寻找解开考古学中哑谜的钥匙》，《考古人和他们的故事》第二辑，学苑出版社，2006年。

3. 李仰松、邹衡等编著：《洛阳王湾——田野考古发掘报告》，北京大学出版社，2002年。

4. 李仰松等编著：《佤族社会历史调查》（一），云南人民出版社，1983年。

5. 李仰松等编著：《佤族社会历史调查》（二），云南人民出版社，1983年。

6. 《二十世纪中国学术要籍大辞典》名誉主编：任继愈。主编：方鸣、金辉等。考古学编委及主持人：李仰松。中共中央党校出版社，1993年（1994年荣获第五届中国图书奖）。

三　未刊编著（教学讲义）

1. 李仰松编著：《原始社会史与名族志》，北京大学印刷厂铅印，1972年

2. 李仰松、严文明编著：《新石器时代考古》，北京大学印刷厂铅印，1972年。

3. 电视科教片（光盘）：《岩画探秘》——中华文化讲座电视系列片，北京大学考古学系李仰松教授讲，北京大学音像出版社，1996年（1996年荣获首届全国优秀教育音像出版物一等奖）。

后　记

　　《李仰松考古文集》所选文章，第一部分是我历年带领北大考古专业学生，包括外国留学生、国内进修生等，赴校外进行田野考古发掘、调查（通常称"田野考古生产实习"）和田野"考古见习"及考古教学参观等，所完成的教学任务。

　　通常是田野考古实习结束后，带队教师写出考古简报，在有关考古刊物、年鉴和地方报纸上发表。学生实习报告，经带队教师考核后交学校（院系）图书资料室存档。考古发掘和调查正式报告，则由学校与合作单位共同协商另作安排。

　　文集这次将笔者田野考古调查、发掘方法、室内整理和编写报告应注意的若干问题，以及我校考古专业田野考古教学三十年总结（1952～1982年）等几篇文章集结一起刊出，便于读者了解我校考古学田野考古生产实习教学的递进历程。

　　文集第二部分，是笔者参加国内外学术会议时提交会议的论文，其中多数均在有关会议集中刊出。而有一篇《中国新石器时代有关课题的研究》是与张江凯先生合著，附日文《中国新石器时代の研究课题について》，日本《出光美术馆》出版发行。本次刊出，笔者便于读者对照原发掘报告进行深入研究，将洛阳王湾新石器时代陶器分期表中的陶器增补了出土单位号，并对个别器物分期作了核订。

　　文集将原文的文末注，统一改为页下注。

　　再向读者说明的是，这次集结的文章中有20世纪90年代之前的文章，为了忠实原文未作改动。但是，社会发展和科学递进是自然规律，它包括人文社会科学、自然科学等诸多科学均不例外。故笔者前后文章中的不同观点，当以近期论点为准。

　　本文集的出版，由北京大学考古文博学院考古专业成立六十周年筹备处主任杭侃先生负责组织。在准备过程中，本院博士研究生金连玉协助文章编辑制作，并翻译外文前言及目录。

　　需要说明的是，本文集2012年就送交文物出版社。由于没有办理好出版手续，一直拖延下来。

　　本文集的出版，得到我院新任领导雷兴山、张敏等的大力支持，重新与文物出版社订立出版合同。北京大学考古文博学院戴伟、俞莉娜分别为本文集制图、核校外文，文物出版社编辑张晓曦切实负责，认真编校，均付出了大量心血。

　　笔者对学校各级领导、各位同仁及友人在此一并深表感谢。

李仰松

于北京大学畅春园

2019年5月4日